山陰民俗学会七十周年記念論集

山陰の暮らし・信仰・芸能

はじめに

「山陰民俗学会」が結成されたのは一九五四（昭和二十九）年であるが、その前身である「出雲民俗の会」の時代を含めると、現在、創立七十年を迎えようとしている。

この間、約十年の休止期間はあるが、毎年欠かさず研究発表の会を重ね、その成果は『山陰民俗』、後に『山陰民俗研究』に掲載されてきた。歴代の講演、研究発表の内容については、『山陰民俗研究』21号にまとめられているので、ご参照いただきたい。会員諸兄の研究領域は民俗の全般に及んでおり、学会の創立から今日まで、山陰地方における民俗の実態を明らかにしてきた実績を密かに自負している。我が国を代表する地方学会のひとつとして、その活動は斯学においても高い評価を受けており、二〇一五（平成二十七）年には第五十回柳田国男賞が本会に対して贈呈されたところである。

このたび、創立七十年を期に記念誌の刊行を企画したところ、多くの玉稿を寄せていただいた。ひとえに感謝申し上げたい。併せて山陰の民俗についての写真を何点か収録させていただいたが、多くは既に変貌もしくは消滅した民俗の記録であり、山陰民俗の実態を伝えるささやかな一助となることを期待している。

当初、本誌は、歴代の本会会長（代表）であった岡義重、石塚尊俊、勝部正郊、白石昭臣の四先生の学恩にこたえるという目的で企画されたものである。巻末には各先生の業績を転記させていただいた。山陰民俗学会の今日あるのは、ひとえにこれら四先生のご苦労に負うところである。本誌を学会七十年の総括とするには余りにも汗顔の思いであるが、深甚なる感謝の気持ちを込めて、在天の諸先生の御霊にこれを捧げたい。

なお、本書の編集にあっては、本会理事浅沼政誌さんには多大のご尽力をいただいた。跋を擱くにあたりお礼を申し上げたい。

山陰民俗学会会長

喜多村　正

目次

論考編

鳥取における村落の自治組織とゴチョウ（伍長）制

喜多村　正

1　序

農林漁業を生活基盤とする我が国の農村部では、人々はムラ（村落）を単位に地域的にまとまり、その生活を維持してきたといって良い。そういう意味においてムラは、人々の生活共同体であり、基本的な社会単位であった。この点は、鳥取県のムラにあってもいえることであるが、加えて鳥取県の多くのムラは、集村（集居集落）の形態をとっており[1]、そのため社会的統一性が強いという特徴を共有している[2]。

このようなムラは、それぞれが自立的な組織を作り出しており、一個の自治単位としても機能している。かつてムラは部落と呼ばれていたが、現在は○×自治会という名称で言及されている。このムラの組織を統轄するのが自治会長である。以前には部落会長や部落長とも呼ばれていたが、鳥取県では区長という呼び方が広く使用されてきた。現在でも、例えば八頭町や北栄町、南部町のように、公式名称は自治会長でも、地元では依然として従来の区長という呼び方がされているところも多い。区長という役職名の使用は、一八七二（明治五）年に大区小区制が導入されたことに遡るが、現在用いられているような区長の用法は、一八八九（明治二十二）年に施行された「市政・町村制」に基づいてそれ以前の村（多くは藩制村）を区と称するようになって以降のことである。

ムラの統括者としての区長は、一般的には自身を長とする補佐機構を組織してムラを運営している。通例、複数の役員を選任して、これに庶務、経理、農林業、共同作業、年中行事等々を分担させているが、このような形で運営組織が整備されてきたのは、昭和三十年前後の町村合併以降のことである。しかし、区長の補佐機構を設ける制度は、区長制発足の当初から既に取られていた。それがゴチョウ（伍長）という役職である。ムラの自治組織の一環としての伍長という制度は、歴史的には区長制よりも古く、明治の初めに全国的に既に採用されていた。例えば一八七五（明治八）年の岩手県の事例では、小区内を四〇～一〇〇戸を一組として（この組はほぼ従来の村に相当する単位であった）組総代が置かれたが、この組総代の下には五人組に基づく伍長が置かれていた。[3] おそらく明治維新後、藩政時代の庄屋（名主）・年寄制が廃止され、それに代わる組長・伍長の制度が新しい村の自治組織として全国的に採り入れられたものと推測される。

後にも述べるように、伍長という役職名は次第に廃れていき、他県の例では伍長という言葉の痕跡さえたどれないのが実態である。そういった中にあって、鳥取県では比較的この語は残されており、現在でも、因幡地方を中心にムラの自治組織としてゴチョウという役職が継承されている事例が各所に認められる。たとえば鳥取市（大字槇原）小原では、ムラは山ドイ、上ドイ、中ドイ、下ドイの四組に分かれているが、それぞれをゴナイ（伍内）と称しており、ゴナイごとの世話役をゴチョウと呼んでいる。八頭町大江でもムラは一〇組のゴナイに分かれており、ゴナイごとにゴチョウを選出している。ゴナイごとに共有林を所有しており、それをゴナイモチと称しているが、植林や下刈り等の責任者がゴチョウである。またゴチョウは、ゴナイで葬儀が行われると、葬儀委員長も務めている。そのほか、岩美町池谷、八頭町稲荷、同町下津黒、同町水口、旧用瀬町（現鳥取市）美成、旧佐治村（現鳥取市）津野、智頭町新見、同町真鹿野等々でも、区長の補佐役を現在もゴチョウと称している。旧用瀬町（現鳥取市）別府では、ゴチョウは特殊な意味で使われており、ここではムラの役員の中で、寺院の世話役兼葬儀委員長をゴチョウと称している。

また鳥取県では、現在では廃されているが、近年までゴチョウの語を使用していたという事例もいくつか認められるので、以前には更に広範囲にゴチョウが使用されていたものと考えられる。たとえば旧河原町（現鳥取市）北村では、現在常任執行委員と称するムラの役職は、一九八五（昭和六十）年頃まではゴチョウと呼ばれており、ゴチョウ会がムラのさまざまの案件を審議していたという。また岩美町法正寺では、以前にはゴチョウを選出して、これが会計、作業場担当、実行組合担当などの役職を分担していたが、平成に入ってゴチョウという名称は使われなくなったという。

因幡地方以外でも、以前にはゴチョウという役職名は使用されていたと思われる。たとえば旧青谷町（現鳥取市）夏泊では、戦前にはこの語は使われており、日南町三吉では、少なくとも大正期までは伍組長という役職が存在していたという。旧中山町（現大山町）でもゴチョウという語は、かなり濃く分布していた事実が窺われる。郷社である逢坂八幡神社の一九三五（昭和十）年の祭礼記録によれば、通常の氏子幣とは別に「伍長級」と称する特別幣が奉納されていた。「松河原七本、下市十二本、上市八本、塩津六本、中尾六本、高橋七本、長野八本、岡十本、殿河内六本」とあるので、[4] 旧逢坂村のほとんどの村落に六〜十二名のゴチョウ職が置かれていたことがわかる。[5] また旧上中山村の羽田井の場合、現在では六名の班長が区長を補佐するという形をとっているが、以前には班長はゴチョウと呼ばれていたと思われる。というのは、ゴチョウゴモリ（伍長籠り）という民俗語が現在も使われているからである。三月末、ムラのソウゴト（共同作業）として共有山や神社山の草刈り、下枝払いが実施されるが、班ごとに分かれて作業を実施するため、共同作業が終わった後に持たれる慰労会は各班長の家で行われ、この日の行事のことをゴチョウゴモリと呼んでいるからである。おそらく以前にはゴチョウの家での行事であったため、この呼び名が残っているのであろう。またこの日は、ムラ内の社堂を祭る日でもあり、各班ごとに分担して辻堂や神社に供物を用意している。二〇〇三（平成十五）年のゴチョウゴモリでは、一班が荒神社、二班が秋葉社、三班が観音堂、四班が賀茂神社、五班が覚円寺、六班が薬師堂となっていたが、担当の社堂は一年交替のローテーションで回されている。(6)また旧下中山村の赤坂でも、戦前の区有文書にゴチョウの名が記されているので、おそらく旧中山町の一帯では、戦前までは広くゴチョウ制が行われていたことがわかる。

ゴチョウは、当初は公的な制度として全国的に導入されたものであるが、次第に姿を消していき、いくつかの地域で辛うじて残っているにすぎない。しかも多くはその本来の意味は忘れられ、その地域独特の民俗的習俗として受け継がれているにすぎない。その意味でも鳥取県の事例は貴重だといって良いだろう。

2　鳥取県におけるゴチョウ制の変遷

明治の初め、新しい戸籍制度に伴って鳥取県でも伍長制は導入されたと思われるが、資料上で確認することはできなかった。その採用が明白に跡付けられるのは、一八八七（明治二十）年前後の事例である。旧中山村赤坂には、一八八五（明治十八）年の「組長伍長設置準則」が区有文書として残されている。これは鳥取県より布達されたもので、以下のような前文、条目からなっている。

町村内ニ於テ組合ヲ設ケ、諸事不取締ナキ様日常互ニ相愼保スル為今般左之準則差示侯條適宜組合ヲ設ケ、組長伍長ヲ置キ、概子左ノ項目ニヨリ各町村申合規約ヲ設ケ侯様可致此旨諭告ス

但組長伍長ヲ置ク時ハ規約ヲ併テ郡役所へ届出ヘシ

明治十八年二月十四日　鳥取縣

組長伍長設置準則

第一條　町村内ニ於テ五戸乃至十戸ヲ以テ一伍トシ、之ニ伍長壹名ヲ置キ、五伍乃至拾伍ヲ一組トシ、之ニ組長一名ヲ置クモノトス

（以下省略）

同じ中山町の下市部落には一一一条からなる「下市村取締規約」が残されており、その第一条は、「本村ヲ一組トシ一組ノ下タ分ケテ七伍トス、一組ニ組長一名、一伍ニ伍長一名ヲ置ク」となっている。この取締規約は制定年月が不明であるが、おそらく先の鳥取県からの布達を受けて制定されたと推定される。また、類似の記録は八頭町新興寺にも残されており、以下のような村規約が、明治十八年、県からの通達によって設けられていたことがわかる。[7]

第一条　村内ニ於テ六～七戸ヲ以ツテ一伍トシ、コレニ伍長一名置キ、一四伍ヲ以ツテ一組トシ、組長一名置クモノトス

第二条　伍長ハ伍内、組長ハ組内ヨリ人民ノ選挙ヲ以ツテ其任期ハ各二ケ年トス

赤坂と下市は、現在はともに旧中山町内のムラであるが、当時の赤坂村は八橋郡に、下市村は汗入郡に属していた。一八八〇（明治十三）年に実施された郡の統廃合により、八橋郡は久米・河村郡役所に、汗入郡は会見郡役所にそれぞれ合併されていたので、[8]二つの村は別個の郡長の管轄下にあったわけである。これに八東郡下の新興寺の事例も考え合わせると、当時の鳥取県下において広範囲に伍長制が採用されていたことが窺える。

以上の事例は、一八七九（明治十二）年施行の「郡区町村編成法」期に実施されたものであるが、その後、一八八九（明治二十二）年に新しく「市政・町村制」が施行され、組長は次第に区長に改められるようになると、地域によっては伍長の名称も改められたようである。同じ旧中山村のムラであっても、下市では伍長の名称は継承されていったが、他方の赤坂では、一九三〇（昭和五）年の「赤坂規約綴」によれば、区長の他に区長代理、区会議員が選出されているので、伍長が区会議員に変わっているのがわかる。旧下中山村の下甲でも、一九一一（明治四十四）年には四名の区会議員が選出されている。先述したように旧逢坂村の諸村落では、少なくとも昭和十年代までは伍長名が使用されているので、隣接した村であっても、下中山村と逢坂村では状況が異なっていたことがわかる。他方、「市制・町村制」施行の当初から既に伍長制が採用されていなかった地区も認められる。たとえば旧国府町（現鳥取市）の岡益では、一八九五（明治二十八）年、「御陵村大字岡益村惣会協決書」の第六條に「評議人ハ村民ニ代リ、組長ヲ補佐シ諸般ノ協議ニ参与スルナレバ・・・」とあるので、[9]組長（後の区長）の補佐機構をここでは評議人と称していたことがわかる。一九二八（昭和三）年岡益では、評議人が評議員に改められるが、区長・評議員の体制は戦後にまで続いてきたようである。また、八頭町福地の資料によれば、ここでは一八九一（明治二十四）年に七名の協議人を選出していたことがわかる。[10]ただ

し福地の場合、一九五〇（昭和二十五）年の規約では、部落役員は区長、区長代理、伍長とされているので、時期は不明であるが協議人は後に伍長と改められたようである。

現在、鳥取県の多くのムラでは、区長の下に庶務、会計や種々の専門部長を選出して運営されており、このような自治組織が存在することは、少数の小規模なムラを別とすれば、ほとんど例外はないといって差し支えないだろう。ただ、これらの役職とは別個に、区長の補佐機構を現在でも設置しているムラがかなり認められる。

表1．は、鳥取県における区長補佐機構を整理したものである。鳥取県下のムラムラを網羅したものではなく、一部に限定された資料ではあるが、おおかたの傾向はこの表から読み取れるかと思われる。まずゴチョウであるが、現在でもかなりの事例が認められる。ただし、因幡地方に偏っているようである。他方、区議員もしくは区会議員の分布は、鳥取県中部に偏っているのがわかる。

ゴチョウに次いで事例として多いのが評議員と理事である。理事という役職が鳥取県西部に偏ってみられるのに対して、評議員は鳥取県全域にわたって用いられているようである。理事、評議員とも、どの時期から使用され始めたのか判明している事例は少ないが、いずれもかなり以前に遡って使用されてきた名称である。たとえば三朝町坂本の区有文書によれば、一九一三（大正二）年には既に六名の

表1．区長の補佐機構

役職名	村落名
ゴチョウ（伍長）	岩美町池谷、八頭町稲荷、同下津黒、同水口、同大江、鳥取市小原、同美成、同津野、智頭町新見、同真鹿野
区（会）議員	湯梨原町泊、大山町八重、同下甲、同退休寺、同上市
理事	大山町松河原、同下市、米子市上新印、伯耆町吉定、江府町俣野、同貝田、南部町法勝寺宿
評議員	岩美町岩常、同洗井、鳥取市桑原、三朝町坂本、南部町入蔵、同賀祥、同伐株、米子市別所
組長	鳥取市小別所、米子市日下、江府町俣野
委員・役員	八頭町福地、鳥取市古市、米子市新山、同古市、同石州府、伯耆町大内、江府町下蚊屋、日野町金持、同舟場
執行委員	鳥取市北村
審議委員	倉吉市上古川
運営委員	三朝町恩地
総務委員	南部町金山
代議員	日南町下石見、同神福下

評議員名が記されており、米子市上新印では、一九二〇（大正九）年には三名の、一九二六（大正十五）年以降では七名の理事名が区の役員として掲載されている。米子市別所では、もとはムラの親方層が評議員に選ばれていたというから、やはり戦前に遡る役職ではなかったかと想像される。他

方で、戦後になって使われ始めたという事例も存在する。たとえば岩美町の洗井では、戦後になって評議員という名称を使用するようになったものであり、戦前はゴチョウだったと思われる。同町岩常の評議員は、以前には役員と呼ばれており、更に戦前に遡ればゴチョウと呼ばれていたという。旧青谷町（現鳥取市）桑原では、一九一一（明治四十四）年には議員五名（内一名は区長）を選出していたが、戦後はこれが評議員に改められている。どの時期に議員が評議員に改められたのかは不明であるが、少なくとも一九四八（昭和二十三）年の「桑原部落申合規約」では評議員と規定されていた。江府町俣野では、理事という役職名は、一九四九（昭和二十四）年に新しく取り入れられたもので、以前には組長と称していたようである。

組長という役職名は、事例としてはさほど多くはないが、全国的に古くから使用されていた名称である。旧鹿野町（現鳥取市）小別所の文書では、一九三四（昭和九）年の役員名が区長・組長（七名）と記されているので、組長は、少なくともこれ以前に遡る役職であることがわかる。[11] 江府町俣野の場合、一九四九（昭和二十四）年以前には組長であった。日野郡のように小規模集落の卓越する山間部では、表1．の補佐役の名称としては表れていないが、小集落ごとにまとめ役として組長が置かれていたのではないかと思われる。たとえば日南町三吉では、大正期に伍組長という役が存在したといわれており、江府町下蚊屋でも、昭和の初期、ゴチョウが組長に改められたというから、これらの地域では組長が区長の補佐役を務めていたかと想定される。智頭町の新見や真鹿野あるいは八頭町西谷等では、現在でも各ドイ（土居）ごとにゴチョウを選出しているという事例も併せて考慮すれば、これらのムラムラでは、小集落の代表者が区長を支えるという組織構造が取られていたといっても良いだろう。

委員もしくは役員という名称は、シンプルでとらえどころのない役職名であるが、実際には部落委員や部落役員と呼ばれることが多かったようである。たとえば旧中山町上市では、部落委員と称されているが、一九六五（昭和四十）年前後にそれまでのゴチョウから委員に改められたものである。米子市石州府や日野町の金持や舟場でも、部落委員と呼ばれていたようである。日野町舟場の委員や江府町下蚊屋の役員は、いずれも新しく使われ出した呼び方で、以前は評議員と称していたというが、他方では米子市新山の委員のように、戦後すぐの頃から既に使われていたという例も認められる。表1．にある執行委員、審議委員、運営委員、総務委員等は、旧河原町北村のようにゴチョウを執行委員という名称に改めたという例もある通り、いずれも近年になって新規に設けられた組織と考えられる。委員や役員というシンプルな名称も含めて、村落自治の中でこれらの役職が必要とされているのは、部落委員会・役員会を構成する一員としての役割である。後にも述べることになるが、本論で取り上げる区長補佐機構が設置される一つの大きな目的は、村落運営に関わる種々の問題を、区長を補佐して協議するという役割にあるといって良いだろう。

3　区長の補佐機構・運営委員・班長

ムラを運営する責任は区長に負わされているが、いずれのムラもその運営の便宜のため、種々の役員を選出して、分担の組織を工夫している。表2．は、鳥取県における運営組織の具体例をいくつかの類型に分けて示したものである。この表に記した役員あるいは部長は、その時々のムラ運営上の必要に応じて設けられてきたものであるが、このような形で役員組織が整備されるのは、戦後になってからのことである。他方、ここで述べる補佐機構の歴史は古く、おそらく区長制の発足とともに誕生した組織だと考えられ、ゴチョウ制をその原点にしたものだろう。

この補佐機構と運営役員との重複あるいは使い分けについては、いくつかのタイプが考えられる。（A―2）は、米子市新山で取られている役員組織である。このタイプの特徴は、ムラの運営を分担する役員の組織と並行して委員（四名）が置かれている点にある。委員の一人が副自治会長を務

表2．ムラの運営役員

（A―1）旧青谷町桑原

世話係―
- 代理世話係（一名）
- 配給係（一名）
- 神社関係（一名）
- 作業場係（一名）
- 供出係（一名）
- 土木係（一名）
- 評議員（六名）
- 組世話係（七名）
- 小使（一名）

（A―2）米子市新山

自治会長―
- 副自治会長（会計）
- 納税組合長
- 農事実行組合長
- 体育部長
- 消防団長
- 道路委員
- 委員（四名）
- 班長（四名）

（一部省略）

（B）旧中山町退休寺

区　長―
- 副区長（会計）
- 道路委員長
- 山林委員長
- 水利委員長
- 文化部長
- 体育部長

（区会議員＝班長の分担兼務）

（C）湯梨浜町埴見

区　長―
- 総務部長
- 会計部長
- 土木部長
- 厚生部長
- 産業部長
- 社会部長
- 班長

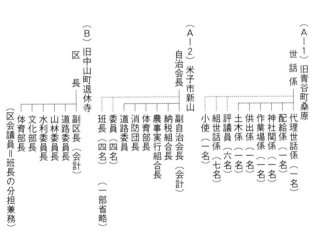

めることになっている。現在この委員は各班から選出され、ほぼ輪番となっているが、もとは六軒ほどのカシラブンと呼ばれる家々が選ばれていたという。（A―1）は、旧青谷町桑原において、一九四八（昭和二十三）年制定の「桑原部落中合規約」に規定されている組織であるが、この（A―2）というタイプの原型と考えられる事例である。当時は戦後まもなくの頃で、政令「町内会部落会又はその連合会等に関する解散、就職禁止その他の行為の制限」が施行されたため、区長や部落長を含めて戦前の自治組織の復活が禁止されるという事情があり、この地域では区長に代わって世話係という役職名が採用されていた。同様にこの表中の組世話係という役職は、組長もしくは班長に相当する役職である。この表では諸役員とは別に評議員が選出されている。同中合規約の第四条に、「評議員は世話係の相談役とし、総会の一任に依り協議決定するものとす。」とある通り、区長の相談にのる補佐役として、おそらく戦前から受け継がれた役職であったと思われる。昭和二十三年の桑原の事例に見られるように、本来的には補佐機構と運営委員は別個の役職として取り扱われてきたものと考えられるが、新山のようなAタイプが現在採用されているムラはきわめて少ないといえる。旧用瀬町美成がその数少ない事例の一つである。一九九六（平成八）年の役員改選によれば、会計や実行組合長、総務、土木担当、神社担当等々の役員と並んで五名のゴチョウが選出されており、ゴチョウという役職は現在も変わらない。[12] 部落の記録によるかぎり、役員の担当職名はその時々の事情によって変化しているが、一九三〇（昭和五）年以来現在まで、一貫してゴチョウが選ばれるという体制は受け継がれている。また八頭町下津黒でも、役員とは別組織としてゴチョウが選出されている。ここでは総会における投票によって四名のゴチョウが選ばれることになっているが、ほぼ再選されるというから、ムラにおけるゴチョウの重さが推測される事例である。

タイプ（B）の代表的な一事例が旧中山町退休寺である（表2．参照）。ここでは、ほぼ家順で選ばれる班長が区会議員を兼ねており、更に区会議員が分担してそれぞれの役員を務めることになっている。ムラの自治組織として運営上の役員と補佐機構の双方を備えている事例の大多数は、ここに述べる（B）タイプに属している。二つの組織を分業させている（A）タイプは、事例としては稀であるが、おそらく本来の（A）タイプがそれぞれの事情によって（B）に移行した結果ではないかと考えられる。たとえばその一例が前述の桑原であり、現在では一〇名の評議員を選出して、この評議員が互選によって役員を分担している。

八頭町稲荷は、現在でもゴチョウ制を残しているムラであるが、ここでは五班それぞれから選ばれたゴチョウが会計や社会総務などの役員を分担している。理事制を採っているムラについていえば、旧中山町の下市、伯耆町吉定等において理事の互選のよって役員を分担しており、評議員制のムラでは、岩美町岩常、三朝町坂本、旧中山町樋口等において評議員が役員を分担することになっている。日野町舟場の部落委員は、かつては評議員と呼ばれていたが、現在では四班から二名宛選ばれており、これが区長を含めたムラの役員を分担している。また旧河原町北村では、総会において執行委員を選出することになっており、この執行委員が互選によってムラの役員を分担している。

班長は、各班ごとに選出される役職で、ここでいう補佐機構とは少し性格を異にするものであるが、この班長にムラの役員を分担させるという事例も各地に増えているので、付け加えておきたい。表2．の退休寺では、班長が区会議員を兼務し、更にその互選で会計等の役員を分担しているのであるが、旧中山町には同様の事例が存在している。すなわち、束積では班長が評議員を、下甲では区議員をそれぞれ兼務することになっており、それを通じてムラの役員を分担することになっているからである。また北栄町の松神では、七班の班長が厚生部長、産業部長等の役員を互選で務めており、日野町金持でも班長が部落委員を兼ねることになっている。他方でこのような兼務を解消したという事例も存在する。三朝町坂本の場合、戦後すぐの頃から班長が評議員を兼ねるという制度を採用していたが、一九五四（昭和二十九）年これを改めて、七名の評議員は総会における投票によって選出するという制度に戻している。

（C）タイプは、ここでいう区長補佐機構を全く持たない自治組織であるが、現在の鳥取県における大半のムラはこのタイプに入るといっても過言ではないだろう。ただし、資料としては確認できないが、このタイプのムラは、おそらく以前には（A）タイプもしくは（B）タイプに属していた可能性は否定できないと考えている。一例を挙げれば湯梨浜町の埴見である。現在は表2．のような自治組織を採っているが、このような体制となったのは、一九五三（昭和二十八）年の東郷町への町村合併後のことであり、それ以前には五名の評議員が選ばれ、その評議員が区長を含むムラの役員を互選で分担していた。また岩美町法正寺でも、現在は会計や実行組合長等の役員を直接に区長の下に選出しているが、一九九〇（平成二）年以前には、五名のゴチョウがこれらの役職を分担していたという。

先述したようにゴチョウ制というのは、五～十戸の特定の戸数を結んで、これをムラの下部組織とする制度である。おそらく江戸期における五人組に範を取ったもので、通常これらの家々は、家並原理によって組まれていたと考えられる。その結合度は弱いとはいえ、現行のムラに置き換えれば、班や組に相当する組織である。

ところで現在の班組織は、直接的には戦時体制として全国的に制度化された隣保班を原点としている。この制度は、明治期のゴチョウ制にまで遡らせることには無理があるが、似かよった原理によっていることは明白である。事実、隣保班が導入された時点で、すなわち戦中から戦後にかけて、それまでのゴチョウ等の補佐機構が班長に改められたと思われる事例が多くの地区で認められる。

たとえば若桜町吉川では、一九三七（昭和十二）年、それまでの六号組を十二班に編成替えし、それに伴ってゴチョウが班長に改められており、旧佐治村古市では、一九四三（昭和十八）年、ゴチョウを隣保班長に改めている。また、時期ははっきりしないものの八頭町隼郡家では、終戦後になってゴチョウを班長に、旧用瀬町江波では戦後の早い時期にゴチョウを班長に改めている。先に述べた旧中山町羽田井では、ムラの共同作業後に班長の家で持たれる慰労会をゴチョウゴモリと呼んでいるので、戦前には班長をゴチョウと称していたと思われる。他方、現在でもゴチョウ制が採られている場合であっても、鳥取市小原や八頭町大江、あるいは智頭町新見や真鹿野等では、組もしくは班（これをドイと称しているところが多い）のまとめ役としてゴチョウが選出されているので、実質的にゴチョウの役割は班長と変わらないといって良いだろう。ただし、家並原理による班のまとめ役としての班長の性格とはやや異なったゴチョウの選出事例もあった事実を付記しておきたい。旧佐治村津野では、五名のゴチョウは総会において投票によって決められていたが、ゴチョウが決まると、そのゴチョウに合わせて班分けが行われた。その年誰がゴチョウに選ばれるかによって班分けも多少違ってくるという。家並原理による固定した班があり、その班ごとにゴチョウを出すというのではなく、ゴチョウに合わせて班が編制されているのである。人の顔に合わせて組を編成するという方式は、江戸期の五人組においても行われていたのではないかと思われる。

いずれにしても、ゴチョウが理事や評議員、区議員等に名称変更されずに残されていた地区にあっても、アジア太平洋戦争をはさんだ時期に多くの地区で班長という名称に改められたようである。通常我が国のムラは、その自治運営の便宜から、いくつかの小区画に区分されており、概念上、これらの小区画は村組として把握されてきた。[13] ゴチョウや班長は、この村組の長としての役割を担ってきたが、ゴチョウにはそれとは別に、ムラの自治上不可欠な役割が委ねられてきた。すなわち区長の補佐機構としての役割である。それは、前述の「桑原部落申合規約」第四条が端的に規定している通り（9頁参照）、区長の相談役としての役割である。

ゴチョウを含め理事、評議員等の補佐機構は、ムラの重要な案件について区長の諮問を受け、協議・決定することを主要な任務とされたきた。ムラによっては、審議する機関としてそれを制度化しているところもあった。たとえば岩美町の池谷や岩常、旧佐治村古市、旧用瀬町美成、旧河原町北村、旧中山町下市等では、これをゴチョウ会と称し、ムラの重要な案件をここで諮ってきた。八頭町下津黒では、これをゴチョウヨリアイと呼んでいた。ムラの総会において決定されている事項でも、以前にはこの補佐機構で決められるということも多かった。たとえば現在、区長はムラの総会において選出されるのが大半であるが、かつて八頭町下津黒や新興寺、米子市上新印、江府町俣野等では、ゴチョウや理事の集まりによって区長は選出されていたという。

ゴチョウ会、理事会、評議員会の最も重要な役割の一つは、ムラの決算に責任を負うことであり、先の下津黒では、現在でも十二月末に区長とゴチョウによるゴチョウヨリアイが持たれ、ここで年間の決算がなされており、岩美町池谷や八頭町大江でも、決算会はゴチョウのみによるヨリアイで決められていた。現在ではどのムラでも、年初に予算を立てて定額の区費を徴収し、予算に合わせて年間の支出を図るという運営方式が採られているが、以前には区長がその時々の出費を掛け払いもしくは立て替えをしておき、節季や年末に清算して、住民に割り当てて徴収するのが通例であった。旧中山町赤坂では、このような区長による立て替えをかつてはクチョウマカナイ（賄い）と称しており、米子市古市では節季（八月、十二月）における清算・割り当ての方式をメンワリ（免割）と称していた。[14] そしてこのような清算は、ゴチョウという語が使用されていない地区にあっても、たとえば役員や理事立ち会いの下に行われていたわけである（三朝町下谷、江府町下蚊屋等）。

現在、各家に割り当てられる区費の額は、平等に戸数割りで計算されるのが大多数であるが、以前には戸数割りに資産に基づく割り当て額を加算して決定されていた。資産割による割り出し方式は、ムラによって一様ではなかったが、家格に対する査定、税金の納入額、田・畑の資産額等を総合判断して、家ごとの位数（等級）を定め、その位数で区費の全額を割ることによって計算されていた。一般的にはこの位数を民等位と呼んでおり、この位数を決定するというのも、ゴチョウその他の補佐機構の最も重要な役割であった。たとえば旧用瀬町美成の区有文書によれば、[15] 一九三〇（昭和五）年の記録に「伍長集合し、各戸の位数調査決定ス」とあり、戦後においてもゴチョウによる位数決定調査は継承されてきた。また、旧国府町岡益の一九〇六（明治三十九）年惣会協議案の第四条には、「諸般ニ用ユル賦課法ハ評議人ヲ以テ成立シタル各自応分ノ割合ナレバ、速カニ納付完納スベキモノトス」とあるので、岡益においても区費の査定は、評議人すなわち区長補佐機構の任務とされていたことがわかる。[16]

また先の美成では、毎年春先にヤマミ（山見）と称して、ムラの入会山の立木の確認調査を行っているが、これに立ち会うのもゴチョウ会固有の任務であった。旧中山町の下甲でも、毎年一月の初めにヤマミを行っており、区長、副区長、区会議員が揃って退休原その他七カ所ばかりの共有山を見回っている。また、村落内の秩序の維持をゴチョウ会の責任とした例もあり、たとえば明治期と見なされる旧中山町下市の「取締規約」によれば、重大な違反があった場合の処置は、伍長会の採決に委ねられていた。[17]

このように見てくるとゴチョウは、たとえば班長に代表されるようなムラ運営のための単なる分担機関ではなく、区長とともに実質的なムラの運営者であり、時にはムラの幹部として位置づけられていた。この事実を裏付けるのは、各地でゴチョウカブ（伍長株）やゴチョウダナ（旧佐治村古市）という民俗用語が現在でも記憶されているという事実である（岩美町池谷、八頭町新興寺、同下津黒、同福地、旧佐治村津野、旧中山町上市、同下市等々）。新興寺の場合、以前には六軒のゴチョウカブと呼ばれる家が固定しており、区長は、この六軒のゴチョウカブが毎年交代で務めていたという。年に一回（以前には春と秋の二回）カミコウ（神講）という行事が持たれており、現在は家順の宿に集まっているが、以前にはゴチョウカブの家が順にヤドモトになっていたという。旧用瀬町美成では、ゴチョウは区長とともに総会における選挙で選ばれるが、区長が毎年交代で選出されているのに対し、ゴチョウの多くはほぼ再選されていたというから、同様の事実が裏付けられるようである。

ゴチョウという役職名以外の事例の場合でも、定まった家が決まっていて、それらの家々がほぼ再任されていたという地区が多かった。たとえば米子市上新印の場合、大正期から昭和期にかけての役員一覧を見てみると、ほぼ同じ顔触れが継続して理事に選出されていたことがわかるし、[18]同市新山や古市では、委員は現在でも総会で選出されているが、以前はほぼ同じ人物が継続して選ばれていた。湯梨浜町埴見では、現在は廃止されているが、以前には評議員制が採られていた。その当時、五名の評議員は議員衆と呼ばれており、定まった家から選ばれており、この評議員の中から輪番で区長が選出されていたという。旧青谷町桑原では、以前にはムラの各家の主人が区長や評議員の家に新年の挨拶に訪れていたというが、おそらく評議員がムラの幹部として特別視されていた時代の慣例が残された結果であろう。

戦後になって家格意識が薄れるのと並行して、ムラの幹部としてのゴチョウや評議員等の威信も失われていき、戦前には特定の家筋によって担われてきたこれらの役職も、ムラの全戸が輪番でこれを負担する風に変わっていった。たとえば先述の米子市新山でも、委員は班長と同様に班からこれを出すようになっている。また旧中山町の下市でも、戦後しばらくは理事を総会における投票によって選んでいたが、昭和五十年代、班ごとに輪番でこれを出す形式に改められており、同町松河原でも、評議員は四班が一人ずつ出すという形式に改められている。また伯耆町吉定や日野町舟場でも、現在では理事や委員を班ごとに出している。他方では、先述したように班長がゴチョウ、評議員等を兼務するというムラも存在するが（11頁参照）、これらの事例もやはり同様の新しい変化を示すものといえるだろう。区長の補佐役としての権能がほとんど消失した結果、順送りで選ばれる班長がこの区長補佐機構を兼任するようになったものである。

結果的には、ここで言及してきたゴチョウに代表される区長補佐機構と、村組の長としての班長がほとんど識別できなくなっているのが現状である。そのもっとも端的な事例が旧中山町高橋の役員組織である。ここでは各班から二人宛の班長を選出することになっており、どの班もほぼ家順に二軒ずつこれを出している。ムラの自治は、区長とこの八人の班長が運営しており、役員も班長が互選で兼任している。おそらく以前には班長とゴチョウそれぞれ別個に選出されていたものの、ある時期ゴチョウの必要性がなくなり、二人の班長制へと移行したものと想像される。他方、高橋とは対照的な事例が八頭町の下津黒や稲荷である。ここには現在もゴチョウ制が残っており、並行して班長も選ばれている。稲荷では、四名のゴチョウは、現在では班から選ばれているが、以前には総会における投票によっていた。ムラ運営のための役員は、ゴチョウが互選で兼任しているが、班長にはそのような兼任は求められていない。下津黒では、現在でも四名のゴチョウは総会で選出されており、ほぼ同じ人物が継続して再選されているという。他方四名の班長は家順に努めている。年間の決算は、現在でもゴチョウヨリアイによってなされているが、これには班長は関与していない。旧用瀬町美成でもやはりゴチョウと班長は別個に選出されているが、ゴチョウと班長それぞれが別個の機能を担っているのは、現在の鳥取県では稀有な事例といっても良いだろう。

【註】

（1）喜多村正「第一章　村落組織」『新鳥取県史民俗1』二〇一六、一二頁
（2）同二八頁
（3）大島美津子『明治国家と地域社会』一九九四、八六頁
（4）喜多村正「第一章　社会生活」『新修中山町誌下巻』二〇〇九、二一二頁
（5）旧中山町は、一九五七（昭和三十二）年、上中山村、下中山村、逢坂村の合併によって発足した行政町である。
（6）喜多村正、二〇〇九、二一六頁
（7）新興寺部落誌編集委員会『新興寺部落誌北斗の里』一九一七、七頁
（8）伊藤康「鳥取県の地域編制に関する実証的考察（一）」『鳥取市史研究22』二〇〇二、三六頁

(9) 西尾護『岡益の歴史』一九八四、一二六頁
(10)『福地部落史』一九六六、六、九頁
(11) 小別所部落誌編集委員会『小別所部落誌』二〇〇三、七七頁
(12) 藤原宏『美成部落誌』一九九八
(13) 福田アジオ「村落生活の伝統」(竹田旦編)『日本民俗学講座2』一九七六、一六六〜一七二
(14) 喜多村正、二〇一六、二四頁
(15) 藤原宏、一九九八
(16) 西尾護、一九八四、一五一頁
(17) 喜多村正、二〇〇九、二一五頁
(18) 喜多村正「第一章　社会の仕組みと人のつながり」『新修米子市史第五巻』二〇〇〇、五七頁

星上寺大餅行事 ―山陰地方におけるオコナイの一考察―

喜多村　理子

はじめに

オコナイは、民間の豊作祈願が寺院の修正会・修二会と結びついた民俗行事で、オコナイ、鬼祭り、シュウシ、オトウ、大餅さん、伽藍さん等々、各地それぞれの名称で呼ばれている。

オコナイの歴史については、『三宝絵』（九八四年）の「修二月」の箇所に「此月ノ一日ヨリ、モシハ三日、五夜、七夜、山里ノ寺々ノ大ナル行《おこなひ》也。ツクリ花ヲイソギ、名香ヲタキ、仏ノ御前ヲカザリ、人ノイルベキヲイルヽコト、ツネノ時ノ行ニコトナリ」と記述され、(1)『今昔物語集』（十二世紀前半成立）巻第十九の「以仏物餅造酒見蛇語」には比叡山で修業した僧侶が摂津国に帰郷して、正月初めの修正会に導師となって「行ひの餅」を多くもらったとある。(2)これらの文献からオコナイは平安時代にまで遡ると考えられている。(3)『三宝絵』に記載された「イルベキ」は、イタヅキ（労き）ではないかと指摘されていることから、(4)修二月のオコナイは飾り付けなど人々の労力は普段のオコナイとは異なるという意味になる。年頭・春のオコナイに民間の関与が深かったが故に、民俗行事としてのオコナイが現在まで伝えられてきたと思われる。

オコナイが、滋賀県の湖北地方・甲賀地方ほどではないにせよ、出雲地方に比較的多く分布することは従来から民俗研究者によって注目されてきたが、その歴史と分布については調査が進んでいない。出雲地方のオコナイは、オトウ（御禱、大禱、御塔、御当、御頭）、大餅神事、伽藍さん、オコナイなどと様々な名称で呼ばれ、大きな餅を奉納することからオモッツアン（御餅さんの訛り）と親しみを込めて通称されることが多い。これらの行事を、寺院で行う地域と神社で行う地域とがある。なぜ、同じような行事が寺院と神社とに分かれて伝えられているのだろうか。また、出雲地方では近世において神仏分離が進んだため神仏混淆の社寺は比較的少ないと小林准士は指摘しているが、(5)そのような当地方においてなぜ神仏習合的行事とされるオコナイが多く分布するのだろうか（本誌調査報告編拙稿の分布地図参照）。

筆者はこれらの問題を解く手がかりとして、拙稿「山陰のオコナイ系行事」にて島根半島の諸喰の奢母智神社が近世初期までは文殊童子を祀っていたこと、貞享年間には文殊童子ではなく、神を祭祀するようになったことを同社の棟札調査から明らかにした。すなわち、近世に神仏分離が行われ、氏神社に祀られた文殊童子は伽藍社に移され、それとともに氏神社でのオコナイは伽藍社で行われるようになった。このオコナイを「伽藍さん」と呼ぶが、「伽藍さん」のトウヤが氏神をも祭ることが続いてきたのは、神仏混淆時代の名残であると考える。(6)

本論では松江市八雲町星上山の星上寺大餅行事について、旧東岩坂村本郷（東本郷）の「星上大餅御當年請取渡シ書記帳」を手掛かりにしてその歴史を辿り、寺院のオコナイがいかなる歴史を乗り越えて今に伝えられてきたのかを明らかにしたい。該史料を検討する前に、まずは地域の概略、星上寺と那富乃夜神社、現在の星上大餅行事について説明する。なお、東本郷とともに大餅を奉納する別所の行事内容については、紙幅の都合により本誌調査報告編の拙稿で紹介したい。

1　岩坂の概観

星上寺大餅行事に関わる地域は、旧八雲村の東側に位置する東岩坂・西岩坂である。当地は、古代には国庁が置かれた大草郷の内に含まれ、郷内を流れる意宇川が東岩坂川と合流して大草の平野部に流れ込む地点より上流に位置する。意宇川本流を遡ると熊野大社が鎮座する熊野に至る。

東岩坂と西岩坂の南は安来市広瀬町との分水界山地で、東岩坂川および川原川の上流から意宇川との合流地点辺りまでが東岩坂、桑並川の上流域から意宇川と東岩坂川との合流地点辺りまでが西岩坂である。東岩坂川の上流に星上山が聳える。（図1）

『出雲国風土記』には、神祇官に登録された一社、国庁に登録された六社が記載されている。神祇官社は石坂《いはさか》社（西岩坂本郷の磐坂神社、近世には小坂明神）、国社は毛彌乃《もみの》社（東岩坂本郷の毛社《もこそ》神社・近世には豊大明神）・那富乃夜《なほのや》社（星上山の那富乃夜神社、近世には天神宮、氏子域は別所）・田村社（西岩坂秋吉の田村神社、近世には金田明神）・河原社（東岩坂川原の河原神社）・笠柄《かさがら》社（東岩坂安田の笠柄神社、近世には山神明神または安田明神）・志多備《したび》社（西岩坂桑並の志多備神社、近世には王子権現）である。

「いわさか」は、岩坂とも石坂とも書き、中世には断片的ながらいくつかの史料に登場する。その中で本論に登場する地名や名《みょう》に関する史料を羅列的に紹介しておこう。

応仁の乱の時代、伯耆・備後・石見に山名氏の勢力が及んでおり、出雲国内においても安来の松田氏や奥出雲の三沢

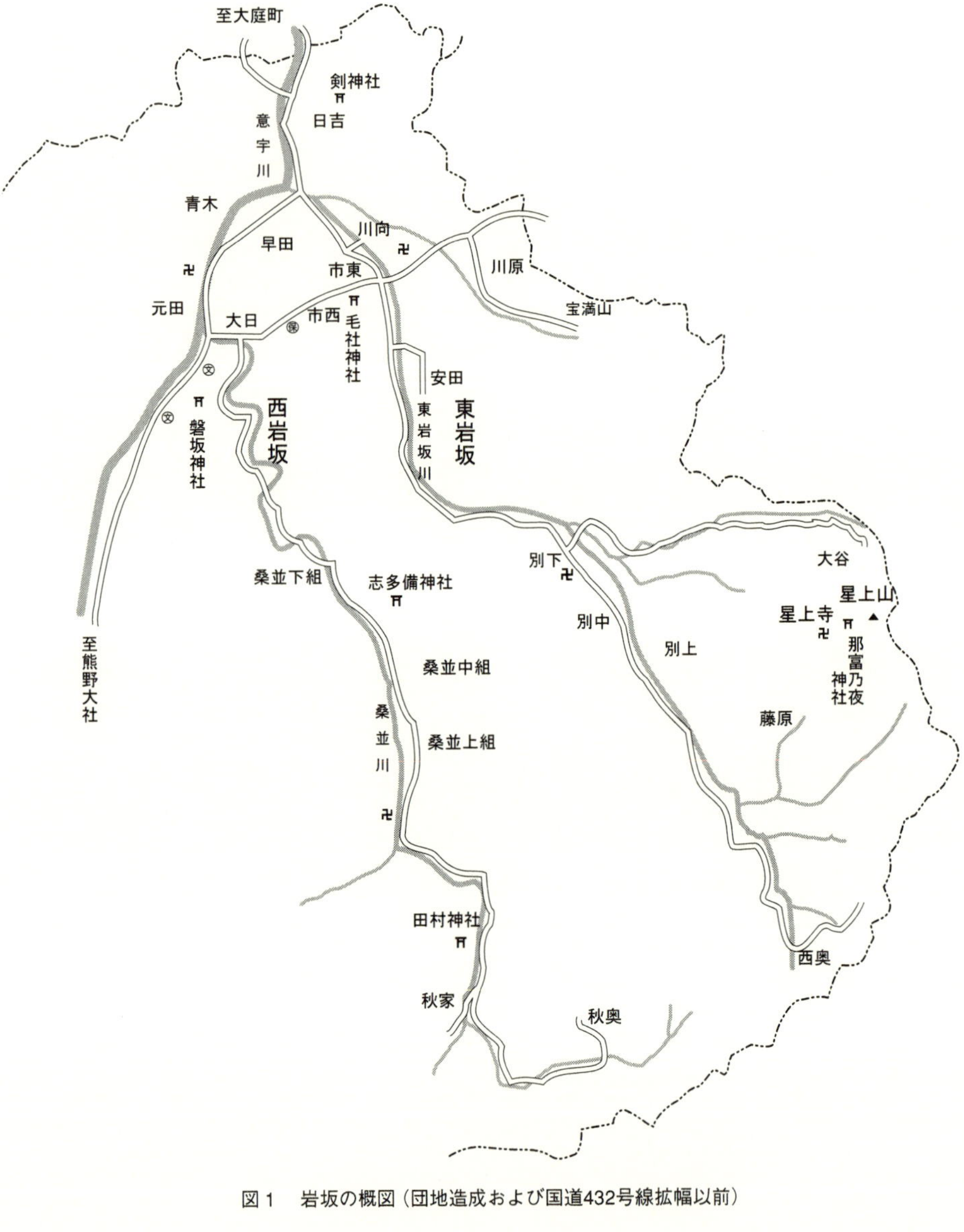

図１　岩坂の概図（団地造成および国道432号線拡幅以前）

氏などの中に西軍に加担する者も現れ、守護代尼子清貞は守護京極持清に敵対する勢力との交戦で活躍した。岩坂もその戦場となり、持清が清貞に宛てた感状には、「去七月廿八日岩坂・外波両所御敵数輩楯籠処、令勢遣、仍敵悉被切散、三沢代官福頼十郎左衛門尉討捕」と書かれ、応仁二年（一四六八）七月二十八日に三沢氏の代官が岩坂と外波に立て籠った所を尼子氏が討ち捕えたという。『松江市史通史編2中世』は、この「岩坂」を意宇川と東岩坂川の合流地点近くに聳える要害山（岩坂城跡）、「外波」を要害山の南を流れる川原川の流域に位置する字戸波の周辺と判断している。(8)

一五〇〇年代の史料には、岩坂郷内の名に関する記載がみられる。永正二年（一五〇五）六月六日、神魂社社家の秋上経重は、岩坂郷の「勘納名」のうち田二反を八幡庄の宝光寺に寄進した。(9)この田地については、永正五年（一五〇八）の宝光寺領目録にも「一所弐段　坪者岩坂郷勘納名之内　永正弐年六月六日買取状在之　秋上大炊助経重」と書かれている。(10)

永正五年、京極政経が死去した。尼子経久は京極氏に代わって出雲の国成敗権を掌握し、その後伯耆、因幡、石見、安芸、備中、備後へと勢力を伸ばしてゆき、周防の大内氏や但馬の山名氏と対立していった。天文九年（一五四〇）から翌年にかけての、安芸の郡山城攻めに尼子氏が敗北すると、安芸・備中・備後・石見の領主たちは大内方に寝返った。大内義隆は出雲に侵攻したが、富田城を陥落させることはできずに撤退した。尼子晴久は再び出雲の支配を回復して、伯耆・因幡へも勢力を拡大していった。(11)この時期に晴久は領主たちの所領安堵を行っているが、天文十二年（一五四三）七月、多胡久盛の知行書立に尼子晴久が袖判を据えて承認した文書の中に、「一　岩坂之内　太郎丸名　人夫御免　御給所」とある。(12)

毛利氏は、永禄五年には石見を制圧し、出雲勢・伯耆勢へ調略や攻撃を行って尼子氏を弱体化させた。この時期の岩坂は、尼子氏の富田城があった広瀬と接する地域であることから、尼子氏と毛利氏との戦乱に熊野とともに巻き込まれた。永禄八年（一五六五）四月、毛利側は星上山に本陣を構えて、八幡山・浄安寺山から飯梨川下流の丘陵部に軍を配置した。(13)四月二十八日に星上山退口にて井上春忠が一番鑓を仕り、尼子氏の被官原弥四郎を討捕えるという働きをしたことが、小早川隆景感状によって分かる。(14)

永禄九年（一五六六）、富田城が落城し、毛利氏が出雲国を支配した。この時期に岩坂が登場する史料として、天正十四年（一五八六）六月二十二日の仁保元棟領知付立案がある。仁保元棟の領知として列挙された土地の中に、「一　岩坂之内勘納名　九貫八百弐拾五文前」とある。(15)仁保元棟は吉川元春の子で、岩坂の勘納名の一部は彼の領知であったことが分かる。

近世には中世の入り組んだ所有関係が解体されて、岩坂は意宇郡東岩坂村、西岩坂村に分かれた。

この二か村は、一八八九年（明治二十二）の町村制により日吉村と合併して八束郡岩坂村になり、一九五一年（昭和二十六）には熊野村と合併して八束郡八雲村大字東岩坂・西岩坂となり、二〇〇五年（平成十七）には松江市に合併し、松江市八雲町東岩坂、西岩坂として現在に至る。

2　星上寺と那富乃夜神社

星上山は海抜四五三・七メートルで、現在の島根県松江市八雲町と東出雲町の境に聳え、安来市広瀬町との境にも近い。この山中に星上寺の堂が建ち、頂上近くに那富乃夜神社が鎮座する。同社の祭神は星神沓々背男命で、近世には「星上天神」と呼ばれた。他に妙見神・八幡神・稲荷神を祀る。神主については、貞享二年の棟札には「祠官平林近江守藤原重忠」、後の棟札（年代不明）には「神主平林但馬藤原永穐」とあり、前者は西岩坂小坂明神（磐坂神社）のヨコヤ、後者は東岩坂豊大明神（毛社神社）のヨコヤであった。昭和時代には毛社神社ヨコヤが奉職していたが、亡くなってからは磐坂神社ヨコヤに替わった。[16]

星上寺について、「忌部総社神宮寺縁起」（忌部神社文書）は次のように伝える。[17]

（要約）安徳天皇養和元年（一一八一）、出雲国司藤原朝定卿は、天皇の思し召しにより、国中の勅願寺や祈願社に不動像と経を奉納することを進達したが、幾月経っても納品が行われず、岩坂の高野山星上寺のみは国司の使者が登って不動像と尊勝陀羅尼経の奉納があり、寺田も増領され、安徳天皇の勅願所となった。このことを熊野天狗山の僧徒が知り、熊野検校は憤り、護国山奥院度生院に使者を送った。大原郡の室山・蓮華寺山・鴻峰極楽寺、意宇郡の和名佐八十山・来待岩屋寺の僧徒神人が熊野天狗山の呼びかけに応じて参集し、国司屋敷を襲撃することを議決した。院主厳澄法印は涙を流して制止したが、衆徒は聞き入れず、国司屋敷を焼き討ちし、星上山の麓に火を放ち、星上山中の四十余院を焼き尽くしたため、星上寺は衰退した。

以上の記録は、どこまでが史実か不明であるが、意宇郡と能義郡および大原郡の境の連峰には真言系と天台系の密教寺院や修験の行場が存在し、両派の間に勢力争いがあったことを窺うことができる。

近世の地誌である『雲陽誌』（享保二年・一七一七年成立）には、星上山の天神宮（那富乃夜社）について、「妙見八幡を同社に祭る、貞享年中建立の梁札今なを存せり」と記されている。そして、星上寺については以下のように書かれてい

る。（傍線筆者）

星上寺　真言宗安徳山と号す、本尊十一面観音坐像長二尺五寸、行基の作なり、左右不動毘沙門立蔵長二尺、鎮守天神社、仁王門あり、風土記に載る意宇郡高野山は此所なり、抑當山は安徳天皇勅願の梵宇四十余院を峯頭に建立して、満山の衆徒効験日々新なりしに、物換星移寺院頽破して、今纔に此草堂はかり残れり、国中順禮札所の十七番なり、毎年正月十一日東西岩坂の土人、三尺の鏡餅六を調、同十四日星上佛前に供す、十六日白餅を当人の家にうつし相あつまる、是を当定の会といふ、蓋明年佛事に幹するものを定るの謂なり、十七日僧侶の勤行闕如なし、本堂より二町はかり去て、星の池といふあり、松柏森々たる中に水色清々たり、山径二十町のほれは堂前にいたる、南の方なかなか山にしたかひ古木羅立つして通しかたく、遥に海をのそみ隠州伯州の山をみる、西は松江の湖水遠々として泊舟蓬をつらね、晴日網を曝風景あまりある霊場なり

このように『雲陽誌』には大餅行事について、正月十一日に東岩坂と西岩坂の住民が三尺（約九十一センチ）の鏡餅六枚を作り、十四日に星上寺に供え、十六日には餅を当人の家に下ろして、翌年の当人を決める当定めの会を設けていると記されている。

また、十八世紀半ばに成立したと推測される『出雲鍬』には、「安徳山星上寺　本尊十一面観世音　運慶作　正月十七日会式　仏納《トウ》ニ当ル人三石三斗ノ鏡ヲ奉備　六月十七日大般若経執行（以下省略）」と書かれている。

藩政時代、星上寺は十一面観音を祀る霊場であり、出雲国札所十七番であった。太助の『大保恵日記』にも、城下の人々が列をなして初詣に訪れる様子が描かれている。(18)

近代に入ると星上寺は廃れ、本尊十一面観音像、仁王門の仁王像は上意東の乗光寺に移された。「星上大餅御當年請取渡シ書記帳」（後述）の明治八年の箇所には、「明治第七戊年ヨリ社寺領幷ニ塔屋敷六塔ノ名田等、御改正ニ付上リ地ニ相成」とあり、明治四年の「社寺上知令」、七年の「社寺領上地跡処分規則」などによって、堂の敷地と境内以外の星上寺所有地は国に取り上げられたことが分かる。檀家を持たない同寺は維持困難に陥ったであろう。

ちなみに明治三十四年の箇所には、明治三十三年に星上寺の上地官林が払下げとなり、能義郡広瀬新市町の者が落札し、別所はそれを買い戻すことを提案したが、他の地域が応じなかったと記録されている。

以上のように星上寺は廃寺となったが、信仰深い岩坂の村民たちは明治二十六年（一八九三）に堂を修理した。当初は別所の曹洞宗円通寺教会所と称していたが、明治四十三年（一九一〇）に群馬県の廃寺の寺号を譲りうけて、名古屋市の高顕寺末寺の曹洞宗喜運寺として再興、戦後に寺号

を元に戻して曹洞宗星上寺になったという。昭和二十六年（一九五一）には火災に遭って本堂が焼失し、その後再建された。[19]

このように同寺の歴史は波乱に満ちたものであったが、「星上大餅御當年請取渡シ書記帳」を見る限り、近世から近代へと時代の大きな荒波を受けながらも、大餅行事は毎年続けられていたことが分かる。

別所には、曹洞宗円通寺のほかに清徳寺という真言宗の寺があった。星上寺の数ある坊の一つだったろうと推測されている。大餅行事は、円通寺住職が勤める以前には、この清徳寺法印が行っていた。だが、謝礼が十分に支払われなかったことがあり、法印は星上寺での行事に関わることを止めた。ただ、大餅をつくる際の別所のトウヤ（のちには集会所）の清めは、従来通り法印が行っていた。十数年前に法印が亡くなったため、氏神である那富乃夜社の神主（磐坂神社平林家が兼務）が清めるようになった。

3　星上寺大餅行事の内容

星上寺大餅行事は、一般的に「おもっつぁん」と呼ばれるが、「御塔」「御当」「御頭」「御禱」などの漢字をあてて記録されてきた。いずれもオトウと読む。トウを給わって一年間精進潔斎に努めて大餅を奉納する者をトウヤ、またはトウニンと呼び、「塔家」「当屋」「頭屋」「禱家」、「塔人」「当人」「頭人」「禱人」などと書く。

大餅を奉納する地域は以下の通りで、大餅は六枚だった。

東上座の餅と東中座の餅　―　東岩坂本郷
（市西・市東・川向・川原・安田）[20]

東山分の餅　―　東岩坂の別所
（別下・別中・別上・藤原・西奥）

西上座の餅と西中座の餅　―　西岩坂本郷
（大日・元田・青木・早田）

西山分の餅　―　西岩坂の桑並

昭和の高度経済成長期に桑並が廃止したため、西山分の餅は別所が受け持つことになり、別所は二枚の大餅を供えるようになった。一九六二年の山根家資料（別下）には、東山分と西山分の大餅を奉納したことが記録されている。

さらに、一九八六年から西本郷が廃止したため、西上座と西中座の大餅は奉納されなくなった。

一九六二年（昭和三十七）に別所の故安部俊氏が書いた「星上大餅神事に就いて」には、行事に込められた人々の信仰が見事に表現されている。この文章と別所の現在の大餅行事については、本誌調査報告編の拙稿「山陰地方におけるオコナイの分布と事例報告」で報告することにし、ここでは東本郷について記述する。

東上座の餅と東中座の餅を奉納するのは、市西（市場西組）・市東（市場東組）・川向・安田・川原の五組である。東上座の餅を上げる組（搗塔または上塔と呼ぶ）、東上座の餅を降ろす組（降塔）、東中座の餅を上げる組（搗塔または上塔）、東中座の餅を降ろす組（降塔）、タバコする（休む）組に分かれる。

正月に入ると、今年降塔の組内では籤でトウヤを決めるが、全戸が務めるまで一度務めた家を外して残り籤で決めていく。今年の降塔（翌年の搗塔）の二組のトウヤが毛社神社に集まり、御籤で上座と中座を決める。また、翌年の降塔二組を決める。降塔の一組は今年一年間タバコする組と決まっているが、もう一組は今年の搗塔二組が御籤を引いて、一組が来年の降塔、一組がタバコとなる仕組である。

歴史的に寺座に属する各名《みょう》が順番で餅を奉納してきた名残で、東上座は平次郎名・太郎丸名・本願名・佐藤次名・中ノ村名の餅、東中座は戸波名・権ノ神名・下川原名・上川原名・畠中名の餅を毎年順番に奉納する。[21] 以下に一九八六年を事例に記述する。

一九八六年（昭和六十一）正月は、搗塔が市東と市西、降塔が安田と川向だった。安田と川向では、それぞれ正月に組内で籤によってトウヤを決めた。六日、安田と川向のトウヤが神社にて上座と中座を決める籤を行い、安田が東上座、川向が東中座と決まった。名の順番から、安田は中村名の餅を、川向は権ノ神名の餅を奉納することになった。

一月八日頃、搗塔の市東と市西のトウヤと世話人は海岸に行って潮垢離をとって身体を清める。降塔の安田と川向のトウヤと世話人も日本海で潮垢離をとってから、観音の座を作る用意をする。すなわち、山に入って材料を切り、庭の一画に海砂（または川砂）を敷いて、観音の座の柵を立て、その前に柱を立てて注連縄を張った。

十一日、神主が搗塔の市東と市西を訪れて湯立てを行う。市東のトウヤでは「佐藤次名」の神札を祀るトコ・室内・台所・道具を清めた。市西はすでにトウヤを廃止して地区受けに変更、寄り集まる場を公民館としていたので、公民館と道具を清めた。次に降塔の安田のトウヤと川向のトウヤを訪れて、オモテ（客間）のトコを清めて、安田では「東上座中ノ村名」、川向では「東中座権ノ神名」と書かれた神札を据える。庭に作られた観音の座の注連縄柱も清めた。

なお、六塔の時代（大餅六枚）のトウヤの清めについては、東本郷では毛社神社神主、西本郷と桑並では磐坂神社神主が神道の修祓を行い、別所では地元の清徳寺の法印が真言の行法で清めていた。

十五日、市東ではトウヤに、市西では公民館に、全戸から男女二名ずつ集まって糯米蒸しと餅搗きをする。餅を蒸す火は神聖なものでなければならないと意識され、市東では火鑽《ひきり》道具で火をおこす。搗きあげた餅は餅枠で形づくりして一晩置く。

十六日、大餅を図（2）のように飾り付け、五メートル位の綱で竹二本に結び付ける。天神餅は藁薦で包んで御幣と榊を立てるが、風呂敷を代用する組もある。出来上がった大餅と天神餅はトコの前に安置される。市東が東上座の佐藤次名の餅、市西が東中座の下川原名の餅である。

十七日朝、市東と市西ではトウヤまたは公民館に集合、清めの酒肴を戴き、若松を歌って出発。[22]ムラ境までは先導が潮水を振って道を清め、その後は別所まで車に乗り、別所から登山する。

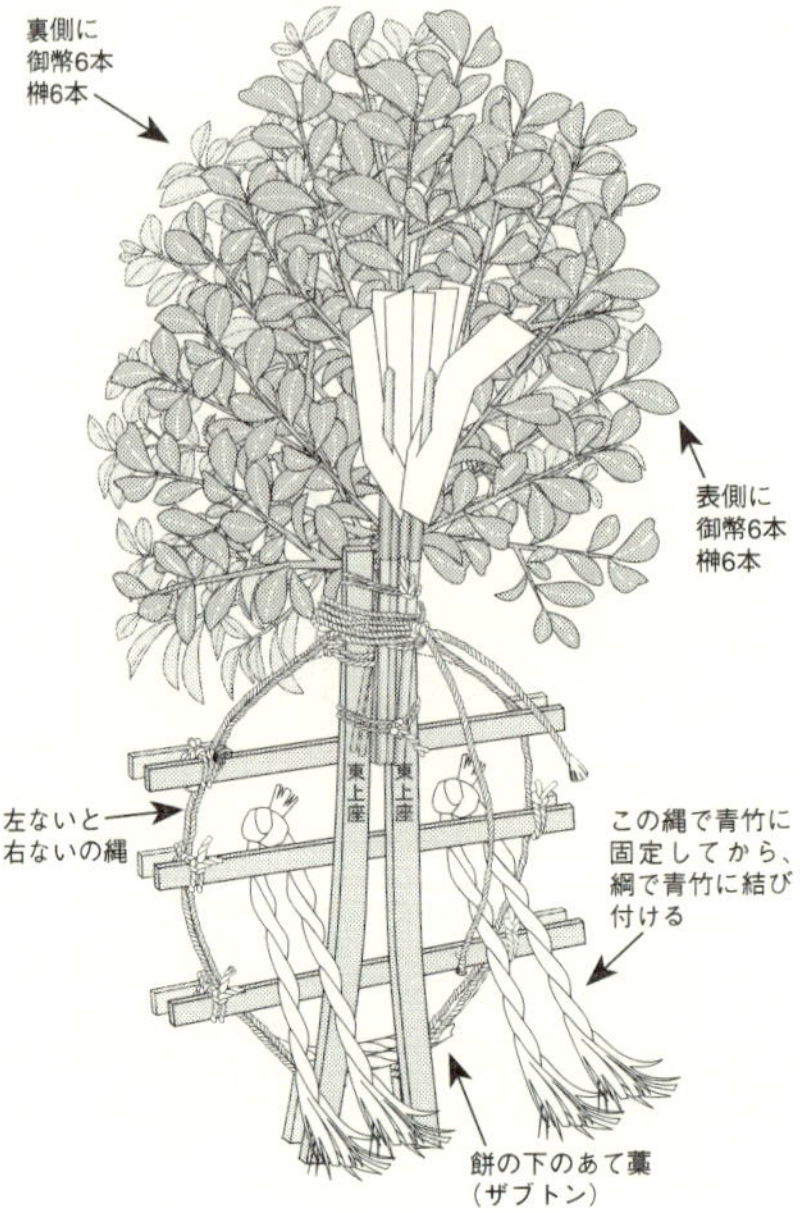

図（2）大餅（綱で青竹に結び付ける前）

別所の神木（御幣をつけた大きな榊）を先頭にして別所、東本郷が若松を歌いながら登って行く。途中の仁王門は松江市有形文化財に指定されている。星上寺に到着すると、天神餅の児童は神木に先導されて那富乃夜神社まで上がって奉納（写真1）、寺の境内では四組の大餅がひとしきりぶつかり合って威勢を挙げる（写真2）。祝い唄「若松」が始まり、合図とともに神木が堂に上がり、その後大餅が登山の順番通りに一組ずつ勢いよく堂に駆け上がる。六塔の時代には、別所→東本郷上座→東本郷中座→西本郷上座→西本郷中座→桑並の順だった。堂内にて、円通寺住職による散華、般若心経、大般若転読が行われ（写真3）、経典第一巻でもって堂内に列座するトウヤたちに風を当て、肩を叩いて無病息災を祈る。

行事終了後、降塔の安田が東上座の餅、川向が東中座の餅を降ろした。[23]餅飾りに使った竹、榊、綱などでもってトウヤの庭に「観音の座」を作って拝む（写真4）。慰労会の後、餅をはやして組内の家々に配る。「はやす」とは、この場合切ることを意味する。降塔のトウヤは一年間、トコに安置した「中ノ村名」または「権ノ神名」と書かれた神札に洗米と塩を供えて拝礼し、庭に拵えた観音の座に拝礼した。左に述べるように餅を調える場がトウヤから公民館に移ると、神札をトコではなく、観音の座に結び付けるようになった組もある。

禁忌については、本誌調査報告編の拙稿で報告する通り、

写真1　天神餅を神社に奉納（２０１２年）

写真３　４枚の大餅奉納、大般若転読（2012年）

写真２　堂入りするところ（2012年）

写真４　観音の座（安田２０１８年）

厳しかったが次第に緩んだ。明治、大正、昭和と組内のトウヤ制が続いたが、一九七九年（昭和五十四）に市西が組内トウヤ制を廃止、安田が一九八八年、川向・市東・川原が一九九二年から九六年にかけて組内トウヤ制を廃止した。組全体で受けるかたちは、自治会長を中心とした全戸参加型の組、組内を区分する班の順番で執行する組など、組によって違いがみられる。

　二〇一六年（平成二十八）、上座の餅と中座の餅を一本化して、市西→市東→安田→川原→川向の順に一枚の大餅を奉納することになった。したがって、神札には東上座〇〇名・東中座〇〇名と併記される。

4　餅の大きさと祭日の変遷

　星上寺に奉納される餅は、「御鏡」とも「大餅」とも記録される。『雲陽誌』には鏡餅六枚、『出雲鍬』には三石三斗の鏡と記されている。六枚の鏡餅は六つの名からそれぞれ奉納される大餅と考えると、一つの名から奉納される大餅は五斗五升という大きさになる。

別所下組（別下）の山根家には、トウヤを務めた時の記録が代々保管されていた。松江市教育委員会文化財課は、「星上御塔砌萬控帳」（天保十七年）、「星上御塔砌萬控帳」・「星上大餅當砌帳」（明治十七年）、「星上寺大餅奉納記念録」（昭和三十七年一月十七日）を確認しているが、その後所在不明になった。天保の萬控帳は十七年となっているが、天保は十五年（一八四四）までで、同年十二月に弘化に改元された。天保は比較的長く続いた年号だったため、改元された後も間違ってそのまま使用していたと思われる。民衆は十干十二支で年を数えて暮らすので、年号に比較的無頓着だった。幸いなことに同史料については山根家の邦男氏と忠男氏が『かたりべ』に寄稿しており、それによれば、この時にトウを給わったのが初代助九郎で、御鏡餅は一枚七斗七升、餅棒を担ぐのは十名と記されているという。なお、「星上大餅御當年請取渡シ書記帳」の弘化三年の箇所に「足立名助九郎より向名　伊四郎」と記載されているので、山根家初代がトウを給わったのは弘化二年（一八四五）、大餅奉納は三年であったことを確認できる。次に同家が大餅奉納した明治十八年申歳には御鏡餅一枚一斗二升（四尺一寸）で餅棒は六名、天神餅一枚二升、さらに昭和三十八年には御鏡餅四升・天神餅二升であった。(24)

明治以降の変化については東本郷の組の記録からも確認できる。市西に保管されている「星上塔開諸入費扣帳」の明治二十七年、三十二年には「一斗二升御鏡・一升天神餅・三升助成」と記されている。川向の「星上寺上座大餅諸入費扣帳」にも明治三十四年まで餅白一斗二升・天神一升・助成二升という記述が続くが、その後に助成餅が消えて御鏡二升・天神一升となる。(25)後述の「星上大餅御當年請取渡シ書記帳」には明治三十四年度の「星上大餅塔開又々改正」として、大餅一枚二升餅に改正したため、東岩坂本郷は大餅が小さくなったので、残米で組の老若男女が塔家にて酒やら餅やらで賑々しくしていると記されている。つまり、一九〇一年（明治三十四）頃に御鏡は大きな餅から二升ほどの小さめの餅になったことが分かる。その後、長いあいだ大餅二升・天神餅一升の時代が続くが、戦後に大餅（御鏡）四升・天神餅一升に改正されて今日に至る。大餅三升にする組もある。

以上の別所と東本郷の記録から、近世には一枚五〜七斗もするような大きな餅だったのが、明治時代に入ると一斗二升に、さらに一九〇一年頃には大幅に減量して二升になり、戦後四升となったことが分かる。

祭日については、『雲陽誌』では村人が旧正月十四日に御鏡を星上寺に供え、十六日に降ろして当人の家で新当人を定める会を開くと記されている。一九三九年（昭和十四）に刊行された太田直行著『出雲新風土記第二輯行事の巻』には、十四日に大餅の一行が星上寺に登った後、当屋では世話人に「精進落ち」の酒肴が振る舞われ、大餅が星上寺に上がっている間に左義長の神木が立ちトンド焼きが行われ、十六日に大餅を降ろし、十七日に新トウヤが裃姿で星上寺の内陣にてトウの受け渡しを行い、大餅半分と棒縄を持って帰り、出迎えの人々に酒を振る舞い、観音の座を作り、大餅は煮て楮の箸で食べたと書かれている。後述するように明治時代に日にちの短縮化が行われたことを考えると、この記述は一九三九年当時のことではなく、古い時代の行事内容を聞き取りして書いたものであろう。

「星上大餅御當年請取渡シ書記帳」には、明治三十四年度の「星上大餅塔開又々改正」として、正月十四日に供えてきたが、別所から風紀取締上から那富乃夜神社四月十七日の春祭りに合わせて欲しいとの要望があったけれども、東本郷ではそれに応じることはなく、その代りに十六日に供えて「只一日限り直チニ持帰ル事ニ相成」と記録されている。つまり、『雲陽誌』の記述通り十四日に供えて十六日に降ろすことは、一九〇〇年（明治三十三）頃まで続いていたと分かる。おそらく二晩は仏前に供えた大餅の前で若者が御籠りをしていたのであろう。別所が風紀問題を理由に改正を求めたこと、秋鹿の大餅行事は星上さんの博打に負けたことが始まりと伝承（「結び」参照）されることを考えると、空想を逞しくするならば御籠りの時に若者たちは博打などに興じることもあったのかもしれない。明治四十年代に各地の若衆組織を青年会（団）へと改編させる理由として、全国的に若者たちの風紀問題がとり上げられ、その中に賭博が含まれていたが、東岩坂においても宝満山銅鉱山労働者の間に賭博が広がっていたと聞く。その推測の確証は無いが、ともかくも以降は十六日に供えるようになった。

岩坂村では、一九〇二年（明治三十五）から正月を新暦で行うようになった。[26] しかし、大餅行事はしばらく旧暦のままで、新暦一月に行うようになったのは一九一〇年（明治四十三）だった。[27] これは、日露戦争後の地方改良運動期において行われた改暦奨励に従ったのであろう。改暦のために、これから春を迎えるという時期に行っていた行事を、真冬の新暦一月に執行しなければならなくなった。そして、いつの時代か不明であるが、十七日の僧侶の勤行に合わせて朝に奉納、読経のあと大餅を降ろすように短縮化された。二〇〇九年（平成二十一）には、サラリーマンが参加しやすいように祝日成人の日に移行した。

5 「星上大餅御當年請取渡シ書記帳」

近世史料としては、東本郷の名を記録した「星上大餅御當年請取渡シ書記帳」と、上記の山根家所蔵「星上御塔砌萬控帳」がある。このほか、いくつかの組が明治以降の記録を保管している。別所の清徳寺には古い史料が残されていたというが、廃棄されてしまったようだ。

「星上大餅御當年請取渡シ書記帳」（写真5）は、八雲町大字東岩坂に鎮座する毛社神社のヨコヤに伝えられてきた。同社は、東岩坂の佐草宮司が昭和五十年代に体調を崩して、一九八二年（昭和五十七）頃に東出雲町の阿太加夜神社神主家の兼務社となり、一九九〇年（平成二）から西岩坂に鎮座する磐坂神社平林家の兼務社となった。現在、該史料は平林家が保管する。この史料は、毛社神社（豊大明神）の神主が星上オトウ（大餅行事）のために東本郷のトウヤを清める必要があって年々記録してきたものであり、星上寺の行事そのものの記録ではない。

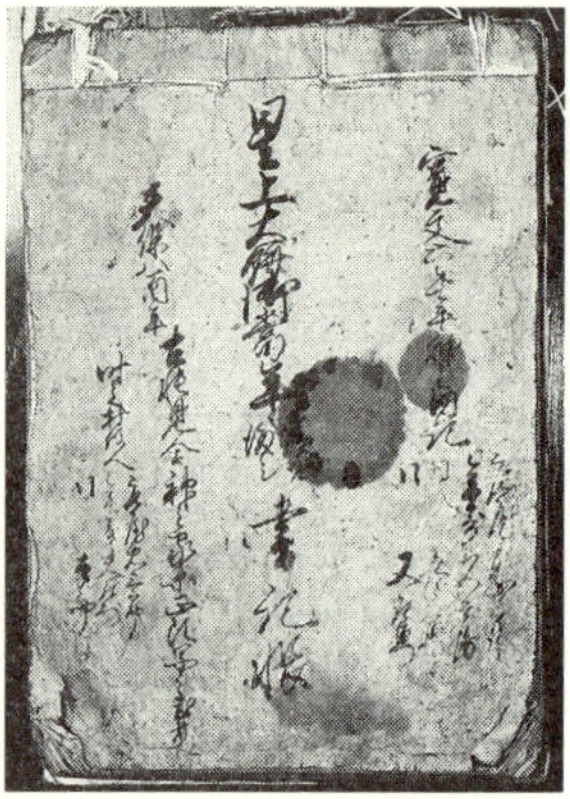

写真5　東岩坂毛社神社旧蔵「星上大餅御當年請取渡シ書記帳」

寛文六年（一六六六）から平成十年（一九九八）までの奉仕した名と人名または組名が記してある（表1）。表紙には「星上大餅御當年請取渡シ書記帳」と書かれ、その右に「寛文六午年神主内記　庄屋甚兵衛　年寄久兵衛　同九郎右衛門　同又左衛門」、左に「天保八酉年　古帳見合神主家原正頭写之置者也　時之村役人　庄屋忠三郎　年寄夫左衛門　同太助」とある。

年号が変わる年には、「~~天和四子年~~貞享元改号」、「~~元文六~~寛保元改」というように訂正が見られるが、これは一月にこれから一年間トウニンを勤める人物と大餅を奉納する名を記録し、一年の間に改号があれば訂正したからである。

長い年月の間には様々な出来事があった。享保十七年（一七三二）には東本郷は奉仕しなかった様子で、「怠懈いたし」と書かれている。そして、後掲の②の記載が続き、次に別帳の表紙を切って合綴した後が見られる。「享保十八年」と書くべき箇所は数字が定かでない。これらのことは、享保十七年に西日本が冷夏と害虫に大変苦しんだことと関係しているのであろうか。

「申年がしん」と呼ばれた天保七年（一八三六）には、「凶作ニ付、解除米壱斗切ニ而相仕舞申候へとも古格之振合ニハ不致議定」とあり、今後は一斗二升に戻すことを条件に神主への謝礼を一斗に引き下げたと書かれている。大凶作だったが、同八年正月には東本郷から本願名・戸波名・三田名・兵衛次名の餅が奉納された。

アジア・太平洋戦争中の一九四三・四四年（昭和十八・十九）には「上座」と「中座」のみで名《みょう》と新トウヤの氏名が記されていないので、翌年の四十四年と四十五年正月に東本郷は大餅を供えたのかどうか、よく分からない。別所では、「戦時中も戦後の混乱の時も休むことなく、毎年いなっ

表１　東本郷から星上寺に餅を奉納する名（「星上大餅御當年々請取渡シ書記帳」から作成）

西暦	東上座	東中座	他	西暦	東上座	東中座	他	西暦	東上座	東中座	他	西暦	東上座	東中座	他
1666	太郎丸名	畑中名		1725	太郎丸名	畠中名		1784	中ノ村名	権ノ神名		1843	佐藤次名	下川原名	神
1667	本願名	戸波名	具	1726	本願名	戸波名	兵	1785	平次郎名	上川原名	具	1844	中ノ村名	権ノ神名	大
1668	佐藤次名	下河原名		1727	佐藤次名	下川原名		1786	太郎丸名	畑中名		1845	平次郎名	上川原名	具
1669	中村名	上川原名		1728	中ノ村名	権ノ神名	三	1787	本願名	戸波名	兵	1846	太郎丸名	畑中名	向
1670	平次郎名	畠中名	具	1729	平次郎名	上川原名	具	1788	佐藤次名	下川原名	神	1847	本願名	戸波名	兵
1671	本願名	戸波名		1730	太郎丸名	畠中名		1789	中ノ村名	権ノ神名	三	1848	佐藤次名	下川原名	神
1672	佐藤次名	権ノ神名		1731	本願名	戸波名	八	1790	平次郎名	上河原名	具	1849	中ノ村名	権ノ神名	三
1673	中ノ村名	上河原名		1732	享保十七年怠慢いたし			1791	太郎丸名	畑中名		1850	平次郎名	上川原名	具
1674	平次郎名	畠中名	具	1733?	佐藤次名	下川原名		1792	本願名	戸波名	ハ	1851	太郎丸名	畑中名	
1675	太郎丸名	権ノ神名		1734	中ノ村名	後ノ神名	保	1793	佐藤次名	下川原名	神	1852	本願名	戸波名	八
1676	本願名	戸波名	兵	1735	平次郎名	上川原名	具	1794	中ノ村名	権ノ神名	保	1853	佐藤次名	下川原名	神
1677	佐藤次名	下川原名		1736	太郎丸名	畑中名		1795	平次郎名	上川原名	具	1854	中ノ村名	権ノ神名	保
1678	中ノ村名	権ノ神名		1737	本願名	戸波名	兵	1796	太郎丸名	畑中名		1855	平次郎名	上川原名	具
1679	平次郎名	上川原名	具	1738	佐藤次名	下川原名	神	1797	本願名	戸波名	兵	1856	太郎丸名	畑中名	
1680	太郎丸名	畑中名		1739	中ノ村名	後ノ上名		1798	佐藤次名	下川原名	神	1857	本願名	戸波名	兵
1681	本願名	渡波名		1740	平次郎名	上川原名	具	1799	中ノ村名	権ノ神名		1858	佐藤次名	下川原名	神
1682	佐藤次名	下川原名		1741	太郎丸名	畑中名	三	1800	平次郎名	上川原名	具	1859	中ノ村名	権ノ神名	
1683	中ノ村名	後ノ神名		1742	本願名	戸波名		1801	太郎丸名	畑中名	三	1860	平次郎名	上川原名	具
1684	平次郎名	上河原名	具	1743	佐藤次名	下川原名		1802	本願名	戸波名		1861	太郎丸名	畑中名	三
1685	太郎丸名	畠中名		1744	中ノ村名	後ノ神名	八	1803	佐藤次名	下川原名	神	1862	本願名	戸波名	
1686	本願名	戸波名		1745	平次郎名	上川原名	具	1804	中ノ村名	権ノ神名	ハ	1863	佐藤次名	下川原名	神・八
1687	佐藤次名	下川原名	具	1746	太郎丸名	畑中名		1805	平次郎名	上河原名	具	1864	中ノ村名	権ノ神名	八
1688	中ノ村名	権ノ神名		1747	本願名	戸波名	兵	1806	太郎丸名	畑中名		1865	平次郎名	上川原名	具
1689	平次郎名	上川原名		1748	佐藤次名	下河原名		1807	本願名	戸波名	兵	1866	太郎丸名	畑中名	
1690	太郎丸名	畠中名		1749	中ノ村名	後ノ上名		1808	佐藤次名	下川原名	神	1867	本願名	戸波名	兵
1691	本願名	戸波名		1750	平次郎名	上河原名	具	1809	中ノ村名	権ノ神名		1868	佐藤次名	下川原名	神
1692	佐藤次名	下川原名		1751	太郎丸名	畑中名		1810	平次郎名	上川原名	具	1869	中ノ村名	権ノ神名	
1693	中ノ村名	後ノ神名	保	1752	本願名	戸波名		1811	太郎丸名	畠中名		1870	平次郎名	上川原名	具
1694	平次郎名	上河原名	具	1753	佐藤次名	下川原名	三	1812	本願名	戸波名		1871	太郎丸名	畑中名	
1695	太郎丸名	畠中名		1754	中ノ村名	後ノ上名	保	1813	佐藤次名	下川原名	神・三	1872	本願名	戸波名	
1696	本願名	戸波名		1755	平次郎名	上川原名	具	1814	中ノ村名	権ノ神名	保	1873	佐藤次名	下川原名	神・三
1697	佐藤次名	下川原名		1756	太郎丸名	畑中名	八	1815	平次郎名	上川原名	具	1874	中村名	権ノ神名	
1698	中ノ村名	権ノ神名		1757	本願名	戸波名	兵	1816	太郎丸名	畑中名	八	1875	平次郎名	上川原名	
1699	平次郎名	上川原名		1758	佐藤次名	下川原名		1817	本願名	戸波名	兵	1876	太郎丸名	畑中名	
1700	太郎丸名	畠中名		1759	中ノ村名	後ノ上名		1818	佐藤次名	下川原名	神	1877	本願名	戸波名	
1701	本願名	戸波名		1760	平次郎名	上川原名	具	1819	中ノ村名	権ノ神名		1878	佐藤次名	下川原名	
1702	佐藤次名	下川原名		1761	太郎丸名	畑中名		1820	平次郎名	上川原名	具	1879	中村名	権ノ神名	
1703	中ノ村名	権ノ神名	具	1762	本願名	戸波名		1821	太郎丸名	畑中名		1880	平次郎名	上川原名	
1704	平次郎名	上川原名	三	1763	佐藤次名	下川原名		1822	本願名	戸波名		1881	太郎丸名	畠中名	
1705	太郎丸名	畠中名		1764	中ノ村名	後ノ上名		1823	佐藤次名	下川原名	神	1882	本願名	戸波名	
1706	本願名	戸波名		1765	平次郎名	上川原名	三・具	1824	中ノ村名	権ノ神名		1883	佐藤次名	下川原名	
1707	佐藤次名	下川原名	八	1766	太郎丸名	畑中名		1825	平次郎名	上川原名	具・三	1884	中村名	権ノ神名	
1708	中ノ村名	権ノ神名		1767	本願名	戸波名	兵	1826	太郎丸名	畑中名		1885	平次郎名	上川原名	
1709	平次郎名	上川原名	具	1768	佐藤次名	下川原名	八	1827	本願名	戸波名	兵	1886	太郎丸名	畑中名	
1710	太郎丸名	畠中名		1769	中ノ村名	後ノ上名		1828	佐藤次名	下川原名	八・神	1887	本願名	戸波名	
1711	本願名	戸波名		1770	平次郎名	上河原名	具	1829	中ノ村名	権ノ神名		1888	佐藤次名	下川原名	
1712	佐藤次名	下川原名		1771	太郎丸名	畑中名		1830	平次郎名	上川原名	具	1889	中村名	権ノ神名	
1713	中ノ村名	権ノ神名	沙	1772	本願名	戸波名		1831	太郎丸名	畑中名		1890	平次郎名	上川原名	
1714	平次郎名	上川原名	具	1773	佐藤次名	下河原名	神	1832	本願名	戸波名		1891	太郎丸名	畑中名	
1715	太郎丸名	畑中名		1774	中ノ村名	権ノ神名	保	1833	佐藤次名	下川原名	神	1892	本願名	戸波名	
1716	本願名	戸波名	三・兵	1775	平次郎名	上河原名	具	1834	中ノ村名	権ノ神名	保	1893	佐藤次名	下川原名	
1717	佐藤次名	下川原名		1776	太郎丸名	畑中名		1835	平次郎名	上川原名	具	1894	中村名	権ノ神名	
1718	中ノ村名	権ノ神名		1777	本願名	戸波名	兵・三	1836	太郎丸名	畑中名		1895	平次郎名	上川原名	
1719	平次郎名	上川原名	八・具	1778	佐藤次名	下河原名		1837	本願名	戸波名	三・兵	1896	太郎丸名	畑中名	
1720	太郎丸名	畑中名		1779	中ノ村名	権ノ神名		1838	佐藤次名	下川原名	神・八	1897	本願名	戸波名	
1721	本願名	戸波名		1780	平次郎名	上河原名	具・八	1839	中ノ村名	権ノ神名	和	1898	佐藤次名	下川原名	
1722	佐藤次名	下川原名		1781	太郎丸名	畑中名		1840	平次郎名	上川原名	具・八	1899	中村名	権ノ神名	
1723	中ノ村名	権ノ神名		1782	本願名	戸波名		1841	太郎丸名	畑中名	八・和	1900	平次郎名	上川原名	
1724	平次郎名	上川原名	具	1783	佐藤次名	下川原名	神	1842	本願名	戸波名	別	（以下省略）			

備考：具＝具祖名、神＝神納名、兵＝兵衛次名、三＝三田名、八＝ハツ口名、保＝保人名、沙＝沙汰人名、和＝後ノ和田名
別＝別所名、大＝大谷名、向＝向名、渡波＝戸波、畑中＝畠中、後ノ神・後ノ上＝権ノ神、河原＝川原

て（担って）上がった」と記憶されている。

一九六三年（昭和三十八）は記録的な豪雪となった。登山が危ぶまれるなか、別所が総出で雪踏みを行ったおかげで大餅を奉納することが出来た。該史料の昭和四十五～五十年の箇所には、上座と中座の名だけで人名が記録されていないが、この時代にも変わらずに行われていたことは、地元の組の資料から明らかである。昭和五十七年から筆致が異なるのは、この時代から毛社神社ヨコヤではなく、東出雲町の阿太加夜神社ヨコヤが清めるようになったからで、市西を西口、市東を東口と誤って記録している。平成二年から西岩坂の磐坂神社ヨコヤが記録するようになった。

表2　星上寺大餅を奉納する座と名（「星上大餅御當年請取渡シ書記帳」より作成）

座	名	面積
東ノ上座	本願名	2町6反7畝27歩
	佐藤次名	3町3反2畝21歩
	中ノ村名	2町6反9畝8歩
	平次郎名	3町4反3畝3歩
	太郎丸名	3町3反4畝9歩
東ノ中座	上川原名	3町3反3畝15歩
	畠中名	2町7反8畝3歩
	戸波名	4町7畝15歩
	下川原名	3町8畝12歩
	権ノ神名	3町2反9畝11歩
東ノ山分	大谷名	
	向名	
	広岡名	
	別所　八つ口名	
	本郷ノ八つ口名	
	別所名	
	足立名	
	伊豆名	
	八つた　三田名	
	和田名	
	和田名	
	小原名	
西ノ上座	神納名	
	大日名	
	下本田名	
	青木名	
	上本田名	
西ノ中座	宝屋名	
	具租名	
	鍛冶屋名	
	兵衛次名	
	公文分名	
	東ノ保人名	
	西ノ保人名	
西ノ山分	一ノ原名	
	二ノ原名	
	田中名	
	越路名	
	源大夫名	
	清大夫名	
	福谷名	

（1）座と名

寺座は東の上座と中座、西の上座と中座、東山分、西山分の六座で、それぞれに所属する名がある（表2）。基本的に、東の上座と中座は東岩坂村本郷（東本郷）、東の山分は東岩坂村別所、西の上座と中座は西岩坂村本郷（西本郷）、西の山分は西岩坂村桑並である。

東の上座と中座の名については以下のように範囲が記され、行事改正の記載がみられる。

①　享保四年（一七一九）の記載

東之上座　本願名　上ハ小三田下縄手ゟ小川迄、東具祖畑田下迄
佐藤次名　上ハ中村名縄手切、下ハ折坂堤上迄
中ノ村名　上ハ松之前縄手切、下ハ佐藤次名境迄
平次郎名　上ハ四わへ上縄手西中溝、下小三田なわて切(28)
太郎丸名　四わへ上縄手ゟ不〆上
別所ゟ拾弐年目ニ
八津田 三田名　川ゟ西ハ下ハ□□（汚れ）□縄手ゟ上ハ八つた井豆迄□（汚れ）□

東ハゆや谷川ゟ下ハ安田三
田迄

東中座　上川原名　上ハ茂次右衛門前縄手ゟ奥
畠中名　兵助田ゟ川切ニして鑓溝奥迄
戸波名　清右衛門田ゟ伯母ヶ迫縄手切、
下ハ戸波後城ヶ迫迄
下川原名　上ハ茂右衛門前縄手切、下ハ下
川原前縄手迄
権ノ神名　上ハ喜蔵前縄手ゟ川切原前宮田
井手迄、夫ゟうばか迫縄手ゟ奥
西ノ中座　兵衛次名　下ハ中山縄手ゟ折坂堤井手迄、
拾壱年目（繰り返し）西ゟ受取
具祖名　西ゟ六年目（繰り返し）受取
保人名　廿一年目受取
西ノ上座　神納名　六年目（繰り返し）請取
右者古法及大破新法改之置順々五ヶ年廻り可相勤者也
享保四年亥正月　庄屋　甚兵衛
年寄　久兵衛
同　九左衛門
同　茂次右衛門
頭百姓　六郎兵衛
内解除米年中初穂壱斗弐升可差出者也
神主内記

享保四年に、東上座の五名、東中座の五名の他に、東山分から十二年毎に八つた（安田）の三田名、西の上座から六年毎に神納名、西の中座から十一年毎に兵衛次名、六年毎に具祖名、二十一年毎に保人名を東本郷が受けることを決めた。

これにより、具祖名は三年目~九年目など間隔が一定しなかったが、今の数え方で五年目に奉仕するようになった。神納名については、享保四年より以前も以後も奉仕の記録がなく、初めて登場するのが元文三年（一七三八）、次は安永二年（一七七三）で、今の数え方で五年目に固定したのは天明三年（一七八三）からである。兵衛次名は、延宝四年（一六七六）に奉仕してから四十年目に奉仕しただけだったが、今の数え方で十年目（十一年目が一回あり）に固定するようになった。保人名については、享保十九年に「保人」に「サタニ」とルビが振ってあるので保人名＝沙汰人名と考えてよいと思われるが、保人名・沙汰人名は十九年目、二十二年目など間隔が一定しなかったが、享保十九年（一七三四）以降は今の数え方で二十年目と固定した。別所十二名のうちに入っていた本郷八つ口名は、享保四年より以前の宝永四年（一七〇七）から十二年目（十三年目が一回あり）と固定していた。

以上のように、西上座の神納名、西中座の具祖名・兵衛次名・保人名、東山分の三田名・八つ口名を東本郷の座に入れ

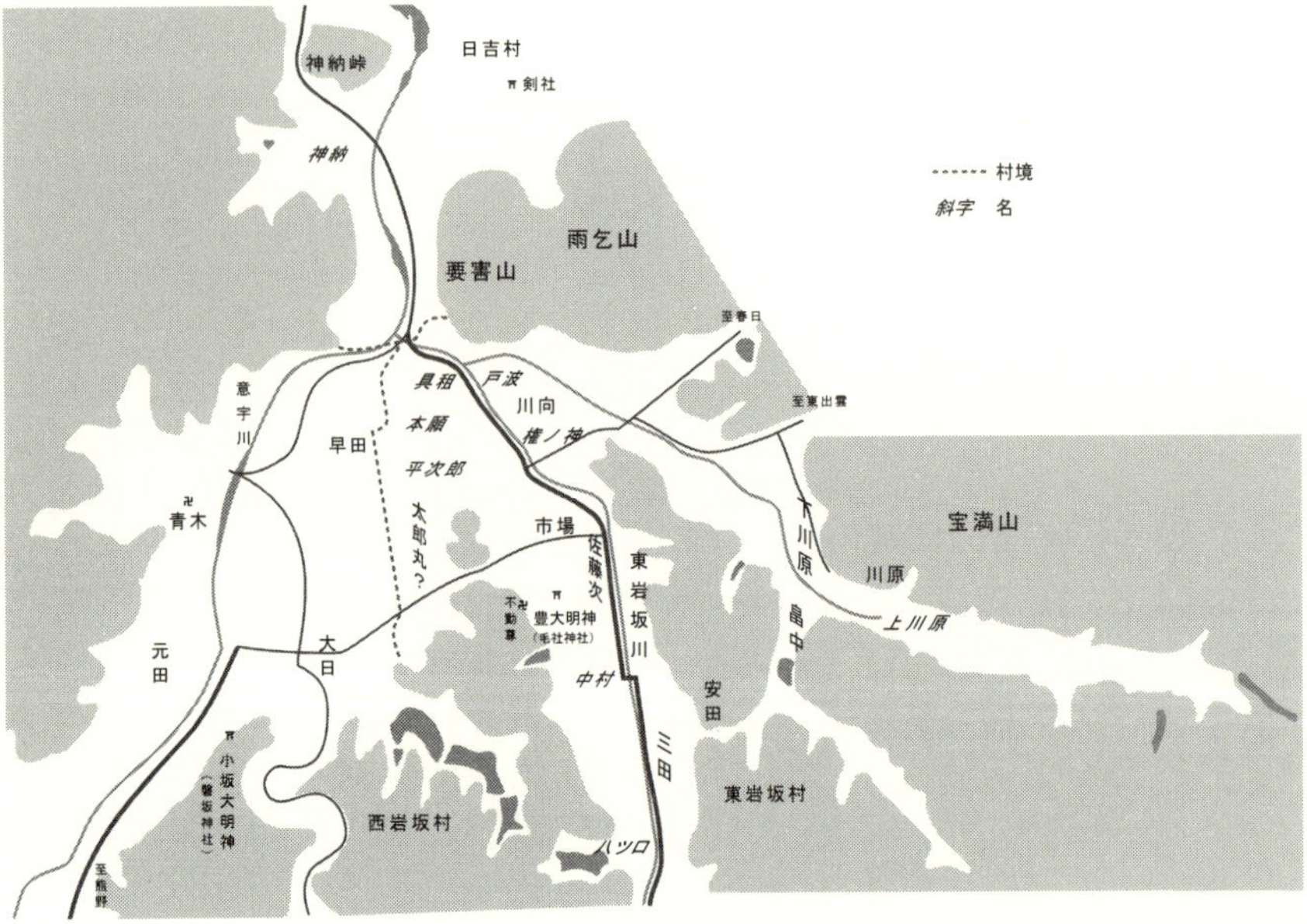

図３　近世の東岩坂村本郷・西岩坂村本郷・日吉村の概図

るようになったのは、どのような理由からであろうか。

図（3）は、近世の東本郷・西本郷・日吉の概図で、・・・は村境を示す。東の上座と中座の名の中には、一八九九年（明治二十二）に作成された東岩坂村切図に記入された字名と一致するものがあり、図（4）はその一例である。(29) また、地元の住民が通称している字名と一致するものもある。これらの情報を参考にして、図（3）に名《みょう》を「斜字」で記入してみると、東上座の五名（平次郎・太郎丸・本願・佐藤次・中ノ村）は主に東岩坂村の市場（市西・市東）を中心にした東岩坂川西岸の田、東中座の五名（戸波・権ノ神・下川原・上川原・畠中）はその対岸の川向・川原の田であったと分かる。

具租と八ツ口は、「意宇郡東岩坂村本郷御検地帳」（万治二年）に小字名として登場するので、近世の東岩坂村本郷の領域に入っていたと判断できる。(30) 三田は地元ではサンデンと読み、「さんでん」も同検地帳にみえる。

神納名については、一八九九年に作成された切図

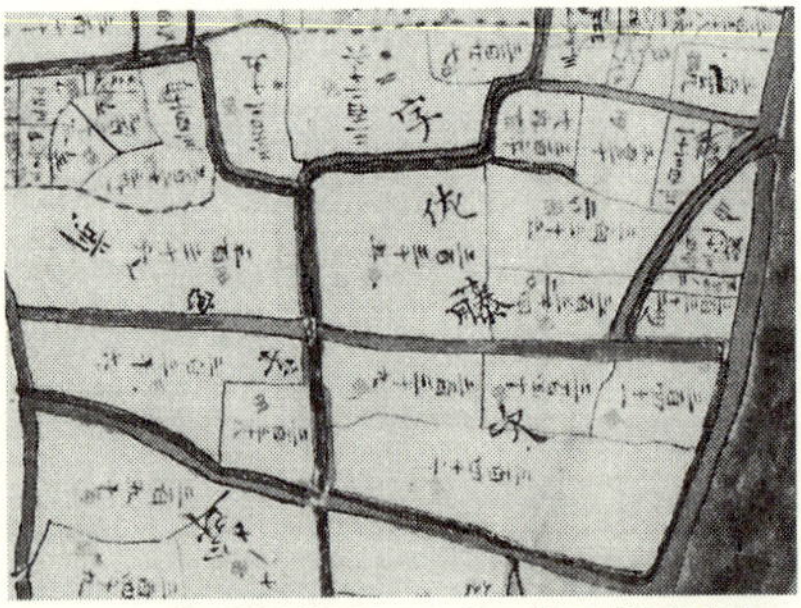

図４　東岩坂村切図にみえる字名「佐藤次」

では日吉村領域で、今日でも日吉地区に入るが、万治二年（一六五九）の「意宇郡東岩坂村内神納御検地帳」が存在することから、近世には東岩坂村に含まれていたことは明らかである。万延元年（一八六〇）の村絵図を見ても神納は東岩坂村領域に入っている。[31]

以上から、神納名は西上座、具租名は西中座であったが、近世の村切によってこれらが東岩坂村に入ることになったため、西上座の各名の回り順で神納名、西中座の各名の回り順で具租名が当たる時には、東本郷の座として奉仕することになったのであろう。

なお、西中座の兵衛次名については場所が分からないが、おそらく具租名と同様の理由だったと思われる。保人名も場所が不明であるが、西中座のうち西の保人名は西岩坂村、東の保人名は東岩坂村の領域に入ったため、二十年目毎に勤めることになったと思われる。八つ口名と三田名は、ともに東山分の十二名の中に入っていたが、近世には東本郷に含まれるようになったため、東山分（別所の座）の各名の回り順でこれらの名が当たる時には、東本郷の座として奉仕するようになったと考えられる。[32]

② 享保十七年（一七三二）の記載

享保十七年怠懈いたし
庄屋甚兵衛古格及大破候ニ付、新規被相改様子ニ相見
荒々書印
享保十八年ゟ庄屋利右衛門被相改、享保十七年ゟ後、古
帳見合神主家原正頭相改、天保八酉年写之者也

享保十七年のみは名と請人の名前の記載がなく、以上のように記されている。これは①の享保四年の記載と表紙に関連する部分で、庄屋甚兵衛の時代に改正したこと、享保十七年に東本郷は奉仕しなかったこと、神主の家原は天保八年（一八三七）に享保十七年から百年分以上の記録を書き写したことが書かれている。

③ 宝暦十年（一七六〇）の記載

右祭日之内正月十七日、御餅塔家与申而氏子之内六軒、
此当順番ニ相勤、毎歳当ニ当り候之者、家内悉ク清浄仕
置、壱人ハ別火ニ仕、右御餅献上仕候、尤毎月晦日ニ
神主当家へ参り除浄仕来り申候、此餅出来候節うもし
人注連たすきヲ為懸、家内ニも注連曳キ、悉ク除不浄、
右之餅神前へ運候節生魚食し、尤神事之式と相見へ申
上候、御塔請取渡シ之節も、立烏帽子ヲ着、神事執行仕
事ニ御座候、其節天神拝殿ニおゐて六塔上下ヲ着、神主
ゟ塔人へ神酒ヲ頂戴為致来りニ御座候
猶亦、神主上下為星上寺御飯頂戴為致来り旧例之事と
相見へ、於今無怠懈相勤者也

宝暦十
神主薩摩
庄屋理右衛門
年寄茂次右衛門
頭百姓中
解除米壱斗弐升頂戴仕来旧例之事ニ御座候、年々古帳見合写置者也

冒頭の「右祭日」より前文が落丁しているのではないかと思われる。これは、神主の役割を記録したもので、寺院側の行事については言及されていない。内容は、正月十七日に氏子の中から六軒が「御餅塔家」を勤めること、塔家は順番に勤めること、塔家に当たる者は家内を悉く清め、一人は別火して御餅を献上すること、毎月晦日は神主が塔家に行き清めること、御餅をつくる時には「うもし人」、すなわち「うむす（蒸す）人」が注連だすきをかけ、家内にも注連縄を張って悉く不浄を除くこと、神前に餅を据えた時に生魚を食するという儀式を行うこと、塔渡しの時に神職は立烏帽子を着用して神事を執行し、拝殿で六人の塔人が裃を着用して神主から御神酒を戴くこと、神主は裃を着用して星上寺の御飯を頂戴すること、神主が塔家の清めのために頂く解除米は一斗二升であることが書かれている。

餅を奉納するトウヤ（トウニン）はことさらに精進潔斎が求められていたことがよく分かる。また神前で生魚を食する儀式を行うこと、神主が星上寺の御飯を頂戴することなどの行事については今日に伝わっていない。

（2）トウヤ・トウニン

該史料では、行事の中心になる者を、「当人」「塔人」「当家」「塔家」と様々な書き方をしている。トウヤまたはトウニンは、他名《みょう》の大餅を受け取り一年間精進潔斎に努めてトウビラキ（大餅を奉納して座敷を開く）する。

寛文七年を例にとると（写真6）、同年一月に餅を奉納するのは、東上座は太郎丸名の五郎兵衛、東中座は畑中名の惣右衛門で、これらの餅を給わるのは本願名の清蔵、戸波名の熊野村、さらに西中座の宝屋名の誰かが餅を奉納し、その餅を具祖名の助右衛門（東岩坂村本郷の者）が給わることになった。東中座は熊野村となっているが、熊野村とのみ記されているのはこの年だけで、宝永三年に熊野村六三郎とあるので、ここは熊野村の人物名を省いて記されていると思われる。

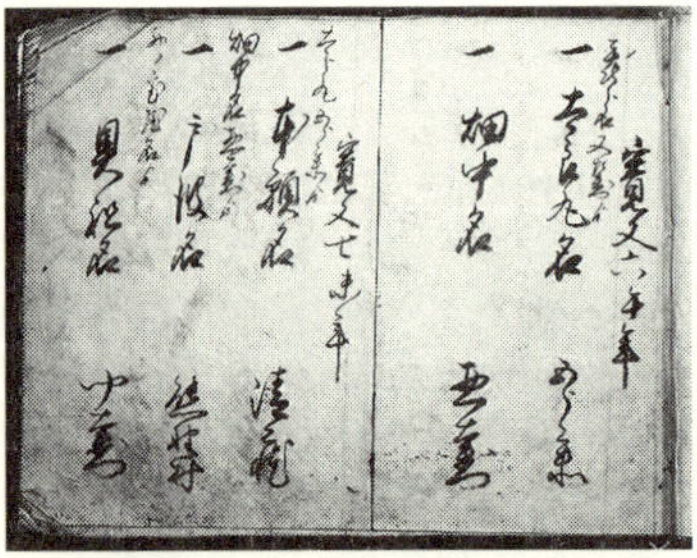
写真6　寛文六年と七年の降塔

文化四年（一八〇七）に、「西ノ鍛冶や名ゟ兵衛次名　忠蔵　兵衛次ニ田四ケ所有之、十一年目ニ相当り右四ケ所へ順番ヲ以受取申議定、文化四卯年三十一年目ニ相談ヲ以忠蔵受取、後年之格合ニハ相成不申、以後議定之通四ケ所順番四十一年目受取申事也」と記されている。兵衛次名には田が四カ所あり、兵衛次名は十一年目に奉仕するので、一か所の田は四十一年目に奉仕することが決められており、忠蔵は相談の上で三十一年目に受けたが、これは例外であるという。以上の記載から、名はいくつかの田に分かれ、その中でトウニンの順番が決められていたことが分かる。兵衛次名内では順番でトウニンが出ていたようだが、後述する六助は籤を取ったとあるので、順番と籤と両方の決め方があったようだ。

享保年間までは、村外者がトウを給わることは上記熊野村の二例に留まるが、元文年間以降は表（3）のように、山代・大庭・松江など村外の人物が給わることが度々にみられるようになった(33)。江戸時代中期以降、東岩坂村本郷において村外者の所有地が増えたことを示している。その中には松江の桐岳寺のような寺院名もみられる。特に、一八〇〇年代には松江横浜の六助、松江竪町の岡崎屋運兵衛が頻繁に登場する。岡崎屋は大年寄・大目代などを歴任した家であった。

村外者が入り込むことによって、行事執行に差し障りが生じることもあった。文化十二年（一八一五）の東中座上川原名のところに、「松江出作六助」は、「鬮取候処、同人ハ正米四斗観音へ差上、此外ハ一切何之受不申」と申して引き受けなかったので、「年寄仁兵衛信心ヲ以当開き致シ、一年中清浄ハ庄屋助右衛門ニ而致し、十七日清浄渡方雑用茂助右衛門ゟいたし、是ハ誠ニ観音へ対し両人ゟ信心ヲ以隠ニ当開き仕候」と記されている。松江の六助が籤でトウを給わったにもかかわらず、観音へ四斗米を奉納するだけで、トウニンが伝統的に行ってきた一年間の精進潔斎とトウ開きを怠ったため、年寄仁兵衛と庄屋助右衛門が信心をもって代わりに勤めたという。文政十三年（一八三〇）正月に六助が再び上川原名のトウを給わった時には、「支配仁左衛門　六助」と記されており、六助所有の田地を耕作する仁左衛門がトウニンを勤めたようだ。

地主と耕作人については、「松江伊助支配　助七」、「仁平支配　松江春平」というように、地主を先に書く場合と後に書く場合と両方の書き方が混在しており、「久蔵請　岡崎屋運兵衛」という書き方もみられる。文化十一年以降は「支配」「請」と書いて地主と耕作人の両方を記載することが多くなっており、地主ではなく耕作人が中心になってトウ開きするようになったようである。

順番にあたる名《みょう》の中の地主（または耕作人）が籤引きや順番でトウヤ（トウニン）になるという形態が変化するのは、

表３　塔を受ける村外の住民
（「星上大餅御當年請取渡シ書記帳」より作成）

西暦	年号	東上座		東中座		神・具・兵・保・三・八	
1667	寛文７			熊野村			
1706	宝永３	熊野村	六三郎				
1737	元文２					山代	太右衛門
1740	元文５	日吉	平右衛門	山代	太右衛門		
1742	寛保２			山代	藤蔵		
1746	延享３	（松江）	神門屋吉右衛門				
1747	延享４					山代	藤蔵
1749	寛延２	山代	藤蔵	広瀬	孫右衛門		
1750	寛延３	松江	佐伝次				
1751	寛延４			山代	藤蔵		
1754	宝暦４			山代	宇助		
1756	宝暦６	日吉	与助			（松江）	こんや惣右衛門
1763	宝暦13	（松江）	こんや惣右衛門	大庭	嘉助		
1764	宝暦14			大庭	嘉助		
1765	明和２			（松江）	紺屋惣右衛門	大庭	嘉助
1766	明和３	大庭	嘉助	（松江）	こんや惣右衛門		
1767	明和４	日吉	伊左衛門			（松江）	紺屋惣右衛門
1769	明和６	（松江）	こんや惣右衛門				
1775	安永４	松江	仁右衛門				
1780	安永９					松江	惣右衛門
1783	天明３					日吉	庄左衛門
1790	寛政２	大草	吉右衛門				
1793	寛政５			古志原	吉岡大部		
1795	寛政７					乃木	佐吉
1796	寛政８			才か町	吉塚阿三郎		
1797	寛政９			大庭	嘉助	（松江）	犬山屋惣右衛門
1800	寛政12					（松江）	岡崎屋藤九郎
1804	享和４	松江	桐岳寺				
1805	文化２					（松江）	小西屋次左衛門
1806	文化３			（松江）	犬山屋惣右衛門		
1807	文化４			横浜	六助		
1808	文化５					（松江）	三好屋六助
1809	文化６		高原寺				
1810	文化７	松江	六助			（松江）	犬山屋惣右衛門
1811	文化８	（松江）	岡崎屋運兵衛				
1813	文化10	下意東	百三郎			乃木 松江	幸四郎 乃木屋伊八
1815	文化12			松江	六助		
1817	文化14		高原寺				
1818	文政元	（松江）	若狭屋平兵衛			（松江）	伊豫屋庄兵衛
1820	文政３				高原寺		
1822	文政５	日吉	与助	川津	和蔵		
1825	文政８	（松江）	小西屋次左衛門				
1826	文政９	（松江）	小西屋次左衛門				
1827	文政10					（松江）	六助
1828	文政11	（松江）	若狭屋				
1830	文政13	（松江）	岡崎屋運兵衛	松江	六助		
1831	天保２	（松江）	六助				
1835	天保６					（松江）	小西屋次左衛門
1838	天保９					日吉	与助
1840	天保11					松江	「松江支配」のみ
1843	天保14					日吉	彦四郎
1846	弘化３	（松江）	岡崎屋運兵衛				
1847	弘化４	（松江）	六助				
1848	嘉永元					（松江）	六助
1850	嘉永３					（松江）	岡崎屋運兵衛
1855	安政２					（松江）	森脇屋嘉右衛門
1858	安政５					（松江）	森脇屋
1859	安政６	松江	伊助	松江	春平		
1863	文久３					日吉	佐助
1869	明治２	（松江）	津田屋伊助				
1870	明治３			（松江）	岡崎屋運兵衛		
1871	明治４			（松江）	岡崎屋運兵衛		

備考：第３枠は神納名・具租名・兵衛次名・保人名・三田名・ハツ口名。（松江）は、居住地が未記入であるが松江と推定したもの。「横浜」「才か町」は松江。貼紙「横浜古浦屋嘉右衛門」は貼付場所不明のため、表に記入していない。

明治に入ってからのことである。一八七六年（明治九）の箇所に、「明治八年ノ改正」（本論「2　星上寺と那富乃夜神社」参照）につき村方相談の上、「二枚之餅五組之別二組ニ当リ候ニ付、二組人別ヨリ出し合せ、田地名田坏不申候而、是ヨリ人別ヨリ竈割ニ御塔鬮仕」ことを決めたとある。トウヤを名に関係する人物ではなく、五組のうち二組が受けた上でトウヤは組内の家々の籤によって決めるようになったことが分かる。

川向組には一八七七年（明治一〇）から書き継がれた「星上寺上座大餅諸入費扣帳」があり、それを見ると明治時代から一九四七年（昭和二十二）までは塔田を有し、毎回同じ二軒の耕作人が合わせて一石一斗〜九斗の米を納めており、そこから地租金・諸賦課、糯米、飯米（降塔と搗塔の両年分）、水越高役費、小豆代、砂糖代、清酒代などを賄っていたことが分かる。その後、塔田は農地解放によって個人に買い取られたため、糯米や飯米は各自の持ち寄りとなった。

組ごとにトウを給わって組内でトウヤを決めるという形は近年まで続いた。その後、トウヤ制度を廃止、組全体で給わる形に改正されたことは、「3　星上寺大餅行事の内容」に記述した通りである。

なお、太田直行の前掲書（一九三九年）には、「各部落には名田《みょうでん》と称する大餅専用の田地があって、其所から獲れた米を以て餅を作ること（尤も今では東西岩坂以外は名田がないので、他の共有田を以てこれに代へてゐる）、また当番は名田内の地主が抽籤で勤めることになってゐる」とあるが、名の中の地主が抽籤で勤めるのは藩政期に行われていた方法であり、一九三九年当時の状況を語っているものではないだろう。

6　結び

星上寺大餅行事は、真言宗寺院の修正会にあわせて周辺住民が大きな鏡餅を奉納する、神仏習合的なオコナイ行事であった。星上寺は、歴史の荒波を受けて真言宗から曹洞宗へと宗派変更を余儀なくされたが、地元住民が従来通り「大餅神事」として篤い信仰心で維持してきたことは、故安部俊氏の文章（本誌調査報告編拙稿「山陰におけるオコナイの分布と事例報告」）からも明らかである。星上山に登る大餅の行列には必ず御幣をつけた大きな榊が先頭に立つこと、大餅には榊と御幣を付けること、降塔の組の中に設けられる「観音の座」は大餅に用いた榊・御幣・竹・綱・縄で作って注連縄を張ること等々、今日においても神仏習合の信仰を伝えている。

松江市の無形民俗文化財に指定されている「秋鹿大日堂御頭《おとう》行事」には、「秋鹿村の大日如来が星上で博奕に負けて襦袢一枚になった腹いせに、星上さんの大餅を六枚盗んで帰ったのが始まり」という言い伝えがあり、秋鹿大日堂より星上寺のおもっつあんの方が古いと推測されながらも、これまではその証拠となる史料が見つからなかった。本論で紹介した「星上大餅御當年請取渡シ書記帳」は寛文六年まで遡る。

それでは、星上寺大餅行事は何時頃始まったものだろうか。近世において東岩坂村本郷（東本郷）が、東上座の五名と東中座の五名のほかに、西上座の五名のうち神納名、西中座の七名のうち具租名・兵衛次名・東ノ保人名を東の座に入れた理由は、既に指摘したように近世にはこれらの名の田が東岩坂村本郷の領域にあったからである。

仮に、東座、西座が近世の村切より後に成立していたのならば、最初から神納名・具租名・兵衛次名・東ノ保人名を東座に組み込んでいたはずである。つまり、東の上座と中座、西の上座と中座という寺座は近世の村切より前に成立していた。

そもそも名とは、平安後期から中世において、荘園や国衙領の年貢収納単位であり、領主側の年中行事や法会・神事の執行に不可欠な公事夫役の収納単位であった。名の中には、管理および徴税責任を負った有力名主の名前を冠するものもあり、その責任者が入れ替わっても名の呼称はそのまま維持される傾向にあったという。東上座の太郎丸名・平次郎名・佐藤次名、西山分の源大夫名・清大夫名はそれに当たるであろう。

西中座の公文分名は、荘園の検田や年貢公事夫役の徴収にあたった公文の給田に由来する名と思われる。西中座の東ノ保人名が大餅を奉納する時には東本郷の者が勤めたが、享保十九年（一七三四）には「保人《サタニ》」とあるので、正徳三年（一七一三）に登場する「沙汰人名」は「保人名」と同一と判断できる（表1参照）。沙汰人とは、荘園内にあって命令の伝達執行や年貢の徴収にあたった者、あるいは中世村落内の有力者を指す。なお近世には、保人名・沙汰人名が奉仕する時にはいずれも庄屋がトウニンになっていた。

名のなかで最も多いのが地名を冠するもので、東上座の中ノ村名、東中座の戸波名・下川原名・上川原名・畠中名、西上座の下本田名・上本田名・青木名、東山分の大谷名・向名・広岡名・八つ口名・別所名・伊豆名・三田名・和田名・小原名、西山分の一ノ原名・二ノ原名・田中名・越路名・福谷名などがそれに当たる。西上座の大日名は西岩坂村大日の辺りと考えられるが、ここには大日堂が祀られている。大日如来は真言密教の教主とされる仏である。同じく西上座の神納名は日吉地区の神納の辺りと考えられるが、この地名の由来ははっきりしない。

中世の寺座・宮座は、地元の有力者たちがその構成員であった。ただ、これらの座を構成する名は、支配が入り組んで重複的な上に、一つの名に実質的な経営者が複数存在していたと推測され、星上寺大餅行事に奉仕する座の構成員の具体像は分からない。

また、わずかに現存する中世史料には「勘納名」と「太郎丸名」が登場する。神納を「かんな」と呼ぶことから、勘納名は神納名のことであろう。

近世の検地と村切によって、名の支配関係は解体され、近世村の領域が確定され、年貢・諸役の上納は村請制となった。広島大学附属図書館には、広島国税局旧蔵の意宇郡東岩坂村の検地帳が保管されている。東岩坂村本郷の検地帳を見ると、東上座と東中座の名と一致する字名は一部であって、しかも一致しても面積は僅かである。ところが、「星上大餅御當年請取渡シ書記帳」に記載された各名の反別は表(2)のように二町六反余~四町余であり、各名の範囲は明確に伝承されていた。そして、これらの名に関係する人々からトウニンが出されていた。東岩坂村本郷と別所の検地帳が揃って現存するのは慶安三年(一六五〇)と延宝二年(一六七四)で、慶安三年の検地帳では「六畝地下中頭屋敷弐間」(東本郷)、「五畝神主二郎左衛門」「三畝頭人屋敷壱間地下中」(別所)が御役御免屋敷、延宝二年の検地帳では「六畝星上等人弐人」(東本郷)、「五畝星上承仕」「三畝星上等人」(別所)が御役御免屋敷であった。すなわち、各座は三畝ずつのトウニン屋敷(地下持ち)をもち、別所には星上天神に奉仕する神主屋敷もあったことが分かる。おそらく、「観音の座」はトウニン屋敷に設置されていたのであろう。この他、一畝十二歩ほどの星上観音領も除地となっていた。

近代に入ると、明治四年に社寺上知令(太政官布告第四号)、同七年に社寺領上地跡処分規則(内務省達乙第七二号)、同八年に社寺境内外区画取調規則(地租改正事務局達乙第四号)が出された。該書記帳には、「明治第七戌年ヨリ社寺領幷ニ塔屋敷、六塔ノ名田等御改正ニ付上り地ニ相成」とある。税を免れていた各座のトウニン屋敷と星上寺領が上地対象になるのは分かるが、六座の名の田は除地でも星上寺領でもなかったので、「六塔ノ名田」が何故に上地となるのか不明である。

ともかくも「トウヤ・トウニン」で既述した通り、第二次上知令と通称される明治八年の達により、行事の維持方法を模索する必要に迫られた。

名に関係する人物ではなく、村組(市西・市東・川向・安田・川原)からトウヤを出すように改正され、費用は塔田と呼ばれる共有田からの小作米で賄うようになった。その後、第二次大戦後の農地解放により共有田は失われた。このように星上寺大餅行事は、長い歴史の中で幾度も困難な時代に直面したが、それを乗り越えて、大餅に名を冠して奉納することを今日まで伝えてきた。

同じ八雲町西岩坂秋吉の田村神社にも「七日塔」(通称おもっつあん)という大餅行事が伝えられる。同地域に残された記録は明治八年旧正月七日からのものであるが、これは星上寺と同様に上地によって神社祭礼に欠かせない塔田等を失い、トウヤを地区内の家々から選出する方法に改正したため、地元で記録され始めたのであろう。島根半島諸喰の「伽藍さん」が神社で文殊童子を祀っていた時代の行事であったと推測されることを考えると、田村神社の七日塔もまた神仏混淆時代にまで遡るのではないかと思われる。

オコナイは平安時代の文献にも登場することから、かなり古い習俗であると考えられているが、山陰地方の同習俗の歴史を物語る史料はほとんど残されていない。一方、山陰のオコナイはこれまで報告されてきた以外にも数多く分布しており（本誌調査報告編拙稿の地図参照）、その歴史文化を知る上で星上寺大餅の該史料は重要である。

謝辞

本稿作成にあたりましては、平林茂様、松江市八雲町東岩坂本郷と別所の皆様に大変お世話になりました。小島瓔禮先生には「中世村への旅」（『高野山文書研究　柳田国男』解題）を通して深く触発していただき、励ましのお言葉も頂戴しました。また、小林准士先生からは高祖寺の修正会の近世史料をご教示賜り、松江市歴史まちづくり部史料編纂課の皆様には調査研究にご配慮を戴きました。心から御礼申し上げます。

【註】

（1）『三宝絵　注好選』新日本古典文学大系31、岩波書店、校注者馬淵和夫・小泉弘・今野達、一九九七年、一五四頁。

（2）『今昔物語集四』新日本古典文学大系36、岩波書店、校注者小峯和明、一九九四年、一七一頁。

（3）五来重「修正会・修二会と民俗」（『講座・日本の民俗宗教2　仏教民俗学』弘文堂、一九八〇年四月）、中島誠一『川道のオコナイ』サンライズ出版、二〇一一年三月）

（4）前掲『三宝絵　注好選』では、「人ノイルベキヲイル丶コト」について、他の写本には「人の伊《い》多《た》豆《づ》木《き》を入る丶事」、「入人力事」とあることから、イタヅキの誤りではないかと指摘している。

（5）小林准士「仏と神からみた近世」（松江市史講座二〇一八年一月二十日）

（6）喜多村理子「山陰のオコナイ系行事」（『山陰民俗研究』第22号、二〇一七年三月）。奢母智神社の棟札調査は、二〇一五年に松江市史編纂室の方々と実施した。実施にあたっては、地元の石倉久夫氏に多大の御協力をいただいた。

（7）佐々木文書・東大影写「京極生観持清感状」応仁二年十月二十日付（『松江市史史料編3古代中世Ⅰ』二〇一三年、九〇〇頁）

（8）『松江市史通史編2中世』二〇一六年、四七六頁。岩坂の要害山は、戦後の高度経済成長期に採石場となり、その跡地に日吉サニーハイツという団地が造成された。

（9）迎接寺文書、『松江市史史料編4　中世Ⅱ』二〇一四年、一一四頁。

（10）迎接寺文書、『松江市史史料編4　中世Ⅱ』一一五頁。

（11）『松江市史通史編2中世』三一四～三四八頁。

（12）毛利家文庫諸臣証文・多胡家・山口県文書館所蔵「尼子晴久袖判多胡久盛知行注文写」（『松江市史史料編4　中世Ⅱ』二〇六頁）。

（13）『松江市史通史編2中世』三六三頁。

（14）小早川隆景感状（元亀四年、閥閲録11浦図書85）『松江市史史料編4　中世Ⅱ』四六六頁。

（15）仁保元棟領知付立案（天正十四年六月二十二日、厳島野坂文書）『松江市史史料編4　中世Ⅱ』六三六～六三七頁。

（16）出雲地方では神社を管理し祭祀する者を「ヨコヤ」と呼ぶ。神社の横に住居を構えることからそう呼ばれたのであろう。近世史料にも「代古家」と書かれている。

（17）忌部神社文書、原文翻刻は『松江市史史料編3古代中世Ⅰ』五九三頁。参考文献として、藤岡大拙「忌部神社蔵古記録について」

（『山陰―地域の歴史的性格』）。
(18) 松江の和多見に屋敷を構えていた和多見新屋（御用商人滝川家の分家）に勤めた太助の日記。
(19) 『八束郡誌』（奥原福市、一九二六年、八束郡自治協会）、『八雲村誌』（一九九八年、八雲村）。
(20) 「東本郷」は市場〈市場西組（市西）・市場東組（市東）〉・川向・安田・川原の範囲である。
(21) 別所では、東山分という座の名称は残ったが、各名の名称は伝えられていない。
(22) 川原組では出発前に綱引きを行う。
(23) 市西では、降塔の時に大餅を担いで組内の家々を練り歩く。
(24) 山根邦男「星上寺大餅さんのこと」（『かたりべ』10号、一九九四年三月、八雲村文化財保護協会）、山根忠男「星上寺の大餅奉納行事の変遷」（『かたりべ』27号、二〇一一年三月、八雲町文化財保護協会）。
(25) 表紙には「明治二拾年旧正川向組　星上寺上座大餅諸入費扣帳」と書かれているが、上座中座関係なく、その後に塔を受けた時の記録が綴じられている。
(26) 磐坂神社平林家文書（明治三十五年十月十五日付磐坂神社祭日変更認可）には、同村役場が明治三十五年から正月その他を新暦にしたと書かれている。
(27) 市西の資料では明治四十二年以前は旧正月であるが、川向の資料では明治四十三年以降は新正月となっているので、明治四十三年に旧暦から新暦に移行したと判断できる。
(28) 平次郎名は、字四配・字小三田あたりと考えられる。
(29) 明治二十二年東岩坂村切図（松江地方法務局蔵）。
(30) 広島大学附属図書館所蔵「意宇郡東岩坂村本郷御検地帳」（万治二年）、島根県立図書館に複製あり。
(31) 広島大学付属図書館所蔵「意宇郡東岩坂村内神納御検地帳」（万治二年）、明治大学所蔵・布野家旧蔵「意宇郡村絵図」（万延元年）。万治二年の神納検地帳に書かれた字名の多くが、明治二十二年の切図の字神納とその周辺部の字名に一致するので、神納検地帳は明治の切図の字神納および周辺部と考えて間違いはない。なお、村絵図に書き込まれた「神納輪」は藩が田租算定のために便宜的に区画した田で、字神納ではない。
(32) この他、天保十年（一八三九）～弘化三年（一八四六）の八年間、別所（東山分）の和田名（後ノ和田名）・別所名・大谷名・向名を一時的に東本郷の座の中に含めた様子である。その理由は、別所の負担軽減のためだったのであろう。
(33) 村外者か村内者か判断に迷う事例もあり、表3は完全なものではない。

伝統芸能の伝承と学校教育 ―大田市における田植え囃子の伝承を事例に―

多田房明

Ⅰ　始めに

田植え囃子というと、全国的には世界無形文化遺産に登録されている「壬生の花田植え（広島県北広島町）」が有名である。毎年六月の第一日曜日に演じられる花田植えを、私も、見学したことがある。花鞍を付けて田に入り代を掻く飾り牛、そろいの絣の着物を着て田植え唄を歌いながら苗を植えていく早乙女、その周辺で激しく太鼓を打ち鳴らす囃子方など、演技者の数がすごい。さらに、この田園絵巻を見学しようと取り囲む見物人の多さにも圧倒された。まさに、日本一の花田植えである。

しかし、同時に規模は比較にならないが、まったく同様な伝統芸能が、私の故郷・大田市にも残っていることを再認識させられた。大田市高山地域（水上町・祖式町・大代町）に伝えられている『小笠原流田植え囃子』である。

ここでは、大田市内に伝承されている小笠原流田植え囃子の現状と、それらの伝統芸能がどのような形で今日まで伝承されて来たのかを報告したい。

Ⅱ　小笠原流田植え囃子の歴史

稲作が大陸から日本列島に伝えられたのは、今からおよそ二八〇〇年前、弥生時代と言われている。山陰地方でも、二三〇〇年前には灌漑水田が営まれるようになった。(1)

この時代の遺跡として、３５８本の銅剣が出土した神庭荒神谷遺跡や三十九個の銅鐸が出土した加茂岩倉遺跡が有名である。出土した青銅器類の使用目的については祭事に使われていたという説があり、弥生時代から米の豊作を祈り、収穫を感謝する祭りが行われ、その際に青銅器を使い、歌や踊りが奉納されたと考えられる。(2)

文献上、田植え囃子が最初に登場するのは、平安時代に藤原道長の一生を描いた栄花物語である。田植えに際して田楽が奉じられ、着飾った早乙女が参加する場面が描かれている。さらに、山陰地方では、室町時代に描かれた大山寺縁起絵巻（鳥取県大山町）に、田植えをする早乙女の廻りで、男達がササラや太鼓・鼓・笛などを演奏する場面が描かれている。このように、田植え囃子・田楽は、稲作の普及ととも

に古代から自然発生的に生まれた伝統芸能であり、山陰地方でも広く行われていたと推定される。(3)

「小笠原流田植え囃子」は、地元の豪族・小笠原氏が天正十一（一五八三）年から丸山城（邑智郡川本町三原）を築いた際、小笠原近重がそれまでこの地方に伝えられた田植え囃子を集大成し、築城完成祝いに奉納したのが起源とされている。その際、松井佐馬之助が拝領した巻物が、三原丸山城周辺の大田市大代町や水上町などに残されている。(4)

Ⅲ　大田市高山地域に伝わる小笠原流田植え囃子

大田市内に伝承されている小笠原流田植え囃子のうち、市の指定文化財を受けているのが「水上の花田植え（大田市水上町）」と「大代の田植え囃子（大代町）」である。（図1）

図１　大田市高山地域に伝わる小笠原流田植え囃子

1　実際に農作業を行う「水上の花田植え」

水上の花田植えは、四年に一回開催されている。ここでは、平成二十六年五月十一日（日）に行われた行事の概略を記す。

（1）道行き（氏神から花田へ）

最初に、この行事に参加する人達が氏神・水上神社に集合し、無事に花田植えが終わることを祈って神事を行う。その後、太鼓の演技を奉納する。

神社での神事が終わると、会場となる花田へ移動する。今回は会場が遠かったため、バスで途中まで移動し、そこから、隊列を組んで花田に向かった。

隊列は、先頭の幟に続き、飾り牛（小さな幟が立てられた花鞍を背負う）、神職・奏楽と続く。さらに、サイフリ（サイと呼ぶ指揮棒を持つ花田植の音頭取り）・大太鼓（胴・男性）・小太鼓や鉦（女性）、最後にササラを持った早乙女が続く。この時に演じられるのが、道中囃子である。

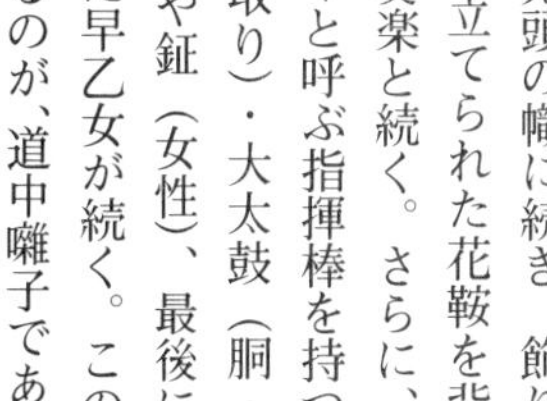

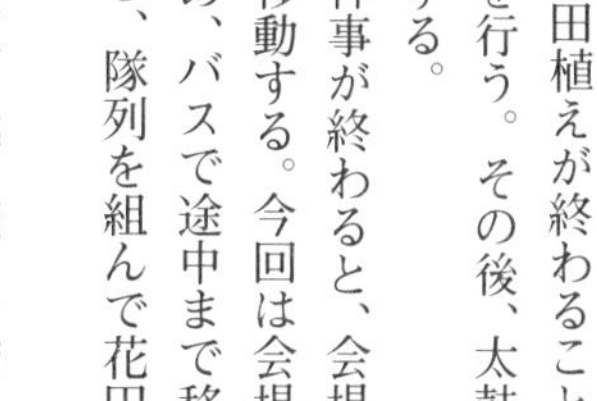

（2）サンバイ降ろし，水口祭り

花田に到着すると、田の神を迎える「サンバイ降ろし」を演じる。

続いて、水口祭りを行う。水上の場合は観光化が進んでりっぱな祭壇が花田の横に設けられているが、三把の苗が供えられる点は、昔と変わらない。神事は神職・奏楽によって行われるが一般的なものであり、祭典の途中で、胴頭（太鼓のリーダー）が御神酒を、恵比須（副リーダー）が塩を撒く。

（3）代掻き・苗採り

神事が終わると、農作業に入る。最初に花田に入るのは飾り牛である。しかし、馬鍬を引いて実際に代掻きをすることはなく、綱取りに先導され、田の中を歩くだけである。

その後、蓑・笠を被った男性が、エブリを使って田をロク（平ら）にする。今回使われた民具は、花田植えに合わせて田植え囃子保存会が復元した物である。

続いて、苗採りが行われた。早乙女が苗代田に入って稲苗を取り、苗運び（男性）に渡す。この時、苗採り唄が歌われ、太鼓が打ち鳴らされる。

（4）田植え

いよいよ田植えである。そろいの絣姿の早乙女が田植え綱の前に一列に並び、後ろに下がりながら一斉に苗を植えていく。この時、田植え唄（植え調子）を歌い、後方から、サイフリの指揮に合わせて男性が胴を打ち鳴らす。また、畦の上から、女性が小太鼓・鉦・ササラを合わせて演奏する。

田植え唄は、サイフリが歌う親唄に続き、早乙女が子唄を歌っていく。田植え唄には様々な種類があり、いつどのような唄を歌うかはサイフリに任されている。朝唄・昼唄・晩唄など時間によって唄を選び、早乙女や囃子の様子を見ながら恋唄（色唄）や酒唄を交え、疲れを取る工夫をするのが、サイフリの腕の見せ所である。それゆえ、サイフリは先祖代々伝承されて来た胴頭裁許状を木箱に入れて腰に結び、田植えの音頭をとっている。

（5）サンバイ返し，シナ打ち

田植えが終了すると、再び水口祭りを行った祭壇の横に集まり、「サンバイ返し」を行う。最後に、太鼓を激しく打ち鳴らす「シナ打ち」を行った。

今回の花田植えには大田第三中学校生徒や高山小学校児童も参加し、水上町あげての取り組みで盛会の内に終了した。

2　花田植えを模擬的に行い、神社の祭りに奉納する「大代の田植え囃子」

「水上の花田植え」が田の神・サンバイを迎え、神と人とが一体となって実際に田植え作業を行うのに対し、田植えを神社境内で模擬的に行い、芸能として奉納するのが「大代の田植え囃子」である。

（1）祭りの概要

毎年七月十八日、石清水八幡宮（大田市大代町）の夏祭りとして行われる。曜日を取って「十七夜」、奉納される太鼓のリズムから「ドンツク」などとも呼ばれている。

最初に、田植え囃子を奉納する人達（主に中学生）が石清水八幡宮境内に集まり、太鼓が「サンバイ降ろし」を演じる。続いて、太鼓や小太鼓・笛・鉦の伴奏に合わせ、早乙女が稲苗を植える動作（模擬田植え）を行う。この時に歌われるのが、「植え調子」である。

神社での奉納が終わると、隊列を組み、サイフリを先頭に御旅所に向けて出発する。「道行き」であり、道中囃子をにぎやかに奏でながら進んで行く。

実際に田に入って音頭を取る水上の花田植えでは、サイフリは着物を尻からげにし、腰に胴頭勅許状を身につけている。それに対し、田に入ることのない大代の田植え囃子では、陣笠に上下姿で指揮を取っている。かつては長刀使いが登場し、「そもそも、これは小笠原流の（以下略）」という口上を述べていた。

御旅所（大代公民館前）につくと、再び「植え調子」を演じ、最後に「サンバイ上げ」を激しく演じて、終了する。

（2）若干の考察

「水上の花田植え」と「大代の田植え囃子」を比較すると、演じられる演目がまったく同じであることがわかる。もともと、実際に田の中に入って行われていた花田植えが、芸能と

して神社の祭りに奉納されるようになったと考えられる。
石清水八幡宮の夏祭りである十七夜祭は、古くは、戦国時代に毛利氏によって建立された厳島神社の祭礼であった。安芸の厳島神社では、御祭神の宗像三女神が莫蓙船に乗って対岸の地御前まで御巡幸に行く際、華麗な管弦の調べが奏でられている。松井佐馬之助拝領の小笠原流胴頭裁許状には、シロミテ（田植え終了時）にエブリを立て、琵琶調子を奏でて田の神・サンバイを送る風習があったことが記されている。大代に厳島神社の末社が建立された際、この地方に伝えられていた田の神送りの音楽が、厳島神社から石清水八幡宮までの御巡幸の際に取り入れられたと推定される。[5]
厳島神社は、その後、石清水八幡宮境内に合祀された。それ以来、現在の形式で田植え囃子が奉納されている。

3　小笠原流田植え囃子の基となった水上のシッカク踊り

高山地域には、戦国時代に集大成された「小笠原流田植え囃子」よりもはるかに古くから伝承されていたと推定される伝統芸能が伝えられている。水上神社に伝わる「シッカク踊り」（島根県指定文化財）である。

地元に伝えられた古文書によると、この踊りは天延二年（平安時代末期）に摂津の国・福原から竹内某によって伝えられたと記されている。[6]

毎年十月二十日（現在はその日に近い日曜日）、氏神・水上神社の祭礼に、当頭と呼ばれる大人二名と地元の小学生十二名によって奉納されている。

「シッシッシ」という独特のかけ声と太鼓の縁を叩く「カッカッカー」という音から一般的には「シッカク踊り」と呼ばれるが、別名「蓮角踊り」とも呼ばれており、畿内から伝わった「田楽」がルーツであると推定される。

（1）踊りの概要

神社での祭典が終わると、榊鉾の立つ境内に、小太鼓（締太鼓）・十四枚の木のへらを束ねたビンザサラ・煤竹で作ったスリザサラを持つ各四名、合計十二人の踊り手が現れ、榊鉾を中心に左右対称に並ぶ。服装は、そろいの紺の乗馬袴に、担当楽器ごとに緑青茶の上着を着、赤黄緑の襷を掛ける。頭には、色鮮やかな花笠を付けている。[7]
踊り手がそろうと、大太鼓役・笛役による囃子に合わせ、十二番からなる田楽が始まる。
この踊りには詞章がな

水上神社のシッカク踊り
（県指定文化財）
ビンザサラ
ササラ
小太鼓（胴頭）
12人にの子ども達によって舞われる

く、「シッシッシ」という掛け声を大地を蹴る動作とともに続け、時々「カッカッカー」と太鼓の縁を叩く動作を取り入れ、最後まで繰り返す。

　その間に、「入り波」と呼ばれる踊りから「胡麻立ち」まで、一列になったり、円形になったり、二人一組で背あわせになったりと様々な隊形変換を行っていく。最後に、榊鉾を2回廻って拝礼して帰る「柴舞」を行い、シッカク踊りは終了する。

（2）近年の変化

　この踊りは、水上神社に合祀されるまで水上町福原にあった福原八幡宮の祭礼に行われていたもので、古くは宮座によって運営されていた。「宮座饗膳式」とよぶ直会の儀礼もあわせて伝えられており、この儀式も県指定文化財になっている。[8]

　近年の過疎高齢化に伴い、水上地区の男子児童だけでは踊り手が十二人そろわない状況が生まれていた。そこで、それまで男子児童に限っていたシッカク踊りの伝承活動を、平成二十七年度から、女子児童にも門戸を開いた。高山小学校には「シッカク踊り愛護少年団」が結成されており、祭礼の前に小学校と地域とが連携しながら水上神社でシッカク踊りの練習を行い、毎年の奉納を続けている。

Ⅳ　伝統芸能の復活と学校教育

　これまで紹介して来たように、実際に田に入り田の神といっしょに苗を植える「水上の花田植え」、花田植えを神社での芸能として行う「大代の田植え囃子」、それらのルーツになったと考えられる「水上のシッカク踊り」など、様々な形態の田植え囃子が伝承されているのが、大田市の田植え囃子の特徴である。さらに、それらはいずれも中世に集大成化された「小笠原流田植え囃子」につながる伝統芸能である。

　しかし、それ以外にも共通点がある。地域の過疎高齢化や田植え作業の機械化などによって一度は途絶えかけた伝統芸能を、学校教育と連携させながら、地域住民の努力で復活させて今日に至っているという点である。[9]

1　学校教育に取り入れられ、伝承されて来た「大代の田植え囃子」

昭和三十年代になると、大代町では、経済の高度成長によって若者が都会へ流出するようになった。加えて、田植え作業が機械化され、兼業農家が増加すると、田植え唄が歌われたり太鼓が打ち鳴らされたりする機会が著しく減少していった。

そこで、昭和三十六（一九六一）年に、田植え囃子の衰退を心配した人達によって「大代田植え囃子保存会」が結成された。その後、昭和四十六（一九七一）年には、地元の大代中学校に「田植え囃子愛護少年団」が結成され、課外活動の時間を使って地域の方から田植え囃子を習う体制が確立する。それ以来、中学生と地域の方によって、毎年、田植え囃子の奉納が石清水八幡宮の夏祭りで続けられて来た。この伝統は大代中学校が第三中学校に統合してからも受けつがれ、田植え囃子愛護少年団も活動を継続。祭礼の日には、大代町出身の中学生は午前中で授業を切り上げ、田植え囃子の奉納を行ったのである。

田植え囃子の伝承活動を学校教育に取り入れたことで、すべての大代町出身者が、田植え囃子と関わることとなった。そのため、東京や大阪で開催される高山会（大代町出身者の会）の席で、田植え囃子が演じられる機会が生まれている。つまり、「大代の田植え囃子」は大代町出身者の共通財産となり、地域の誇りとなっていったのである。

しかし、平成二十三（二〇一一）年に大代小学校が閉校し、高山小学校と合併するほど少子高齢化が進むと、大代町出身の中学生だけで田植え囃子を奉納することが困難となった。

さらに祭礼日が七月十八日に固定しており、社会人の参加が期待できない状況にある。そのため、近年の祭礼では田植え囃子の奉納は行われず、神輿の御巡幸だけが行われている。[10]（表1）

表1　伝統芸能の復活と学校教育
―大代の田植え囃子―

①田植え作業の機械化と農村部からの人口流出
田植え囃子の奉納が困難に
②昭和36年（1961）
大代田植え囃子保存会の結成
③昭和41年（1966）
大代中学校で、伝承活動開始
④昭和46年（1971）
大代中学校に、田植え囃子愛護少年団結成
⑤平成25年（2013）
大田第三中学校大代町出身者が、田植え囃子奉納
高山会（大代町出身者の会）で、田植え囃子公演
⑥平成28年（2016）現在
過疎少子化の進展で、田植え囃子の奉納中止

2　広く門戸を開き、地域興しの一環として復活した「祖式のシャギリ」

「小笠原流田植え囃子」が伝承されているのは、県や市の指定文化財になっている地域ばかりではない。大代町と水上町に挟まれた祖式町にも、「シャギリ」と呼ばれる田植え囃子が伝承されていた。「シャギリ」は、十月下旬に行われる祖式八幡宮の秋祭りの際、神輿の先導役を務めた伝統芸能である。花田植えの「道行き」の際に演じられる太鼓や小太鼓・笛・鉦などによる演奏を、御巡幸の際に演じたものである。

「シャギリ」は、もともと祖式町内でも猪目・横谷集落の男性によってのみ伝承されていた。ところが、昭和三十年代の高度経済成長による都会への若年人口の流出と農業の機械化等によって、「シャギリ」の奉納は昭和四十年代を最後に途絶えた。

（1）復活への取組

その後数十年を経て、平成十六年から、祖式町の地域興しの一環として「シャギリ」の復活が始まった。その際、中心となって事業を推進する「元気な町づくりの会・伝統芸能部」で検討されたのが、今回復活させる「シャギリ」を、どのようにしたら今後も継続していけるかという点であった。

従来の「シャギリ」は、横谷・猪目集落の男性によってのみ伝承されていた。復活に当たっては祖式町全体の若者に呼びかけ、参加者を募った。そのため、新しいシャギリには、男性だけでなく女性も参加している。また、次世代を担う子ども達に参加してもらうために、「杖使い」という、口上を述べる「長刀使い」の補佐役を設けた。さらに、祭礼日を十月の最終日曜日に変更することで、社会人や学生が祭りに参加しやすいようにした。

こうした新しい取組を取り入れる一方で、「シャギリ」の演技については、可能な限り以前のままの状態で復元した。

復活した祖式のシャギリ　平成22年10月31日（日）

浄土寺で、一回目のシャギリ披露

一例をあげると、服装は以前のままである。そのため、囃子方として参加する女性も、男性用の着物を着て演奏を行っている。また、シャギリの出発地点を浄土寺とし、祖式八幡宮まで神輿を迎えに行くという神仏習合の形態を残すことや、道中囃子で「高野の坊さん」などの俗謡を歌うことなども、忠実に伝えられている。

平成二十八年十月三十日（日）に行われた祭礼では、天気に恵まれてシャギリが繰り出し、『シャギリが出て、祭りが賑やかだった。』という地域の方の声を、数多く聞くことができた。伝統芸能を復活させた事が地域のきずなを深め、地域を活性化したのである。

3　教育活動に積極的に取り入れ、新しい田植え囃子を創出した池田小学校

田植え囃子は、高山地域だけに伝えられているのではない。三瓶地域（三瓶町池田）にも広がっている。現在、田植え囃子を積極的に教育活動に取り入れている学校の一つが、大田市立池田小学校である。数年前から、三～六年生がクラブ活動の一環として、地域の方から田植え囃子を教えてもらっている。校区内に池田・小屋原という二つの田植え囃子があるため、一年交代で両地域の方から指導を仰ぎ、使用する太鼓や衣装等も三瓶公民館から借用している。

地域の方から田植え囃子を習った子ども達は、地元の神社の祭りや地域行事で太鼓を演奏するなど、積極的に活動している。しかし、活動はそれだけにとどまっていない。地域の方から伝統的な田植え囃子を教えてもらうだけでなく、最近の歌謡曲に太鼓の演技を組み入れ、電子楽器も活用し、まったく新しい田植え囃子を創出した。

地域の方から教えてもらう田植え囃子は、「地に向かって打つ伝統的な田植え囃子」である。それに対し、子ども達がクラブ（音楽）担当教員といっしょに生み出した田植え囃子は、アップテンポの激しい田植え囃子である。これを地域の方は、「天に向かって打つ田植え囃子」と呼び、池田小学校の新しい田植え囃子を認めている。

池田小学校の田植え囃子は、大田市小中学校連合音楽会だけでなく、大田市天領さんや大田市まちづくり研修会のアトラクションなどでも演奏されるなど、高い評価を受け、出番も多くなって来ている。

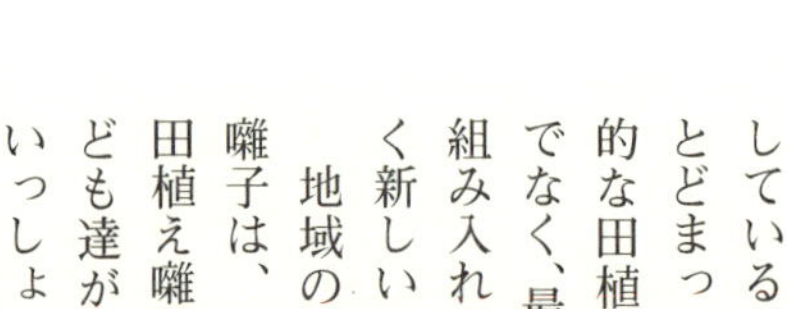

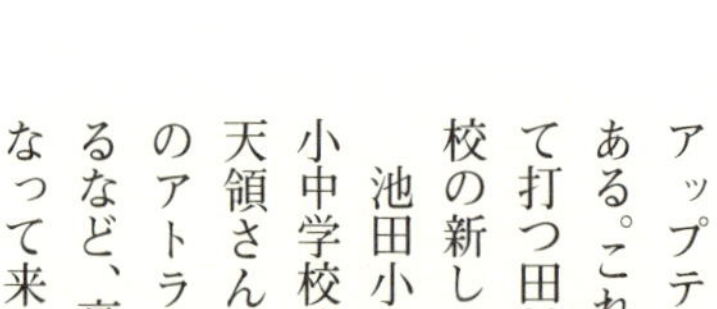

V 終わりに（学校教育に積極的に取り入れられる伝統芸能）

近年、田植え囃子や花田植えを復活する地域がふえている。私が知るかぎりでも、美郷町別府地区，邑南町阿須那地区，雲南市掛合町入間地区など、いくつかの地域を挙げることができる。目的は、地域に伝わる伝統芸能の継承とともに、地域の結束を高め、地域の活性化をめざすというものである。

また、その一方で、教育活動に地域に伝わる田植え囃子や神楽などの伝統芸能を取りあげる学校が増えて来ている。その背景として、地球のグローバル化が進み、外国の方が大勢観光や仕事で日本を訪れたり、逆に日本人が外国を訪れたりする機会が、飛躍的に増加している状況をあげることができる。国際化時代の到来により、日本人としての誇りを持ち、自国の文化を大切にするとともに、相手の国の文化も尊重する態度を育成することが、教育に求められるようになって来ている。

こういった状況を受け、平成十九年には学校教育法の改訂が行われた。その中で、義務教育の目的として、「我が国と郷土の歴史について、正しい理解に導き、伝統と文化を尊重し、それをはぐくんで来た我が国と郷土を愛する態度を養う」ことが明記された。さらに、平成二十年に告示された小学校学習指導要領では、総合的な学習活動の時間に扱う学習内容として、「地域の人々の暮らし，伝統と文化など地域や学校の特色に応じた課題についての学習活動を行うこと」と例示された。[11]（表2―①）

このような状況に加えて、島根県では人口が七十万人を割るほど人口減少が進み、特に、石見・隠岐地方における過疎高齢化が顕著となって来た。そこで、島根県教育委員会では、郷土で活躍する人材の育成をめざし、「ふるさと教育」に力を入れることとなった。具体的には、県内の全小中学校で、年間三十五時間の以上のふるさと教育を行うこととしたのである。[12]（表2―②）

ふるさと教育の推進には、地域の「ひと・もの・こと」を活用することが大切である。

そのため、浜田事務所管内では、石見地域で古くから伝えられている田植え囃子や神楽を、地域の方から教えていただく教育活動として取り入れる学校が増加している。

今回取材させていただいた、田植え囃子を学校教育に取り入れている池田小学校や高山小学校の校長先生からは、「子ども達がふるさとのすばらしさを知り、ふるさとへの愛着・誇りが生まれた。」「子ども達が参加することで、地域行事が活性化した。」という声を聞くことができた。

このように、伝統芸能を教育活動に取り入れることは、学校にとっても、地域にとっても、有効な方法だと考える。今後、ふるさと教育をさらに充実させ、そのことが伝統芸能を継続していくことにつながっていくためには、学校と地域がともに「やってよかった。」と感じられるふるさと教育にしていくことが重要だと考える。

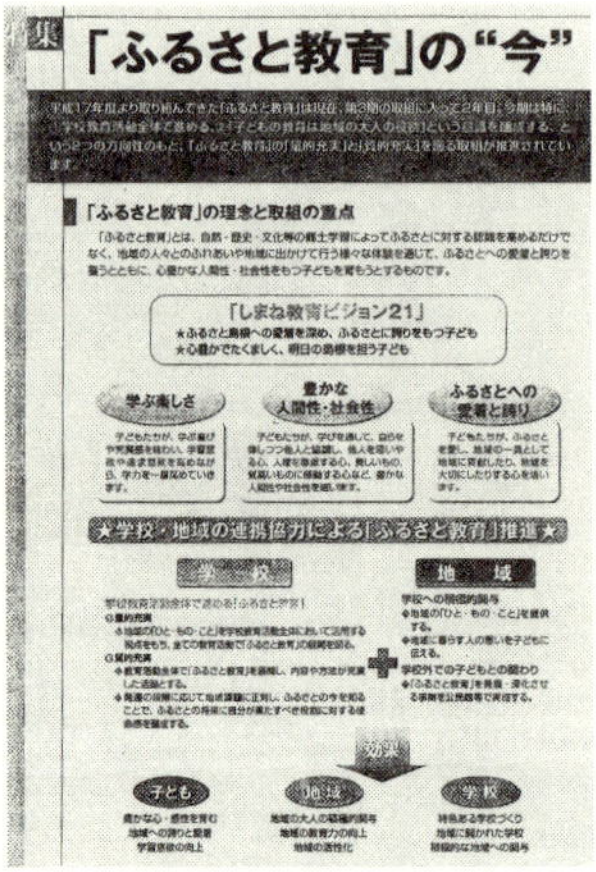
特集

「ふるさと教育」の“今”

平成17年度より取り組んできた「ふるさと教育」は現在、第3期の取組に入って2年目。今期は特に、「学校教育活動全体で進める」と「子どもの教育は地域の大人の役割」という目標を達成する、という2つの方向性のもと、「ふるさと教育」の「量的充実」と「質的充実」を図る取組が推進されています。

「ふるさと教育」の理念と取組の重点

「ふるさと教育」とは、自然・歴史・文化等の郷土学習によってふるさとに対する認識を高めるだけでなく、地域の人々とのふれあいや地域に出かけて行う様々な体験を通じて、ふるさとへの愛着と誇りを養うとともに、心豊かな人間性・社会性をもつ子どもを育もうとするものです。

「しまね教育ビジョン21」
★ふるさと島根への愛着を深め、ふるさとに誇りをもつ子ども
★心豊かでたくましく、明日の島根を担う子ども

表2

◎学校教育法（平成１９年に改訂） 第２章　義務教育 三　我が国と郷土の現状と歴史について、正しい理解に導き、**伝統と文化を尊重し、それをはぐくんで来た我が国と郷土を愛する態度を養う**とともに、進んで外国の文化の理解を通じて、他国を尊重し、国際理解の平和と発展に寄与する態度をやしなうこと。

小学校学習指導要領　平成２０年３月　告示

◎総合的な学習の時間　指導計画の作成と内容の取扱い １．指導計画作成にあたっての配慮事項 （５）学習活動については、学校の実態に応じて、例えば国際理解，情報，環境，福祉・健康などの横断的・総合的な課題についての学習活動，児童の興味・関心に基づく課題に応じての学習活動，**地域の人々の暮らし，伝統と文化など地域や学校の特色に応じた課題についての学習活動などを行うこと。**

【註】

（1）『山陰の黎明　縄文のムラと暮らし』島根県立古代出雲歴史博物館　平成二十五年　P79

（2）『ふるさと読本　もっと知りたいしまねの歴史』島根県教育委員会　平成二十四年　P7

（3）『北広島町の民俗①　花田植え』北広島町教育委員会　平成二十四年　P5
栄花物語の中で、治安三（一〇二三年）五月に東門院藤原彰子が土御門殿で観た田植えの風景として、「わざと異様な格好をした田主，歌いながら苗を植える五十～六十名の早乙女，田鼓を打ち、ササラをすり、笛をふいてはやす男十人」の姿が描かれている。

（4）大田市大代町飯谷の松井家には、小笠原近重から松井左馬之助が授けられた小笠原流胴頭裁許状が伝えられている。同様の内容を示す裁許状は、大田市水上町などにも伝えられている（写真１）

（5）同上

（6）文政八（一八二五）年に書かれた「福原村八幡宮祭礼神事、宮座番付並びに踊小前番付」による。その中で、福原八幡宮が天延二（一一九一）年に鎮座し、シッカク踊りが始まったと記されている。しかし、天延という年号は存在しない。平安時代の終わりに、平家の都があった福原からシッカク踊り（蓮角踊り）が伝わったと記されている点が重要だと考える。

（7）シッカク踊りについては、多田が行った現地取材とともに、次の文献を参考としている。
『祭礼行事・島根県』桜楓社　白石昭臣　平成三年　P110～111

（8）文政八（一八二五）年に書かれた「福原村八幡宮祭礼神事、宮座番付並びに踊小前番付」による。

（9）『民俗の行方　山陰のフィールドから』山陰民俗学会編　平成二十四年　多田房明　P201～203

(10)『小笠原近重流大代田植囃子について』平成十年　大代公民館　渡吉正の講話
上記に、多田が地域住民から聞き取り調査を行って加筆し、作成。
(11)小学校学習指導要領　平成二十年三月告示　文部科学省
Ｐ６　学校教育法（抄）
Ｐ１１０～１１１　総合的な学習の時間
(12)島根県教育委員会ＨＰ参照
改訂された「第２期しまね教育ビジョン21」でも、島根の教育目標「多様な人と積極的に関わり、社会に役立とうとする人を育てる」、重点目標「島根への愛着と理解」を達成するための施策として、「ふるさと教育の推進」が明示されている。

縁結び信仰と神在祭

品川知彦

はじめに

旧暦十月に行われる出雲大社の神在祭においては、諸々の縁が結ばれると伝えられている。その結ばれる縁の中で、最も人々に知られているのは男女の縁であろう。実際、出雲大社では、平成二十一年から旧十月十五日に「縁結び大祭」が行われるようになっている。この年は、WEBでの広報が中心であったにも関わらず、日本全国から多くの参拝者を迎え、大祭が終了した後も祈願者の受付が終わらない程の盛況ぶりであった。このため翌平成二十二年からは旧十月十七日などにも行われるようになっている。

小論は、出雲大社をはじめとした諸社の神在祭および出雲への神集い伝承について、これまでどのように議論されてきたのか、とりわけ山陰民俗学会におけるそれを中心にまとめながら、筆者がこれまで神在祭に関して検討してきた内容を、補筆・修正を加えながら論じたい。その上で、出雲（大社）での縁結び信仰がどのように成立してきたのか、推測を含めながら論じることとしたい。

山陰民俗学会と神在祭研究

山陰民俗学会において、神在祭を積極的に取り上げたのは、「出雲民俗の会」時代の『出雲民俗』二一号（一九五三年）であろう。この号は神祭りにあたって物忌みをする民俗を扱った「日忌信仰」の特集で、出雲民俗の会による共同研究の成果である。この中で神在祭（お忌みさん）が扱われている。後述するが神在祭が日忌信仰の特集号で扱われたこと自体、神在祭研究が収穫祭の前の物忌みという視点が重視されていたことを意味しているだろう。

本号には、現在では行われていない神事の様子が記録されているなど貴重な報告が見られる。例えば、朝山神社では神等去出の日に来年の収穫を占う御種組が行われたこと、神魂神社では大正二（一九一三）年まで十一日に夜通しの神楽（神能）が行われていたこと、多賀神社では二十五日夕方に川魚を供え、翌朝には梅の枝で「お立ちお立ち」と叫びながら社殿を叩いて回ったこと、万九千社の神等去出祭はかつて臼枝氏（屋号万九千）の表座敷で行われており、また

「お立ちお立ち」と叫びながら境内を青竹で叩いて回ったことなどである。

さて山陰民俗学会において神在祭について積極的な発言を行ったのは、石塚尊俊と佐太神社前宮司の朝山晧であろう。石塚は『出雲民俗』二一号所載の「お忌み諸社の成立」をはじめ、『出雲信仰』(雄山閣、一九八六年)や『神去来』(慶友社、一九九五年)などにおいて、朝山は『出雲民俗』二一号所載の「神名火山の祭儀」をはじめ、「出雲神在祭の起原に就いて」(『國學院雑誌』三九巻二・三号、一九三三年、後に『出雲信仰』所載)などにおいて重要な指摘を行っている。また『山陰民俗』四四号(一九八五年)所載の「神在祭・新嘗祭問状答」は、石塚からの書状に対する朝山ならびに出雲大社国造であった千家尊統の返答を収めたものだが、ここにおいても、朝山は神在祭における吉田神道の影響力など重要な見解を示している。

筆者はかつて「出雲への神参集伝承の再検討に向けて」(『山陰民俗研究』四号、一九九八年)において、神在祭・神参集伝承に関する学説史を整理しながらその問題点を指摘したことがある。その概略は以下の通りである。

神在祭・神集い伝承に関する論考は、大きく分けて四つの主題を巡って展開している。第一は、神参集伝承と参集する神格の問題である。これは神参集伝承の背景に「神の御降り御昇りといふ信仰[1]」があるという柳田国男の示唆を受けて、これを展開・確認したものである。すなわち、出雲に参集する神格が農耕神的な性格を持つことから、神参集伝承の背景に「田の神去来」信仰があり、出雲への神参集伝承は、収穫後、本来は山へ戻るはずの田の神の行き先が出雲に転嫁したものに過ぎないと捉えるのである。そしてその傍証として、十二月八日に出雲に赴き、二月八日に地元に戻るというような神無月とは無関係の伝承が多いことを挙げる。例えば石塚も、「いわゆる神送り・神迎えの問題」において、神集い伝承に触れ、出雲の滞在期間が神無月と大きくずれている伝承が、東北から北関東の一部、さらに九州の山間部にあることに注目しながら「この状況は、この伝承がなにを背景としているかを考える上に大きな暗示になるものといわねばならない[2]」と記している。つまり、多くの伝承を比較しながら、中央から離れた場所(交通が発達していない場所)に古い事例が残るという前提に立った重出立証法に基づきながら、神集い伝承を田の神去来信仰に結び付けようとしたのである。

第二に留守神とその神格の問題である。これも柳田の「神無月の留守神は家の神であったらしい[3]」という指摘を受けて展開する。例えば郷田洋文は「留守神」において、出雲に参集する神も留守神もともに家の神系の神格で、かつ農耕神的な性格が強いことを指摘した上で、留守神を田の神去来の去来伝承が脱落したものと捉え、田の神去来の一類型として把握していく。[4]

第三は神無月と霜月との関係、換言すれば収穫祭が十月であったか、十一月であったかという問題である。柳田は、収穫祭は本来十一月に行われるべきものであり、十月はそのための物忌みの期間であったと捉え、神在祭を祭とはいえないものとし、収穫祭のための物忌みとして消極的に位置づけている。[5] 石塚も『出雲民俗』一二号を「日忌信仰」の特集号としたように、基本的にはこの脈略で神在祭を捉えている。これに対し、本来、収穫祭は十月に行われていたもので、ここに神在祭の源流を捉えようとしたのが朝山である。朝山は、古代において新嘗（神嘗）祭は十月に行われており、出雲ではそれは諸神をカンナビ山に迎えて新穀を献じるカンナビ山祭の形態をとったとする。神在祭は、収穫祭のための物忌みではなく、物忌みして祝う新嘗祭であったと積極的に位置づけたのである。[6]

第四に何故、神集いの地が出雲とされたかである。すでに述べたように民俗学の立場では、田の神の行き先が出雲になったものに過ぎないとされたため、この問題は余り検討されてこなかった。一方、朝山は神在祭の源流をカンナビ山祭とした上で、出雲においてのみこれが盛大に行われ、これが後に継承されて司祭者の縁故の神社に伝わったものと捉え、ここに神集いの地が出雲となった理由を求めている。[7] さらに「神在祭・新嘗祭問状答」では、イザナミが十月に崩御したため、その埋葬の地、佐太神社へ神々が孝行のために集う、とした神集いの理由を、吉田兼倶以来の説とし、「兼倶が天下に号令して説けば、日本のすみずみまで周知されるは当然と存じます」[8] と記し、吉田神道の影響力に神集い伝承が広まった理由も求めている。また石塚は神集い伝承の背景に田の神去来があったことを認めながらも、出雲が選択された理由においては朝山のカンナビ山起原説を継承し、「お忌み諸社の成立」では「出雲のお忌みは神名樋山の祭りに始まるであろうと思う」[9] と述べる。その上で、古代末から中世の熊野系の神人の活動、出雲大社では中世末以後の御師の活動、佐太神社では、佐太神社での神参集の由来を語る神能「大社」の出雲国内での普及活動などによって神参集の地が出雲となっていった理由を想定している。[10]

このような学説史の整理のもと、拙稿では四つの問題点を指摘しておいた。第一に、出雲に赴かない留守神を田の神去来の枠組みで捉えようとしたことに象徴されるように、余りにも田の神去来を重視し過ぎた点である。第二に、何故、出雲に参集するのかが十分には検討されてこなかった点である。石塚による出雲大社御師説も「出雲大社の信仰を扶植するために歩く以上、それが神在祭の伝承を弘布しなかったはずはない」[11] と述べるに留まっているのである。また朝山の吉田神道の影響力についても、イザナミを中心とした神集いの理由がなぜ吉田兼倶の説なのか、などの点においては、書簡という性格はあるにせよ明確とは言えない。第三に、神が参集する出雲側の各社の神在祭についての個別的・歴史的な研究がほとんどなされていない点である。歴史的には各社それぞれの論理で神在祭を行っていた筈であり、それを一括して田の神の去来先として捉えるだけでは不十分であろう。第四に、民俗学によるアプローチが先行したという事情があるにせよ、神在祭に関する神職や国学者などの解釈や思想がほとんど顧みられていない点である。神参集伝承をいわゆる民間伝承として捉えるとしても、そこには神職などの宗教思想との相互関連があった筈であり、この相互関係の中に神参集伝承の成立契機を見て取ることも可能なのである。

拙稿では、このように問題点を整理した上で、第一の問題を明確にするために、民間伝承としての神集い伝承を再検討した。その結果、家の神もしくは農耕神的な神格の出雲への神集い伝承は伝承全体からみれば多数を占めるものではなく、また神無月とは無関係な参集も全体から見れば少数に過ぎないこと、逆に、出雲に集う神格は氏神・鎮守といったいわば神社神道的な神格が多数であり、とりわけ神無月の暦通りに参集する伝承においては、神社神道的な神格が四割を占めていたことが判明した。もちろん、神社神道的な神格の背景に家の神もしくは農耕神的な神格があったことは否定できないとしても、伝承全体からみれば、集う神格が家の神もしくは農耕神的な神格が中心ではない以上、神集い伝承を田の神去来の枠組みのみで捉えることには問題があることを改めて論じた。その上で神集い伝承の成立契機、とりわけそれが全国的な伝承となった契機として、田の神去来とは別の枠組みを提示する必要があることを指摘した。

佐太神社神在祭

個別的な神社として佐太神社を取り上げ、上述の第三・第四の問題、および朝山が指摘した吉田神道の影響力およびカンナビ山起原説を扱ったのが、拙稿「佐太神在祭考」[12]である。ここでは、佐太神社の神在祭に関する解釈の変遷を、祀り手としての神職層と、祀り手以外の神職や国学者のそれとに分けて整理しながら論を進めている。解釈の変遷をあえて祀り手と祀り手以外に分けて論じたのは、その相互関係などを確認するためである。

佐太神社においては、中世末から近代初めに至るまで、祀り手・祀り手以外の者においても、基本的には祖神イザナミに対する孝行のために十月に参集すると解釈されていた。この解釈が成立するためには、（一）イザナミが十月に崩御したこと、（二）佐太神社をイザナミの埋葬地（比婆山）と捉えること、（三）祖神に対する孝行のために神々が集うという三つの視点が必要である。（一）は当然ながら記紀には見えず、管見の限りでは、吉田兼倶による『日本書紀神代巻抄』の「十月ニ崩御アルソ、サルホトニ、十月を神無月ト云ソ、九月ニテ群陰剥尽シテ、十月ハ極陰ソ、十一月ニ一陽来復スルハ、陰神再蘇也」(13)との記述を初出とする。また（二）の視点も、兼倶が記したとされる『延喜式神名帳頭註』に「佐陀。伊弉並尊。神代岩隠地。」(14)との記載を現状では初出としている。（三）は佐太神社に神々が集い、それ故に「神在社」と呼ばれることなどを記した十四世紀半ば頃の歌学書『詞林采葉抄』に、日本の神々の祖神である（出雲大社に祀られる）スサノヲを尊崇するために神々が集うことがすでに記されている。ただ、『詞林采葉抄』では、スサノヲを祖神とみなすことは不審であり、イザナギ・イザナミ、もしくはアマテラスが祖神として尊敬すべきであることも記されている。(15)

一方、祀り手の立場では、明応四（一四九五）年の「佐陀大社縁起」に、「神在ノ月ノ事、伊弉諾尊十月十一日ニ示ニシ玉フ病相ヲ一十七日ノ暁刀尅ニ隠《カクレ》サセ玉イテ（中略）以垂見山ヲ為ニ御廟所ト一也（中略）當社者本朝ノ宗廟諸神ノ父母ナル故ニ諸神為顕ニ孝行之義ヲ一必集玉フ焉是故ニ他国ハ以ニ十月ヲ一名ニ神無月ト一當國ハ以十月号ニ神在月ト一」(16)と記されている。ここでは佐太神社にイザナキ・イザナミが祀られており、二神は神々の父母である故にその孝行の義を示すために神々が佐太神社に集うとしている。しかしながらここでは、イザナキが十月に崩御し、佐太神社の宮山としての垂見山に埋葬されたことになっている。イザナミが十月に崩御したことを記すのは、祀り手の手によるものではないが、『神社啓蒙』を著した白井宗因による寛文八（一六六八）年の「佐陀神社記」である。そこには下記のように記されている。(17)

神無月　夫佐陀大社和伊舎那美尊也、（中略）後無上月迺十日阿摩利六日忍神避賜布、宮地緒此國能定目乃麓似定傳、葬奉侶、蓋出雲此波山乃説此遠謂歟

この縁起は文面などから先の「佐陀大社縁起」などを参照して記されていることが推測でき、遅くともこの頃にはイザナキではなくイザナミが十月に崩御したと伝承されていることが推測できる。

詳述は避けるが、このように見るならば佐太神社への神集いの理由は、吉田家と佐太神職家との相互関係のもと、吉田兼倶など吉田神道の説を基盤とし、祖神に対する諸神の尊崇を当然視する視座を背景に、祖神をスサノヲから『詞林采葉抄』で本来的と捉えられたイザナミに転換することで成立したことが想定できるのである。とりわけ崩御した神格をイザナキからイザナミへと転換した背景に、吉田神道の影響があったと見ることも可能だろう。すでに述べたように朝山は、神集いの地が出雲とされた理由を吉田神道の影響力の中に見ていたが、拙稿によりこの影響力について

一定程度の裏付けができたものと思う。

それではカンナビ山は、佐太神社においてどのように捉えられてきたのだろうか。佐太神社に伝わる縁起等の中で、明確な形でカンナビ山が記されるのは天和四（一六八四）年の「佐田大社之記」である。ここには「神名火山下之足日山。（中略）伊並尊崩㆓是國㆒、遂葬㆓垂日山㆒[18]。」と記されている。また宝永三（一七〇六）年の「佐陀大社勘文」でも、「風土記曰、神名火山（中略）所謂佐太太神神社、即彼山下之。足日山云々。足日山者佐太宮山也。又名㆓三笠山㆒。又名㆓不老山㆒[19]。」と記されている。これらにおいて、神名火山は足日山に比定されていると考えられる。しかしながら祀り手の意識としては、「佐陀大社縁起」以来、足日山はイザナミの埋葬地として重要視されてきたのであり、神名火山は埋葬地としての足日山を根拠付ける補強として後に位置づけられたものと見ることができよう。したがって神在祭の源流にカンナビ山祭があった可能性は否定することはできないにしろ、少なくとも「佐陀大社縁起」以後の資料で見る限り、カンナビ山は江戸時代初期頃に足日山を補強するために位置づけられたものであり、その意味において、朝山が提示した神在祭のカンナビ山祭起原説は再検討の必要があるだろう。

中世末以来、基本的に一貫していた佐太神社の神集いの理由は、明治になり主祭神がイザナミから佐太大神に復帰したことに伴い、朝山が指摘したように、現在ではカンナビ山祭に源流を持つ、いわば新嘗祭として行われるようになっている。

出雲大社神在祭

個別的な神社として出雲大社を取り上げ、佐太神社と同様の手法を用いながら上述の第三・第四の問題を扱ったのが、拙稿「出雲大社神在祭考[20]」である。その概要は以下の通りである。

出雲大社へなぜ神が参集するのか、祀り手以外の手による資料を見ると、その主張には大きく分けて次の四つがある。第一は祖神（宗神・母神）に対する尊崇である。この考え方はすでに触れた十四世紀半ばの『詞林采葉抄』（スサノヲを祖神とみなす）や十八世紀初頭の「事相方内伝草案[21]」（神無月の由来として出雲大社で母神孝行の神事がなされると記す）などに見られる。しかしながら主に佐太神社で展開されたこの解釈は、出雲大社に対しては定着しなかったようである。

第二は、出雲大社祭神（スサノヲ）が十月を司るが故に、神々が出雲大社に集うという考え方である。周知の通り、出雲大社は中世ではスサノヲを主祭神としており、オオクニヌシへの復帰は十六世紀末にその端緒は見られるものの、基本的には寛文度の造営に向けた動向の中で果たされている。このためか、この考え方は中世の資料に散見している。例えば、『古今和歌集頓阿序注』には「そさのをのみことは出雲の国を領じて、毎年十月ひとつきをつかさどりて、今にても、十月はもろ〳〵の神たち大やしろにまいりあつまり給ふによりて、よの国にては神無月と云なり」[22]と記されている。この見地は、十七世紀半ばの『貞徳文集』などに見られるが、主祭神の復帰以後ことさら主張する資料は少ない。

　第三は陰陽の考えに基づくもので、略言すれば極陰の時(十月)、極陰の場所(出雲)にすべての陽(神)が集うことで、陽の来復がもたらされるとするものである。しかし、いわばこの陰陽説で出雲への神集いを説明しようとする資料は多いが、直接出雲大社への神集いを説くものは限られる。例えば十八世紀の『出雲鍬』には「出雲者陰陽始終之神国、杵築ハ神祇聚会之霊社大社鎮二坐于日隅ノ宮一、已来殊ニ十月専ラ祭礼侍ル」[23]と記されている。

　第四はオオクニヌシが幽事を司ることに基づく考え方である。これは『日本書紀』第九段一書第二の神話に由来するもので、オオナムチ(オオクニヌシ)が神事・幽事(目に見えないこと・神々に関すること)を司るが故に出雲大社に集うとするものである。当然だが、この考え方は主祭神がオオクヌヌシに復帰以後のものとなる。例えば文政二(一八一九)年の『神社問答』では、オオナムチが神幽の事を司っているが故に、神々が出雲大社に集うとしている。[24]また平田篤胤は、オオクニヌシは死後霊魂の赴く幽冥界をも支配すると捉え、「(十月)一五日に、大社にて、天下諸神の邪正、人間の善悪を別ち給」[25]うと記している。

　一方出雲大社側では、上述の第二から第四の考え方を見ることができる。慶長十三(一六〇八)年の「国造北島氏願書案」には「年中十二月之内十月ヲ、大社明神御つかさとり給」[26]と記される。また同年の「国造北島広孝覚書案」には以下のように記されている。[27]

　大社之御文者、亀甲ニ有文字也、有文字者十月ト書之、当社者陰神而在レ乾ニ神宮也、号二日隅宮一、十月ヲ専ニ用之事、神道之神秘也、故十月ヲ御文ニ用来事(後略)

これらは直接、神集いに関するものではないが、神在祭を主管する北島家の十月に対する意識を読み取ることができる。前者は十月を出雲大社祭神が司っていること、後者は出雲大社が乾(極陰の場所)にあることを強調している。祀り手以外の立場でみた考え方との比較から、ここに神在祭に対する意識を見ることは可能だろう。しかしスサノヲを前提とした前者の考え方は、主祭神のオオクニヌシへの復帰のためか、管見の限りこれ以後見ることはできない。

　後者の陰陽説に基づく考え方は、出雲大社寛文度の造営を主導した佐草自清によって展開している。『出雲水青随筆』顕國玉神条では以下のように記されている。[28]

日本ハ者神國也、八雲立出雲者、神國之中ノ神國也、如何ントナレ者ハ主二リ玉フ神ノ事一ヲ大已貴ノ神、日隅ノ宮鎮座ス故ニ云レ爾、且又毎年諸神聚會之靈地也、卜部家ニ十月陽皆盡ク、依レ之神無月ト號ス、然ニ諸神出雲大社ニ集ヒ給フニヨリ、雲州ニ神在月ト稱スト云、非二本説一也、水青云、是萬物歸レ根有二合レ本之義一、故ニ於二大社一ニ十月神在リノ祭リ、自二往古一之神祕也

ここでは吉田家に伝わる考え方を否定しつつ、基本的に陰陽説にもとづきながら、出雲（大社）が万物起原の霊地であるが故に、出雲に神々が集うとしている。しかしながら一方で、出雲が神国とされる理由において、神集いとともに、オナムチが神事を司っていることに触れていることは、後の第四の考え方につながってくる点で重要であろう。

第四の考え方が明瞭となるのは、豊後・筑後国を担当した出雲大社御師、佐々誠正による安永二（一七七三）年の『大社幽冥誌』である。ここでは、佐草による万物起原の霊地としての出雲大社の位置づけを継承しながらも、神集いの理由についてはオオモノヌシの神徳の中で次のように記している。(29)

葦原中津国の顕露《アラハニ》を執《トリ》て国土を主《ツカサド》り給ふ、其政務《マツリゴト》は皇《スヘ》孫 尊《ミマノミコト》に授《サツ》け玉ひしかども毎年《トシゴト》の神在月に領《ヒキイ》給ふ八百万の神を集《アツ》め、其れ国〻におゐて矩規《ノリ》をたてかくれのことの制禁《セイキン》をとるの示《シメ》しあり、また男女《ナンニョ》の縁《エン》を結《ムス》びて家名を永《ナガ》く子孫《シソン》につたえ（後略）

ここでは、オオモノヌシ（オオクニヌシ）が幽事を司っており、そのため十月に神々は出雲大社に参集し、男女の縁など様々なことを決定することが記されている。そしてこの見地は千家尊福に受け継がれ、例えば大正二（一九一三）年の『出雲大神』では、オオクニヌシが死後の世界を含んだ幽冥界を主宰し、国々に国津神、産土神を派遣して治めさせているが、毎年十月にこれらの神々を集めて、その年の報告、来年の事柄を協議する、と現在につながる考え方を示しているのである。(30)

このように出雲大社においても、国学者などとの相互関係のもと、時代時代によって異なる考え方から神在祭・神集い伝承を捉えていたことがわかる。少なくとも十七世紀初までは、陰陽説とともに出雲大社祭神が十月を統治しているといった、おそらく歌学から生じた所謂中世神話を土台としながら神集いを説明し、主祭神のオオクニヌシへの復帰後は陰陽説で、やがて十八世紀後半からは幽事説で説明するようになったのである。

出雲神在祭の共通基盤

略述してきた各社の神在祭についての個別的・歴史的研

究をベースとしながら、神在祭を行う各社の共通基盤から神在祭の成立契機の解明を試みたのが、拙稿「出雲神在祭の共通基盤」である。(31) ここでは、神在祭の共通基盤として榜示祭といった中世的な性格を読み取ることができること、誤解を恐れずに言えば、少なくとも現在見る形の神在祭は、中世のいずれかの時期に成立した可能性があること、神在祭の民俗的な源流に亥の子などの刈上祭があったことなどを論じている。ここでは小論との関係からさしあたり以下の二点を指摘しておきたい。

第一に、イザナミを主祭神とする神魂神社、イザナキを主祭神とする真名井神社、および六所神社といった大庭側の諸社(32)と佐太神社との間には神在祭において共通点が見られることである。

まず、両者とも神集いの理由が共通している。大庭側の諸社の神在祭に関連する資料を列記してみると以下のようになる。(33)

神魂神社

天正十三（一五八五）年「神魂社年中行事」・・・「十月十一日御法事之御供」

宝永二（一七〇五）年「神魂社由緒注進」・・・「十月十一日御祭禮、御いみの洗御供」

六所神社

天正年間「六所神田坪付斷簡」・・・「十月神寄の御清め、又神返しの御供（中略）十月十一日大御供田」

元文年間「六所社祭祀次第記」・・・「（十月）十一日、御法事御供埶也」

真名井神社

永禄六（一五六三）年「伊弉諾社神田注文」・・・「壱段大やたの法事田 八百𡱖　十月十一日御祭田」

このように、各社とも十月に神が集うと考えられ、十一日に「御法事（忌み）」御供が献じられている。その上で、天正十一年（一五八三）の「神魂社造營覺書斷簡」には「日本ハみな神國といひなから、いさなき・いさなみ御天神影向之所（中略）出雲の國と号せられ、當山ニ御社を祝奉る、地神御代ニ至、諸神も面々いにしへあかめ、御孝之次第をあらハし（後略）(34)」と記され、また時代は下がるが上記の「神魂社由緒注進」には「神魂大社　伊弉諾尊・伊弉册尊　山号ハ比波山(35)」と記されている。ここに、祭神イザナミに対する孝行という視点と神魂神社をイザナミの埋葬地としての比婆山に結び付けようという意識を見て取ることができる。(36)

このように、大庭側、とりわけ神魂神社の神参集の理由は佐太神社と共通しているのである。

さらに、神在祭において大庭側から佐太神社への巡行があったと伝えられていることである。「佐陀大社縁起」では、「大草六所ノ社者異国ノ諸神十月十日ニ先集リテ此社ニ趣キ玉フ當社ニ(37)」と記され、十八世紀半ばの『雲陽大数録』では「柳地蔵、往昔大庭社ヨリ伊弉冊尊佐陀へ御幸有」[38]と記されている。神魂神社は出雲国造の新嘗会や火継ぎ神事が行われていた（る）など、出雲大社と密接な関係があるが、こと神在祭に関しては佐太神社との関係が深いのである。

第二に、祭日の共通性である。中世から近代初めに神在祭を行っていた神社十二社のうち、その日程がわかるものを挙げると、朝山神社（一日から十日）、出雲大社（十一日から十八日）、佐太神社（十一日から二十五日）、神魂神社（十一日）、神原神社（十日・二十六日）、熊野大社（十一日・二十六日）、日御碕神社（十一日から十七日）、六所神社（十一日）、真名井神社（十一日・十七日）となる。このように基本的には各社とも十一日（もしくは十日）に何らかの神事が行われているのである。この十一日に関して『大社幽冥誌』は以下のように記している。[39]

> 伊勢におゐてハ伊奘諾尊を立て大日孁貴尊神道を受嗣陽を主り玉ひて御神徳ハ則日本の宗廟と崇め奉出雲におゐてハ伊奘冊尊を立て「古書を引て式撰書に曰月毎の三十日の内の十一日ハ出雲国に鎮座し玉ふ伊奘冊尊を祭日とちて可拝と云」

式撰書は不明だが、少なくとも出雲国に陰神イザナミが鎮座しており、十一日をその祭日とする理解があり、イザナミを主体とした神集いの理由を有さない出雲大社においてもそれが認識されていたのである。この点については後に触れるが、ここでは、十一日をイザナミに関連付けて重視する見地が存在し、この見地から神在祭を行う時として十一日が選択されたこと、さらに言えば、各社の神在祭の成立契機において、イザナミが重要な役割を果たしていた可能性を指摘しておきたい。

神在祭は多様な要素が一体となって成立したのであり、また神在祭を行う根拠は時代により、また神社により異なっており、さらにその根拠や神集い伝承の成立には吉田神道をはじめとした国学者や神職などの宗教思想との相互関係が見られるものであった。すなわち、単純に「田の神去来」の枠組みのみでは言い表わせないものなのである。少なくとも、その源流が判明すれば良し、という方法論のみでは全貌を理解できないであろう。

なぜ出雲か――出雲大社御師説・熊野神人説――

ここで神集いの地がなぜ出雲となったのか、とりわけなぜそれが全国的な伝承になったのかという点に立ち戻りたい。これまで、朝山が指摘した吉田神道の影響力という点については一定の根拠付けを行い、また一方でカンナビ山起原説には再検討が必要なことを論じてきた。しかしながら石塚が提起した熊野神人と出雲大社御師の活動といった問題はまだ残されている。

出雲大社御師（旦那持）の活動に関しては、近年、一部ではあるが関連文献の翻刻も行われ、その研究が進み始めている。[40] また西岡和彦は御師そのものではないが、出雲大社神職による出雲大社造営のための勧化の影響を指摘している。この勧化は延享度の造営に向けて遷宮費用を調達するために、江戸幕府の協力のもと行われた。この勧化の際、神職は出雲大社に対する理解を深めてもらうために出雲大社の縁起を持参した。この享保十（一七二五）年の年紀を持つ縁起には、縁結び、病災守護、農業守護などの御神徳をすべての人が蒙る証拠として出雲大社への神集いがあり、地域の神々も人々を恵み養うために出雲大社に集うことなどが記されている。そして勧化の際にこのような縁起書を持参したことが、出雲大社への神集い伝承などが広まった契機になったと西岡は論じている。[41]

また筆者も、御師佐々誠正が記した『大社幽冥誌』を翻刻した上で、御師が広めたであろう御神徳の内容を論じている。そこでは上述したように、出雲大神が幽事を司り、八百万の神々を率いているが故に出雲大社への神集いがあること、出雲大社の神在祭において縁結びがなされることなどが記されている。このような教説を説いて回ったことにより、神在祭・神集い伝承が全国的に広まった契機となっていったと考えられよう。

次に熊野神人との関係である。石塚は、佐太神社の本殿が遅くとも南北朝時代頃には三殿並立となったこと、また祭神がイザナキ・イザナミ・コトサカノヲ・ハヤタマノヲなど十二座であったこと、佐陀神能の「大社」に「雲陽金宝山また比婆山」と出てくること、『雲陽誌』に熊野系の神社が六十一社あること、神魂神社を比婆山とみなす伝承があること、熊野大社には明治維新まで紀州系の熊野権現社（上宮）があったことなどをその推定の根拠としている。[42]

ところで明応四（一四九五）年の「佐陀大社縁起」では、中正殿の祭神はイザナキ・イザナミ、北社はイザナミ、南社はアマテラス・杵築大明神とされ、紀州熊野権現は杵築大明神の第二王子で、当社南の客人神として祀られると記されている。[43] ハヤタマノヲ・コトサカノヲが祀られると明確に記されるのは、天和四（一六八四）年の「佐田大社之記」[44]である。また佐太神能「大社」の成立は、近世初期頃と考えられる。[45] また管見の限り神魂神社を比婆山とみなすのは、祀り手以外の手となる資料になるが、承応二（一六五三年）の『懐橘談』の「大庭」の項に「此山を比婆山と昔より申し傳へ侍る」[46]と記されることを初出としている。熊野大社については、元亀三年（一五七二）の「毛利輝元判物」に「熊野庄伊勢領・権現領事」[47]とあり、上宮の存在が推測できる。また宝暦十四年（一七六四）の「熊野大社并ニ村中諸末社荒神差出帳」に、永禄八年（一五六五）の棟札が引用されており、そこには「出雲國比婆山熊野大社[48]」と記されている。このようにして見れば、十五世紀末には紀州熊野の影響は見られるものの、比婆山など熊野の影響が直接的に神在祭に関連してくるのは、資料で見る限り石塚の想定よりも少し遅れるのではないだろうか。敢えて言うならば、佐太神社において吉田神道の影響力によって十月に崩御した神格がイザナキからイザナミに変化した後、すなわち中世末から近世初頃ではなかったろうか。後考を待ちたい。

縁結びと神集い伝承

冒頭で述べたように、現在、出雲大社の神在祭においては縁結びがなされるといわれている。実際、民間伝承を見た場合、中四国地方を除いて、神参集の目的は「縁結び」とするものが多い[49]。

石塚は、「出雲信仰の沿革」において、出雲大社の縁結び信仰について次のように論じている。まず狂言「福の神」から、中世において出雲大社を福神とみなす考え方があったとし[50]、その背景には、音の一致からオオクニヌシと大黒天との習合があったとしている。そして元禄五（一六九二）年の井原西鶴『世間胸算用』に「出雲は仲人の神[51]」と見えることなどから、この頃にはいわゆる民衆の間に出雲大社での縁結び信仰が広まっていたとする。一方で喜田貞吉らが提唱した出雲大社の縁結び信仰が、本来は出雲路の（道祖）神の信仰であって、それが名称の誤解から出雲大社に結びついたとの説を挙げる。そして「出雲へ向かう出雲路の神の信仰が、やがて出雲そのものの神の上に転嫁したとう見解にも、十分首肯できるものがあるといわねばなるまい[52]」と記している。

喜田貞吉らの出雲路の神の転嫁説を否定したのは、千家尊統である。千家は『大梁灰儿一家言』の中で、出雲大社に縁結び信仰が生まれたのは、出雲大社にその信仰を成立させる根拠があったからとしている。そして『古事記』のヤチホコノカミとスセリヒメの間の歌のやり取りを挙げ、杯を交わして誓いを結び、首筋に手を掛け合い、今に至るまで鎮座することになった由来をひきながら、スセリヒメが御向社に今も鎮座していることを縁結びの根拠としている[53]。ここでは、このような学説史を踏まえた上で、出雲大社、とりわけ神在祭における縁結び信仰成立の状況をまず概観しておきたい。

祀り手以外の手による資料で、出雲大社での縁結びが記される初出資料は、出雲大社での神集いの由来を語る能の演目「大社」の中の「間」と呼ばれる狂言である。「大社」そのものは、観世長俊（一四八八？―一五四一？）作とされ、観世宗節（一五〇九―一五八四）本にその記載がある[54]。

しかし観世宗節本には「間」は含まれていない。間としての「大社」の台本が記されているのは、管見の限り貞享二（一六八五）年の『貞享松井本間之本』六である。これには以下のように記されている。[55]

日本六拾六ヶ国の神々　当月ハ此大やしろへあつまりたまひ　是にて弥天下をだやかに目出たう守給へとつねに迎合されて　又人間の男女ふう婦のゑんを御定被成る丶御事也

この間がいつから存在していたかは不明であるが、少なくとも寛永十六年（一六三九）の奥書がある「間之出立脇付事書　不流之出立（大蔵虎清間・風流伝書）」の間狂言目録に記載がある。[56]寛永時にどのような内容の間としての「大社」がなされていたかは不明であるが、貞享時と同じ内容であったと想定するならば、出雲大社の縁結び信仰、とりわけ神集いにおけるそれは江戸時代初めまで遡る可能性があろう。

上述したように井原西鶴『世間胸算用』に「出雲は仲人の神」と記され、また貞享三年（一六八六）の『好色五人女』では「私もよき男を持してくださりませい」という女性の問いに関して「それは出雲の大社に頼め」[57]と記されている。したがって石塚の指摘のように、十七世紀末には浮世草紙に記されるほど出雲大社での縁結び信仰は一般に広まっていたことが指摘できよう。しかしながら、これら井原西鶴の浮世草紙では縁結びは神集い伝承には直接関係していない。

十八世紀に入ると、出雲大社の縁結び信仰は神集い伝承により一層関連を見せるようになる。例えば、正徳五（一七一五）年の『広益俗説弁』には「近年印行の一書に云、尼媼の語り伝へに、十月、出雲の大社に諸神あつまりて、男女の縁をむすび給ふといふは、偽なり」と記され、常陸帯の民俗が誤って出雲に結びついたものとしている。[58]このことは、逆に出雲大社の神集いにおいて縁結びがなされるという説が広まっていたことを示していよう。また享保十五（一七三〇）年の序を持つ『神路之事触』巻二「合盃の事」には「日の本の婦夫ハ結初出雲の大社にて十月ハ国々の神達集り給ひて氏子〱の縁を結玉ふと世に口伝ふ」[59]とあり、また元文二（一七三七）年の『七福神伝記』付録には「出雲の国へ十月に。国々より諸神集りたまひて。国々の人の縁結《ゑんむすひ》し玉ふ。」[60]と記されている。このように江戸時代初め頃から伝承されたと考えられる出雲大社での神在祭（神集い）における縁結びは、十八世紀に入ると広く一般にも知られるようになっていったことが想定される。

ところで文化年間には、屋代弘賢が民俗事象に関するいわば質問調査を行っている。その『諸国風俗問状』の中に、例えば九月の項目に「此月神送りといふ事候哉」、十月の項目に「此月神迎えといふわさも有之候哉」[61]など、出雲への神集い伝承に関する質問項目が含まれている。このことは神集い伝承が、いわば民俗調査の項目に挙げられるなど、よく知られたものとなっていたことを物語っている。この問状に対する答が幾つか残されている。例えば文化十一（一八一四）年の『越後国長岡領風俗問状答』には「十月は神々出雲の大社につどひ給ひて、男女の縁を結び給ふとて、女子持ちたるものは他に送るの縁にや、神送りを祝い、婦を迎ふべき男子持たるものは十月の神迎ひを祝ふ」(62)と記されている。また嘉永二（一八四九）年の『北越月令』には、「十月には八百万神出雲の大社につとひ給ひて、いまだ嫁せざる男女の縁を結ひ給へりとて、処女壮士をもてるものは、中旬すぐるころよりおほく神社にまうて、迎ひ送りのことを祈る」(63)と記されている。このように、十九世紀になると、女子の縁を祈るために神送りを祝う、神社に早く詣でれば早く縁が結ばれるなどの縁結びに対する派生伝承が生まれるほど、出雲大社での神集いにおける縁結び信仰はより一層知られるようになっていったのである。

一方、祀り手の手による資料で縁結びについて触れたのは、西岡が紹介した上述の延享度の造営に向けた勧化で用いられた縁起が初出となる。(64)

夫《それ》出雲国《いつもくに》大社《おほやしろハ》は大己貴命《おほあなむちのみこと》の御鎮座《こちんさ》なり　此神《このかみ》の御父《おんちゝ》は天照太神《あまてらすおほんかみ》の御弟《おんおとゝ》素戔嗚尊《そさのをのみこと》と申奉る初《はじめ》素戔嗚尊《そさのをのみこと》簸《ひの》川上《かハかみ》に至《いた》り八岐《やまた》の大蛇《おろち》をきり給ひ稲田姫《いなたひめ》を娶《めとりこ》御夫婦《ふうふ》とならせ（中略）和歌《わか》の祖神《そしん》とも申亦《また》は夫婦縁《ふうふゑん》むすひの神《かミ》と祝《いは》ひ奉るなり

ここでは、オオクニヌシではなく、スサノヲの御神徳として縁結びが語られており、かつ神集いとも関係づけられていない。神集いおよびオオクニヌシとの関係で縁結びが記されるのは、現在のところ安永二（一七七三）年の『大社幽冥誌』からである。ここでは63頁の引用で記したように、神在祭（神集い）の中で縁結びがあり、それはオオモノヌシ（オオクヌヌシ）の御神徳であり、さらに縁結びの結果として家・子孫の繁栄がもたらされるとしている。

それでは佐々はなぜ出雲大社で縁結びがなされると捉えたのだろうか。佐々はこれを三点から説明している。第一は陰陽の考え方に基づくものである。(65)

十月ハ亥の月にて陰十一月ハ子ノ月にて陽是両月をもしろしめすを以陰陽和合して夫婦の縁《エン》を結び玉ふ大神也

ここでは、オオナムチが陰の十月と陽の十一月の両月を司っていることにより、出雲大社にて縁結びがなされるとしている。

第二は、『日本書紀』第九段一書第二にもとづくものである。(66)

愚按《クアン》神代巻ニ曰ク高皇産霊尊《タカミムスビノ》勅《ミコトノリスラク》二大物主ノ神一ニ汝《イマシ》若《モシ》以テ二国ツ神ヲ一（中略）為《セバ》レ妻《ツマト》我《ワレ》猶《ナヲ》謂《オモハン》汝《イマシヲ》三有《アリ》二疏《ウトキ》心ロ一故《カレ》今以テ二吾女《アガムスメ》三穂津姫《ミホツヒメヲ》一配《アハセテ》レ汝《イマシニ》為《セン》レ妻《ツマト》宜《ヨロシク》領《ヒキイテ》二八百万《ヨロヅノ》

> 神一ヲ永《ヒタフルニ》為《タメニ》二皇孫《スメミマノ》一奉護《マモリマツリテ》乃チ使《シメ》レ還《ヨカヘリ》二降《クダラ》天ノ日隅ノ宮一ニ
> 云云、此年毎《トシコト》八百万《ヨロヅ》の神集《カミツドヒ》の証《シヤウ》とす、按《アンズル》に八百万の神を
> ひきいかゝる目出度婚姻《コンイン》は古今に有まし（中略）相縁《アヒエン》の
> 感応《カンヲウ》あらバ子孫《ウミノコ》の八十連屬《ヤソツバキ》さかえなむ、爰を以も縁結《エンムス》
> びの神とは申也

ここでは、国神オオモノヌシが天神ミホツヒメと目出度き婚姻を行ったが故に縁結びの神徳を有することになったと記し、その結果として子孫が永続することが強調されている。

第三は、当時行われていた民俗事象からの説明である。(67)

> 出雲浦ニ大蛤《ハマグリ》有り、此浦ニ限リテ此類なし、世に此
> を縁貝《エンカイ》ともいふ、縁結びの貝《ソナ》ともいふ心にや、貝には
> 銚子《チヤウシ》を包む女蝶《メテウ》のごとき陰の具へ有、又男蝶のごとき
> 陽の具へ有、爰を似合せざれハいくほどの貝といへど
> も合がたし、神の結玉ふ縁不縁ハ杵築浦の蛤にひとし
> き物なり、遍《アマね》く貝合を以熟縁《ジユクエン》を祈るゆへ婚姻《コンイン》の貝桶《カイヲケ》を
> 目出度事の第一とす、此ゆへにや杵築浦の蛤貝を娘た
> くはへ持神に祈をかけて相縁をねがへハ必しも子孫さ
> かえて熟縁なり

ここでは、女性が杵築浦（稲佐浜）の蛤をもって縁を祈る民俗が行われており、このことが出雲大社での縁結びに関係していると読み取ることができる。

なお、ここで二つの点に注意しておきたい。第一に、御師が出雲大社の縁結びの神徳を説明する上で、民俗事象を合わせて紹介していることである。ここに、民俗事象が御師など神職の教説の中に組み入れられていく過程の一端を見ることができよう。第二に、縁結びの神徳を説明する上で、その結果としての子孫・家の永続を強調していることである。このことは、御師が出雲大社の御神徳を弘める上で、子孫・家の永続が重要な問題と捉えていた、逆に言えば、縁結びの結果としてもたらされる子孫・家の永続を人々が希求していたことが推測される。それ故に、縁結び、ひいては子孫・家を永続させる神徳を出雲大社祭神（オオクニヌシ）が持つと説明することによって、神集い伝承は全国的に広まったとも考えられよう。(68)

近代に入り、千家尊福は、結婚は出雲大神（オオクニヌシ）が主宰し、十月の神集いにおいて諸神からの申報を聞いて、配偶を定めるとし、この決定は神事（カミノコト）の一つであり、幽事の統御者である出雲大神がこれを定めるのは当然としている。さらに縁結びについてスサノヲとイナダヒメとの結婚起原説を否定した上で、後の千家尊統のようにオオクヌヌシとスセリヒメとの神話を挙げ、「大神は諸人の縁結びの始より末久しく睦まじく栄えゆくを守」ることを記している。(69) この考え方が現在の出雲大社に引き継がれていると言えるだろう。

このように見れば、出雲大社の神在祭において縁結びが

なされるという伝承は、十七世紀初め頃から主に祀り手以外の側から徐々に形成され、十八世紀半ば頃に、御師などを中心に出雲大社側がそれを受け入れ、さらに人々が希求する縁結びの結果としての子孫・家の永続という見地を付け加えていったという可能性が指摘できよう。

縁結び伝承の成立―出雲国結の神―

ここで石塚らが指摘した縁結び信仰の成立契機に立ち戻ろう。石塚らは、京都の出雲路の神（出雲路幸神社）の信仰が出雲そのものの神に転嫁したという立場を取っていた。実は、後の資料になるがこの過程が類推可能な伝承が残っている。それは弁慶伝承である。『雲陽誌』の「杵田大明神（長海神社）」の項に記される伝承を要約すると次のようになる。(70)

弁慶の母辨吉には夫がなく、両親が悲しんで、出雲国結の神に参詣させる。辨吉は出雲の結の神へ参詣、枕木山の麓の長海村に七年住めば夫を得させるとの夢告を受ける。やがて山伏が来て「我は是出雲の神の結にて汝を妻と定りそする」と歌い、やがて弁慶が生まれた。

ここで登場している「出雲国結の神」が何を示しているのか、『雲陽誌』にはその記載はない。しかしながら、十八世紀半ばの『出雲鍬』「枕木山華蔵禅寺」の項では、辨吉は能義郡妻の神村の妻の神に参詣したとされている。(71) そしてこの妻の神は、現安来市西松井町の出雲路幸神社とされ、当社は『雲陽誌』では京都の出雲路の道祖神（出雲路幸神社）と同社と記されている。ここに、出雲路幸神をめぐって、少なくともその鎮座地が京都から出雲へ転嫁していく過程の一端を見ることができるだろう。この点において、石塚らの指摘は一定の説得力を持っており、出雲での縁結び信仰の伝承成立に影響を与えた可能性もあろう。

ところで、弁慶伝説に出雲路幸神社を想定しながら登場する「出雲国結の神」とはどのようなものなのだろうか。実は、結の神は承応二（一六五三）年の『懐橘談』「出雲大概」においても、縁結びに関わる神格として登場している。(72)

俗間にいふ出雲の國むすぶの神とはいかなる故にや、分明の神書舊記ありもやすらん我未レ見。しかあれ共伊弉諾伊弉冊は、日域男女の元神なれば、此陰陽の神をいふなるべし。夫婦配耦は神力によらずばあるべからず。

イザナキ・イザナミを男女の元神とみなす見地は、筆者が目にした資料に限っても『古今和歌集序聞書三流抄』ではこの二神を夫婦神とし、(73)『神皇正統記』では「陰陽和合シテ夫婦ノ道アリ」(74)とし、『日本書紀神代巻抄』にもこの二神で男女和合とするなど、(75) 少なくとも中世には成立していたと考えられる。そして『神皇正統記』ではこの二神で「造化の元[76]」とし、『日本書紀神代巻抄』では「萬物ヲ生して、三界ノ父母トナルソ[77]」としている。神道史における「造化」・「むすび」の問題の解明は、筆者の能力を超えているが、ここでは万物生成に関わる「むすび」の力が、結の神の前提とされていると推定しておきたい。

さてここで問題になるのは、出雲国結の神が当時、一定程度知られた神格であったこと、イザナキ・イザナミが何らかの形で出雲に関連した神格と見なされていた点である。

前者の点については、『懐橘談』よりも時代は下がるが、すでに紹介した『神路事触』や『七福神伝記』付録に結の神の記載が見られる。『神路事触』には出雲大社での神参集における縁結びに触れた上で、次のように記されている。[78]

人間一生の大事何事も婦夫より初れハ神に任《よさ》し私なくむすふなすを神国のならハせなり、其夜ハ結の神を勧請し御酒肴の類を捧婦夫繁昌の事を祈、扨上置たる神酒を下て此神酒にて合盃をする事なり、今ハ人情の誠うすく女房ハ付たりて小判や道具と縁むすひするにおほし、其類ハ大社の帳逃《はつれ》にてむすふの神から咎《とかめ》られて散《ざん》々に成るものそ

興玉傳記曰

速素盞烏神就根国与佐須良姫神合慮坐成弁《ねのくににいでましきさすらひひめのことおもはかりすとておもひおもひニ■むすふの》思神《かみとなる》

出雲国大社　杵春大明神と申奉るすさのをの尊なり

結ふの神ハ杵春の神社なる事明らか也、此御神は八くもいつも八重垣の神詠有て此国土て婚禮の初なれハ頼奉るに何の憚あらん

ここでは、結の神を出雲大社（スサノヲ）に関連させて論じ、結の神の由来を、『興玉傳記』を引用しながら根の国のサスラヒメを慮ったことに求めている。一方、『七福神伝記』付録には、次のように記されている。[79]

結の神は素盞嗚《そさのをの》尊。稲田《いなだ》姫両神なり稲田姫は。手《て》摩《な》槌《づち》足《あし》摩《な》槌《づち》の娘《むすめ》なるを乞《こひ》たまひて妻とし玉ふに始りしなり。(中略)出雲大社は。素盞雄尊の御子。大己貴尊の御社。後《うしろ》の方八雲山の麓《ふもと》。素盞嗚尊の御社有。出雲の国へ十月に。国々より諸神集《あつま》りたまひて。国々の人の縁結し玉ふ御社ハ別に神在《じんざい》の社あり。その始ハ天孫降臨《てんそんこうりん》の時。猿田彦天鈿女命。両神の縁結び有しに始り。素盞雄尊。稲田姫の両神にいたりて。舅《しうと》。姑《しうとめ》。婿《むこ》。嫁《よめ》の禮《れい》始りし。是を結《むすぶ》の神と崇めけり。

ここでも基本的に結の神を出雲大社（スサノヲ）に関連させて論じている。ただし、結の神の由来に、神在社としての佐太神社を挙げている点が注目される。

このようなことから、縁結びに関連した結の神の伝承は、一定程度の広がりがあったことが推測できる。しかも、『神路事触』のように婚礼時の夜に結の神を勧請し、神酒を捧げ、夫婦円満等を祈って神に捧げた神酒で合盃をするとい

う、いわば民俗事象も付随していたのである。しかしながら、この結の神は出雲大社、とりわけスサノヲに関連したものので、イザナキ・イザナミを主体としたものではない。

この二神と出雲との関係を明確に記すのは「佐陀大社縁起」である。[80]

是故伊弉諾伊弉冊尊従二空中一以二天逆鉾《アメノサカホコ》一ヲ下二探玉フ海底一ヲ水中ニ有レ沙其沙觸《フレテ》レ鉾ニ有レ声其ノ時伊弉諾乃淡地《アハチ》ヨトノ玉フ言今ノ淡路嶋是也雖レ然海水漫々トシ而無下可カリキレ居シ玉フ之地《トコロニ》一是移《ウツリ玉フ》於當國嶋根一ニ夫レ嶋根ト者天竺ノ東ニ有二鳩留国一其鳩留国ノ戌亥ノ方ニ有二一小嶋其嶋浮《ウカヒテ》レ浪ニ而是来《コヽニ》レリ是謂二嶋根山一ト是故亦謂二浮浪山一トモ也其後分テ三郡トス（後略）

この縁起は、佐太神社が鎮座する島根半島の生成伝承とともに、当社がイザナキ・イザナミを主祭神とする由縁などを主眼として記されたものである。ここではイザナキ・イザナミが淡路島を産んだ後、この島が住むべき地ではないとして、出雲国島根に移ったとされ、イザナキ・イザナミが出雲に鎮座している理由が記されている。また繰り返しとなるが、天正十一（一五八三）年の「神魂社造営覚書断簡」には以下のように記されている。[81]

日本ハみな神國といひなから、いさなき・いさなみ御天神影向之所、天《アマツ》の御空《ミソラ》をひらき、御かけを世界ニ廣めたまふニ仍、出雲の國と号せられ、當山ニ御社を祝奉る（中略）日本神國也、其中にも出雲國ハ神國の眼也（後略）

ここでも、イザナキ・イザナミが出雲（神魂神社）に鎮座していることが記され、また間接的ながらそれを、出雲が神国と呼ばれる理由に関係づけている。

これらは出雲国内における伝承であるが、室町時代末に同様の考え方を見て取ることができる資料が出雲以外にも残されている。能の「神あり月」である。これは出雲大社の神集いの由来などを語るものであるが、その中に「出雲ハかミの父母にて　毎年日本のかみ〳〵出雲にあつまり給ふとき、しか　若〃さ様のいはれやあらん」[82]と記されている。神の父母とは小論で述べてきたように、イザナキ・イザナミを指していると考えられ、この二神がおそらく出雲に鎮座しているが故に、出雲への神集いがあると捉えられているのである。

男女の元神、夫婦の始めとされたイザナキ・イザナミが出雲に鎮座しているという伝承は、現在のところ中世末に佐太神社を中心に形成されたと推定できる。そしてこの伝承が出雲への神集い伝承に影響を与えるとともに、結の神として、出雲（大社）の縁結び信仰の成立にも影響を与えた可能性があるのである。[83]すでに『大社幽冥誌』において、出雲大社においても出雲にイザナミが鎮座していることが意識されていることに触れた。そうであるならば、出雲への神集い伝承、縁結び信仰どちらにおいても、その成立時に佐太神社の意識の影響が見られることを指摘することができよう。

出雲には出雲大社が鎮座しており、出雲への神集い伝承、縁結び信仰、いずれも出雲大社（もしくはスサノヲ・オオクニヌシ）を前提とした議論が展開している。そのことは小論で紹介してきた資料においても、神々の父母と記しながら出雲大社を前提に議論を進めることなどに顕著に表れている。もちろん、これらの伝承の成立に出雲大社への信仰が大きな影響を与えていたことは疑いようがない。しかしながら、伝承成立には多様な要素が絡み合っており、その糸の一つに佐太神社側の意識があり、それが少なからずの影響を与えていたことも看過してはならないだろう。

石塚は、その著『神去来』の末尾を以下のように結んでいる。(84)

> 終り望み、この問題（筆者注：神在祭）について考えているうち、およそ四十年前ごろ、このことについても格別のご指導を忝うした恩師柳田國男先生のご見解とは図らずも反対の方向へ走ってしまった。また同じころしばしばご教示を仰いた朝山皓先生のご見解に存分に乗っかりつつ、先生がいいたくてもお立場上いわずにいられたことをまで口走ってしまう結果となった。顧みて心中いささか動揺を禁じ得ない。

私も朝山の示唆に導かれながら、そしておそらく石塚も立場上いわずにいたことに踏み込みながら、神在祭・縁結び信仰の伝承成立の絡み合った糸の何本かを解きほどくことができたのではないか。そうだとすれば望外の喜びである。

おわりに

> 神国—神々の国—は日本の聖なる名である。その神国の中でも最も聖なる地は出雲国である。高天原からこの地に最初に降り立ち、しばらくこの地に住んだのは、国産みの神、イザナキとイザナミ、神々と人間の御祖の神であり、この出雲国の境のどこかにイザナミは埋葬された。そしてイザナキは彼女を追ってこの国から死者の住む暗黒の国（根の国）へと赴いたが、彼女をこの世に連れ戻すことはできなかった。そしてイザナキの根の国訪問神話とイザナキが遭遇した様々な神話が『古事記』に記されている。そして冥界に関する太古の神話の中では、この神話が最も異様であり、それはイシュタルの冥界訪問というアッシリアの神話よりも異様である。
>
> 出雲がとりわけ神々の国、イザナキ、イザナミが今も崇拝されている民族の揺籃の地だとしても、出雲国杵築はとりわけ神々の都であり、その太古からの神殿は古代信仰、神道の発祥の地なのである。(Hearn, 'Kitzuki: The most ancient shrine of Japan', "Glimpses of unfamiliar Japan", Houghton and Mifflin commany, 1894)

これは小泉八雲『見知らぬ日本の面影』の「杵築」の冒

頭、出雲が神国の中の神国であることに触れた有名な部分である。ここでは、杵築に出雲大社が鎮座しているが故に出雲が神国であるとするのではなく、その理由を、神々そして人間の祖神であるイザナキ・イザナミが出雲に一定の期間住んだことに求めているのである。この伝承の背景には、「佐陀大社縁起」、「神魂社造營覺斷簡」などで論じたように、佐太神社へとつながる考え方が伏在している可能性が指摘できるだろう。[85]

実は直接、佐太神社に関連させて出雲を神国と記すものがある。江戸時代初期とされる『寧固斎談叢』である。[86]

出雲の國は吾州開闢以来、神國の中の神國とて不思議の神徳多し、中にも小浦といふ濱邊へ、十一月の風波おたやか成日、小蛇來現すといふ事有、佐陀の宮の神官

（後略）

ここでは、神在祭における佐太神社への龍蛇漂着などの神威に関連付けて出雲が神国であることが記されている。

現在では、八雲のフレーズをもとに出雲を神国とみなす説明がよくなされているが、出雲を神国とみなす考え方は少なくとも中世から見られるようである。幾つか例を挙げておこう。建長六（一二五四）年の「鰐淵寺宗徒勧進帳案」には、「我朝是神国也、當州亦神境也」[87]と記されている。この資料は焼失した伽藍再興のための勧進を行うために、浮浪山伝承など鰐淵寺の由来を記したものであるが、その中に明確な表現ではないもの出雲を神国とみなす端緒を見ることができる。ただ本資料では、なぜ神境とされるのがその詳細は不明である。また小論で何度か触れた『日本書紀神代巻抄』でも、「出雲ハ神國也、艮方ハ萬物之初也、伊弉諾・伊弉册ノ所レ主也、未申ハ、天孫降臨ノ処也、中国ヨリ戌亥ニアタリテハ、三輪降二臨出雲一也」[88]と出雲を神国とみなしている。詳述は避けるが、ここでは、「陰陽和合」の地とされる戌亥の方向に、この国を経営したオオナムチが鎮座している故に神国とみなされたと想定できる。

徳川義直の命によって書写され寛永十一（一六三四）年に日御碕神社に奉納された『出雲国風土記』日御碕本の奥書には、「日本風土記六十六余巻今纔在出雲國記一冊而已是神國之徵兆也」と記されている。ここでは、諸国で編纂された筈の奈良時代の風土記が出雲国風土記一冊しか伝わっていないことを神国に関係づけている。また、元禄七年（一六九四）の佐草自清の『出雲水青随筆』では、出雲大社への神参集とともにオオナムチが神事（幽事）を司っていること、十八世紀の『出雲鍬』では出雲が陰陽交合の地であることを神国の理由としている。

このように、いつかの例を挙げただけでも、出雲神国論は多様な伝承を基盤として成立してきたことが推測できる。しかしながらその成立契機として、出雲を陰陽和合の地とみなす点を含め、出雲への神集い伝承も何らかの影響を与

えていることは指摘して良いだろう。さらにその検討においては、小論と同様に、出雲大社のみではなく、佐太神社に基盤を置く伝承をも考慮する必要性もあるだろう。この問題は、歴史学を専門としていない筆者の能力を大きく超えているが、これまで行ってきた神在祭・および神集い伝承の検討結果を基礎としながら、今後、この大きな課題に立ち向かっていきたいと思う。

（参考文献）
朝山晧『続佐太神社史料』上（佐太神社蔵）
石塚尊俊『出雲信仰』、雄山閣、一九八六年
『神去来』、慶友社、一九九五年

【註】

(1)「家の神の問題」『定本柳田国男集』一三巻、筑摩書房、一九六九年、四三一頁。

(2)「いわゆる神送り・神迎えの問題」『山陰民俗』四六号、一九八六年、一六頁。

(3)柳田前掲論文、四三三頁。

(4)「留守神」『山陰民俗』一三号、一九五七年、五頁。

(5)『祭日考』、小山書店、一九四六年、一一二頁。

(6)・(7)「出雲神在祭の起原に就いて」（一九三三年）、「神在祭について」（一九四一年）（石塚尊俊『出雲信仰』所載、"On the Shinto Festival, Jinzai-sai"『財団法人明治聖徳記念学会紀要』四〇巻、一九三三年など。

(8)「神在祭・新嘗祭問状答」『山陰民俗』四四号、一九八五年、一九頁。

(9)「お忌み諸社の成立」『出雲民俗』二一号、一九五三年、八頁

(10)「出雲神在祭の成立」『神去来』、慶友社、一九九五年など。

(11)前掲「出雲神在祭の成立」、三四六頁。

(12)『論集』一三号、印度学宗教学会、一九九六年。

(13)岡田荘司『日本書紀神代巻抄』、続群書類従完成会、一九八四年、一三九頁。

(14)『群書類従』二輯、続群書類従完成会、一九九三年、二五八頁

(15)『国文註釈全書』一七、國學院大學出版部、一九一〇年、六五―六六頁。

(16)『重要文化財　佐太神社』、鹿島町立歴史民俗資料館、一九九九年、四二五頁。

(17)勝田勝義『鹿島町資料』、島根町、一九七六年、一二五―一二六頁。なお、『神社啓蒙』巻之五にもイザナミが出雲国で崩御し、足日山の麓に葬られており、比婆山はこの地ではないか、と記している（足立四郎吉『大日本風教叢書』八、大日本風教叢書刊行会、一九三四年、六頁）。

(18)『神道大系』神社編三六、神道大系編纂会、一九八三年、九二―九三頁。

(19)前掲『神道大系』、九七頁。佐太神職層が、神名火山を足日山と比定していたことを確認できる資料が出雲大社側にも伝わっている。「佐太社弁疑考証」は、十七世紀末に生じた出雲国内の神職支配を巡る佐太神社と出雲大社の争論に際し、出雲大社側で佐太神社の由緒の検討を行ったものである。この中で、神名火山を足日山と佐太神社が比定していることに対し、郡家からの距離などから、神名火山と足日山が『出雲国風土記』において同じ行に記されているのは書写の誤りだとしてこの比定を批判している（村田

正志『出雲國国造家文書』、清文堂、一九九三年、四八五—四八六頁）。

（20）『日本宗教文化史研究』七巻一号、日本宗教文化史学会、二〇〇三年。

（21）『神道大系』論説編九、神道大系編纂会、一九九一年、二二八頁。この資料は吉田家の神道切紙を集成したものだが、その中に神無月の由来が記されている。この資料から出雲への神集い伝承を知らなかった諸国の神職が、裁許のため吉田家を訪れ、ここで神集い伝承を知り得たことも推測できる。この点にも、朝山が指摘した吉田神道の影響力を見ることができよう。

（22）片桐洋一『中世古今集注釈書解題』二、赤尾昭文堂、一九七三年、三〇二頁。なお、出雲大社が念頭に置かれているものの、出雲大社ではなく出雲に参集するとする資料では、十三世紀末頃とされる『古今和歌集序聞書三流抄』にも参考すべき記載がある。ここでは、アマテラスがスサノヲに使者を送り、もし養子となるならば十月を譲り出雲・石見を支配させると伝え、この結果スサノヲが養子となったので十月に神々は出雲に行くことになったと記されている。ちなみに、『古今和歌集序聞書三流抄』には「出雲ニハ神有月ヲイカナレバ神無月ト四方ニイフラム」という源経信の歌が記されている（同書、二四五頁）。神在（有）月の伝承も古いことがわかる。

（23）『松江市史』史料編五　近世Ⅰ、松江市、二〇一一年、三七二頁。

（24）『神道名目類聚鈔』、第一書房、一九八六年、二五八・二九二—二九三頁。

（25）『新修平田篤胤全集』三、名著出版、一九七七年、一八〇頁。

（26）村田前掲書、二八一頁。

（27）村田前掲書、二七八頁。

（28）『神道大系』神社編三七、神道大系編纂会、一九九一年、二二四頁。

（29）「大社幽冥誌」『出雲大社の御師と神徳弘布』、島根県古代文化センター、二〇〇五年、一四一頁。

（30）千家尊福『出雲大神』、大社教東京分祠、一九一三年、二三〇—二三一頁。なお、出雲大社における幽事の内容、とりわけ幽事における オオクヌヌシによる罰については拙稿「『大社幽冥誌』に見る神徳の弘布」『出雲大社の御師と神徳弘布』所載、を参照していただきたい。

（31）「出雲神在祭の共通基盤」『神道と日本文化』三・四号、國學院大學神道史學會、二〇〇八年。なお、日御碕神社、万九千神社、朝山神社、神原神社、熊野大社などの神在祭については、拙稿「出雲神在祭の歴史と解釈」『出雲大社の祭礼行事』、島根県古代文化センター、一九九九年、の注を参照のこと。

（32）神魂神社宮司家は、大永三年（一五二三）以来、少なくとも近世初期までは真名井神社、六所神社の宮司を兼ねていたことから、三社を大庭側として一括して記述する。

（33）『意宇六社文書』、島根県教育委員会、二〇〇〇年、一八六・四七三・二〇四〜二〇六・五六八・八五頁。

（34）前掲『意宇六社文書』、一四三頁。

（35）前掲『意宇六社文書』、四七〇頁。

（36）この意識から推測が許されるならば、「法事」はイザナミに対する供養の意味があったと考えられる。

（37）『重要文化財　佐太神社』、四二五頁。

（38）前掲『松江市史』史料編五、六四八頁。

（39）前掲『出雲大社の御師と神徳弘布』、一四九頁。

（40）前掲『出雲大社の御師と神徳弘布』において、岡宏三が多くの御師関連資料を翻刻し、またその活動について触れている。

（41）西岡和彦「出雲大社の「日本勧化」—延享度の造営遷宮考」『近世出雲大社の基礎的研究』、大明堂、二〇〇二年。この中で西岡は

「出雲大社勧化帳／縁起」（無窮会図書館神習文庫蔵）を翻刻している。また古代出雲歴史博物館では、同じ内容が記された「出雲国大社造営寄進帳」（個人蔵）を特別展図録『遷宮』（古代出雲歴史博物館、二〇一六年）の中で写真掲載している。
(42) 前掲「出雲神在祭の成立」、三四三～三四五頁。
(43) 前掲『重要文化財　佐太神社』、四二三頁。
(44) 前掲『神道大系』神社編三六、九三頁。
(45) 『懐橘談』「府城」の項に、神能として「切目荒神天照大神（中略）八戸坂十羅大社佐陀（後略）」があることが記されている（秦慶之助、一九一四年、六五頁）。台本は幕末以後のものしか残されていないため、詞章の確認はできないが、少なくとも「大社（佐陀）」が承応二年（一六五三）の段階で存在していることは確認できる。
(46) 前掲『懐橘談』、四四頁。
(47) 『松江市史』史料篇四　中世Ⅱ、松江市、二〇一四年、四五四頁。
(48) 前掲『神道大系』神社編三六、一四九頁。なおこの差出帳には「出雲國比婆山熊野大社」、「熊野大社ハ天神册尊乃神廟也」などの記載もある。
(49) 前掲『出雲大社の祭礼行事』巻末の表を参照のこと。
(50) 例えば、「福の神」（池田廣司・北原保雄『大虎虎明本　狂言集の研究』、表現社、一九七二年、三五頁）では、出雲大社を福の神としている。
(51) 『西鶴集』下、岩波書店、一九六〇年、二一一頁。
(52) 前掲『出雲信仰』、八七頁。
(53) 「縁結びの神様」『大梁灰儿一家言』、出雲大社社務所、一九七八年。なお千家は、本書の中で縁結びの由来として、スサノヲとイナタヒメが結婚し、八雲立つの歌を歌ったという説も否定している。
(54) 『観世文庫蔵　室町時代謡本集』翻印篇、観世文庫、一九九七年。なお、石塚は「大社」の「間」に、出雲大社での縁結びが記されていることを指摘しているが、間の成立時期が不明なため、縁結び信仰成立の上では参考に留めている。
(55) 野上記念法政大学能楽研究所蔵。法政大学能楽学研究所編『貞享年間大蔵流間狂言本二種』、わんや書店、一九八六年、一九七頁。
(56) 法政大学鴻山文庫蔵。法政大学能楽研究所編『大蔵虎清間・風流伝書』、野上記念法政大学能楽研究所、二〇一五年、八頁・四四―四五頁。
(57) 『西鶴集』上、岩波書店、一九五七年、二三四頁。
(58) 『広益俗説弁』、平凡社、一九八九年、三〇頁。
(59) 国立国会図書館蔵。
(60) 古代出雲歴史博物館蔵。
(61) 『日本庶民生活史料集成』第九巻、三一書房、一九六九年、四五八頁。
(62) 前掲『日本庶民生活史料集成』、五五二頁。
(63) 前掲『日本庶民生活史料集成』、五八七頁。
(64) 前掲『遷宮』による。なお、この縁起では「万民《はんみん》の家〻《いゑ〱》に仰《あふ》き奉る大《たい》こく神《しん》と申て福神《ふくのかみ》と尊《たふとふ》も此神《このかみ》の御事《おんこと》なり」としてオオナムチ（オオクヌヌシ）と福神としてのダイコクを同一視している。なお、出雲大社においてオオクヌヌシとダイコクを同一視したことが推測できる初出資料は、寛文度に造営された西神饌所の部材に描かれたダイコクの墨書絵である。この資料からすでに寛文年間に、職人たちの間でオオクニヌシがダイコクと習合していることがわかる。この点については『遷宮』を参照のこと。
　ちなみに、一般に出雲大社の中世の祭神はスサノヲとされている。しかし中世においても、例えば吉田兼俱は、オオナムチ（オオクニヌシ）を本来の出雲大社の祭神としている（岡田前掲書『日本書紀神代巻抄』、二一二頁）。また、この縁起とほぼ同年代の『神路之事触』巻一「七福神の事」では、「大黒といふハ大国主の神な

らん　地主の福神なれハ也」とし、さらに「布袋ハ袋を持といへハ大国魂神の別称にて大己貴の神ならん」（国立国会図書館蔵）とも記し、オオクニヌシ（オオナムチ）が、ダイコク・ホテイという二点から七福神とみなされていたという伝承も存在していたことがわかる。

(65) 前掲『大社幽冥誌』一五七頁。

(66) 前掲『大社幽冥誌』、一四一頁。

(67) 前掲『大社幽冥誌』、一五七頁。

(68) なお、『大社幽冥誌』における出雲大社の縁結びの神徳、ならびに子孫・家の永続の重要性については拙稿「『大社幽冥誌』に見る神徳の弘布」および「補論　千家尊福の幽冥観」（いずれも前掲『出雲大社の御師と神徳弘布』所載）を参照のこと。なお岡宏三も『大社幽冥誌』を用いながら、出雲大社での縁結び信仰の成立について本論と同様の指摘をしている（「大国さまと縁結び信仰」『出雲びとの信仰と祭祀・民俗・芸能』、今井書店、二〇一六年）。

(69) 前掲『出雲大神』、四八頁。

(70) 『雲陽誌』、雄山閣、一九七一年、四七頁。

(71) 前掲『松江市史』史料編五、二五九頁。

(72) 前掲『懐橘談』、一二頁。

(73) 片桐前掲書、一三一頁

(74)・(76)『神皇正統記　増鏡』、岩波書店、一九六五年、五〇頁

(75)・(77) 岡田前掲書、一一八頁。

(78) 国立国会図書館蔵。なおサスラヒメは「大祓詞」に記される神であるが、ここでは根の国のスセリ姫が念頭に置かれていると推定できる。

(79) 古代出雲歴史博物館蔵。

(80) 前掲『重要文化財　佐太神社』、四二二―四二三頁。

(81) 前掲『意宇六社文書』、一四三頁。

(82) 前掲『観世文庫蔵　室町時代謡本集』、三二五頁。

(83) 佐太神社の宮司家である朝山氏の一族の中には、室町幕府に出仕する者がおり、その中から織田信長に仕えた朝山日乗などが出ている。朝山家と中央との関係が、佐太神社の意識が中央でも見られるようになった一因とも考えられるが、後考を待ちたい。

(84) 前掲『神去来』、三五八頁。

(85) また「杵築」では、出雲（大社）への神集いに関する真鍋晃の説明を記している。そこでは龍蛇はイザナキ・イザナミを祀る神社へ竜王が送った使者だとしている。ここにも、佐太神社の意識の影響が見られる。

(86) 勝田勝年編『鹿島町史料』、鹿島町、一九七六年、九九頁。

(87) 曽根研三『鰐淵寺文書の研究』、鰐淵寺文書刊行会、一九六三年、二七〇頁。

(88) 岡田前掲書。

出雲市の神楽面・衣裳について ―出雲市大津町、林木屋資料を事例として―

藤原宏夫

1 はじめに

出雲市には、神楽に用いる道具の一切（神楽面や衣裳、採物など）を貸し元から借りて神楽を行う風習がある。もっとも、道具の貸し出しが盛んに行われていたのは昭和期までのことで、今日では多くの団体が補助金等を使って自前の道具を揃えていたり、あるいは時代の趨勢から神楽そのものが休止にいたったりしているので、貸し元から道具を借りて神楽を行う例は今日では数えるほどになった。

島根県立古代出雲歴史博物館では、平成二十七年から神楽資料の貸し出しを行っていた出雲市大津町の勝部家（屋号・林木屋）の資料調査を行い、報告者がその任にあたった。資料調査に合わせて、神楽の貸し出しの実態について明らかにするため、林木屋の現当主である勝部一郎氏のほか、道具の貸し出しに関わっていた方や貸し出しが盛んに行われていた頃の記憶をお持ちの方に聞き取りを行った。

本稿は、林木屋に関する資料調査の内容と聞き取り調査の成果を報告する。

2 神楽面の貸し出しを行っていた家について

2―1 先行研究から

当地の神楽道具の貸し出しについては、すでに石塚尊俊が『出雲市の文化財』第一集の「神楽面」の項において、刊行された昭和三十五年当時の出雲市内の状況について記している。少々長くなるが、まずはこの記述を確認してみようはじめに、この地域で最も早く神楽道具の貸し出しをしていたと思われる松寄下町の尾添氏所蔵の神楽面である。

・松寄下町面屋（尾添家）所蔵の神楽面

松寄下町面屋の面は、当家の先祖尾添丹次翁（安永元年―安政七年）と、その孫萬三郎氏（嘉永五―明治十九）とによってつくられたもので、現在約二百点はあるが、近来貸出しをせぬために修理が悪く、いま使用に堪えるものはその中の極く僅にすぎない。言い伝えによると、先祖丹次翁は生来彫刻がすきで、神楽面に限らずよくいろいろのものを彫り、その作品は方々に伝わっているというが、別に専門の彫刻師について修行したというような話は伝わらない。面は大小さまざまであるが、次に述べる林木屋の面ほど大きなものはない。材は多く桐で、彫りは荒く、表裏ともに手の込んだ部分は少ない。小面の裏は殊に浅い。それ故、彫刻品としてはむしろ下級の部に属するかも知れないが、それだけに却って非現実的な趣が多く、たとえば、信州新野の雪祭りの面に似た向きさえ感じられる。

（『出雲市の文化財』第一集、五四頁）

面屋の面
『出雲市の文化財』第一集より

他に資料がなく石塚の記述に頼らざるを得ないのだが、尾添丹次の生没年から、幕末には面の制作が行われていたことになる。ただし、近世期の神楽は基本的に神職によって行われていたので、仮に丹次が面の制作をしていたとしても、それを神職に貸し出していた可能性はそれほど高くないのではないか。なぜなら、神楽面等の貸し出しは、明治初期に農民たちによる神楽団体が各地に誕生し、神楽道具への需要が高まったことによって行われだしたと考えられるからである。もちろんこの点は、資料が見つかっていない現時点では推測に過ぎない。

また、報告書が刊行されたのは昭和三十五年で、このときすでに貸し出しが行われていなかったと記されている。このことは、大社町で神楽道具の貸し出しを行っている川上氏（屋号・結田屋）への聞き取りからも確認されたところである。

次に、貸し出しという形態とは異なるが、前述した尾添氏の神楽面と関係することから、中野町神楽組（現中野神楽保存会）の面についても見ておきたい。

・中野町神楽組所蔵の神楽面

中野町神楽組の面は、現在約四十点、これを二櫃に納め、年々組員の間を持廻りで保管している。現在のものは明治年中三島和三郎氏が制作したもので、その型は前記松寄下の面屋からとったという。事実、面屋の面に非常によく似ている。彫刻技術の程度も、前者にほぼ等しく、殊更な技巧や工夫は加えられていない。保存の程度は前者（筆者注：松寄下町尾添氏）よりは遥かによい。

（『出雲市の文化財』第一集、五四〜五五頁）

この記述からも、中野町神楽組に先行して尾添家が面を制作していたことが確認できる。

次に、本稿で取り上げる大津町の勝部家の面である。

・大津町林木屋（勝部家）所蔵の神楽面

大津町林木屋の面は、当主賢蔵氏（筆者注：報告書刊行当時）より四代前の豊市翁（寛政十二〜明治三十）の作に拘り、多くは文政、天保頃のものであろうといわれている。

翁は生来神楽を好み、みずからもよく舞った。彫刻はどうして習得したものか明らかでないが、伝える処によると終日鏡に向いみずからの顔を写し見ることによって構図を考えたという。このことはその作品の上にもまさしく反映している。つまり当家の面は一に翁の独創に発したもので、神楽面としての一定の系列の上に立ったものではないのである。松寄下辺で伝える処によると、林木屋の面は、面屋の面を手本にしてつくったものだという。成程年代からいうならば、面屋初代の丹次翁は、当豊市翁より大分古い。したがって豊市翁がつくり出した頃には、面屋の面が既に広く利用されていたろうことは当然考えられる。また事実、如何に豊市翁が独創の人であろうとも、何等の見本もなくしてつくるということは不可能であったろう。だが実際に両者を比較して見ると、前記面屋の面には、前述の如く比較的非写実的な要素が多いが、ここ林木屋の面は、これに反して甚しく写実的である。これは技術の巧拙というより、その系譜が伝承的であるか、独創になるものかの違いではあるまいかとも思われる。数は元来百以上二百近くもあったらしいが、やはり貸出しの間に破損した結果、いま完全なものは四十箇に留る。その多くは小面であるが、彦張や新羅王などは一尺以上もの大面である。材は殆ど桐であるが若干は桧も用いられている。塗料には胡粉が用いられ、目や歯の部分には真鍮がはめられている。鬼面の多くは切顎になっているが、その縫目には独特な工夫が凝らしてある。髪や髭には主として馬の毛が用いられている。とにかく、専門の彫刻家の作ではないが、この種のものとしては上級の作に属し、前記四十点のものだけは、保存もよく行届いており、彫刻面から見るならば、近辺いずれの作にも勝るといって差支えない。

（『出雲市の文化財』第一集、五四〜五五頁）

さて、『出雲市の文化財』第二集には、昭和三十五年当時の出雲市内で活動していた神楽団体が紹介されており、それぞれ面や衣装をどのようにまかなっていたかが記されている。まとめると次のようになる。

中野町中野神楽　…面・衣装とも組として所有している。
大津町山廻神楽　…面・衣装などはその都度林木屋から借りている。

上島町上之郷神楽　：面・衣装などは現在すべて大津町の林木屋から借りている。
宇那手町宇那手神楽：面・衣装はすべて大津町の林木屋から借りている。
稗原町山寄神楽　：面・衣装はすべて大津町の林木屋から借りている。
稗原町上組神楽　：面・衣装はその都度大津町林木屋より借りている。
稗原町石畑神楽　：面・衣装は林木屋より借りる。
稗原町仏谷神楽　：面・衣装はすべて大津町林木屋から借りている。
所原町須原神楽　：面・衣装はすべて大津町林木屋より借りている。
乙立町乙立神楽　：面・衣装は大津町林木屋より借りている。
神西沖町神西神楽：面・衣装は大津町の林木屋より借りている。
西園町高見神楽　：面・衣装は大社赤塚の吉岡方から借りている。
（『出雲市の文化財』第二集、六五～六八頁より筆者まとめ）

一覧から明らかなように、当時市内で活動していたほとんどの神楽団体が林木屋から道具を借り受けていた。松寄下町の面屋と大津町の林木屋以外には、大社町赤塚の吉岡家の名前が見える。西園町は大社町に隣接する地域であるため、より近い吉岡家から借り受けたのだろう。吉岡家が神楽道具を貸し出していたということから、昭和三十五年当時、出雲市外でも神楽面の貸し出しが行われていたことを確認することができる。

報告者が確認した範囲では、大社町赤塚の吉岡家のほか、大社町荒茅の川上家（結田屋）や、現時点では詳細が不明だが佐田町内などで貸し出しが行われていたらしい。

2―2　聞き取り調査から

本節では、神楽道具の貸し出しについて、筆者が行った聞き取りから得られたことを報告する。

林木屋で神楽面の制作・貸出が行われ始めたのは、すでに見たとおり豊市氏の時代のことである。林木屋の屋号は、勝部家がもともと林木（現・東／西林木町）から移り住んだことに由来しているという。林木屋の神楽面は、ほとんどが勝部豊市氏の手によるものである。先に見た『出雲市の文化財』によれば、豊市氏は寛政十二年（一八〇〇）ごろの生まれとあるが、現当主によれば、天保三年（一八三二）の生まれであるという。現当主の発言と、後述する面の制作年代とをあわせて考えれば、面の多くが文政・天保の頃という報告書の記述は誤りであると考えられる。詳細は次節で述べるが、実際にはほとんどの面が明治期以降に制作されたと考えられる。

　さて、豊市氏は非常に多くの面を制作したが、面の制作をはじめた理由は明らかではない。例えば大社町の結田屋（川上家）は、明治期に面の制作を始めた頃には桶屋であったといい、木材やその加工道具が揃っていたことが面の制作を始めた理由の一つだったと考えられるが、林木屋の場合、豊市氏の時代には油屋を生業としており、結田屋のように生業との関連から神楽面の制作に向かう環境が整っていたわけではない。しかし、豊市氏は自らも舞を舞うほど神楽が好きであったと言うから、そうした熱意が氏を神楽面の制作に向かわせたのだろう。また、実物は確認できていないが、『出雲市の文化財』には豊市氏が幕末頃に描いたとされる神楽の絵が掲載されている。「祝詞」の場面を描いたものだが、その絵は非常に写実的で、もともと豊市氏は観察力がすぐれ手先が器用であっただろうことがうかがえる。

勝部豊市筆「能本」所収祝詞の図（幕末ごろ）
（『出雲市の文化財』第一集より）

　衣裳の制作をいつからはじめたかについて、はっきりしたことは分かっていないが、林木屋は大正時代ごろから洋服店を営むようになっていたことから、生業との関連によって衣裳も手がけるようになったのではないかと考えられる。なお、現当主によれば、洋服店は祖父・善次郎氏の代から始めたもので、県内の洋服店としてはもっとも早く開業した店舗のひとつだという。余談になるが、当時の林木屋の営業範囲は石見地方にも及んでいたらしい。「大森銀山に役所があって、そこに注文を取りに行った」ということであるが、大森銀山の役所といえば、明治時代後半から置かれていた邇摩郡役所（現石見銀山資料館）を指すものと思われる。そうした仕事の付き合いもあり、かつては大森から弟子を取ったこともあるという。神楽面はそのほとんどが豊市氏の手によるものだが、洋服店を営んでいたこともあって衣裳はその後も作り続けられ、生地は西陣から取り寄せて近所の裁縫経験者を雇うなどして昭和の半ばころまで作られていたという。

　洋服店を始めた善次郎氏も、面の制作や修理等は手がけていたという。大津町在住の万代嘉助氏（昭和三年生まれ）は、善次郎氏が作業部屋としていた座敷で面を作ったり直したりしている光景を記憶しているという。万代氏からは昭和初期の大津町について聞き取りをさせていただいたが、そのなかで神楽に関する記憶についていくつか記しておきたい。

林木屋では正月、床の間に神楽面を飾っていた。それは林木屋に限らず、正月には職人は毎日手がけているものを床の間に飾る慣わしがあったことによるものだそうで、例えば万代氏自身は大工をしていたため、床の間には聖徳太子の掛け軸を飾って差し金や墨壺などをお神酒とともに供えていたという。このことからも、昭和初期の林木屋においては、神楽道具は生業の中心ではなかったせよ、とても大切に考えられていたことがうかがえる。

昭和初期には大津町でも神楽が盛んで、山廻、中町、栗原の各地区で神楽が行われていた。林木屋の近くでは斐伊川の土手に秋葉神社が所在しており、そこの夏祭りで神楽が行われていた。

神楽シーズンである秋には、各地から林木屋へ衣裳を借りに来る人たちが多くいたという。神楽道具の貸し出しは、神楽を行う地区の人たちが道具を積む荷車（後にテーラー（耕耘機）、自動車へと変わる）を引いて林木屋に取りに来る仕組みになっていた。万代氏の記憶では、祭り当日に荷車を引いて林木屋に到着したものの、前の日に他地区へ貸した道具類がなかなか帰ってこず、しかたなく林木屋で待つことになるが、そうした人が二人くらいは常にいたらしい。祭りの季節になると林木屋の前に道具を求めに来た人の荷車が二台くらい止まっていた風景をよく覚えているという。

やがて前日からの神楽が終わって神楽道具が帰ってくると、さっそく荷を解いて、林木屋の当主は待っていた当日神楽を行う予定の人から、その日使用する演目を聞き、道具の仕分けをして渡していた。複数の地区に貸し出しを行うため、林木屋では神楽道具は複数セットを揃えており、出来の良いもの、新しいものといった基準で等級を分けていた。おそらく等級によって貸し出しの料金は異なっていたはずだが、いずれにしても道具類の受け渡しはただ役柄にあう面や衣裳を渡すわけではなく、どの等級の道具を求めるかによっても選り分けて渡す必要があった。

神楽道具の貸し出しという本稿の趣旨からはそれるが、万代氏の記憶にある林木屋の出来事として、昭和十五年に紀元二六〇〇年を祝う記念行事として行われた稚児行列があった。行列に合わせて人形が作ってあり、白い面を着けて柴を持たせ、衣裳を着させたということだが、その着付けを善次郎氏が行っていたという。実はこの稚児行列は写真が残っているのだが、よく見ると何人かの子どもたちは神楽に使用する上千早を着用していた。

もう一つ貸し出しに関する仕組みとして、衣装の着付けということがある。神楽の衣裳を、神楽団体の構成員以外の者が着付けを行うことは、県下では神楽道具を貸元から借り受けて神楽を行うこの地域にのみ見られることである。林木屋では、いつ頃からのことかは不明だが「衣裳付けさん」を五人くらい雇って現地に派遣していた。衣裳付けさんの依頼は、祭りを行う地区ではなく林木屋が担ってきたので、道具類の貸し出しと衣装付けさんの派遣をセットで行ってきたことになる。なお、衣装の着付けは誰でも出来るものではなく、神楽に精通した人に限られるので、自然と決まった人に依頼することになる。現当主によれば、衣装の着付けは大津、神西、稗原などに馴染みの依頼先があったという、なかでも稗原が衣装の着付けに積極的で、自分たちの地区の神楽以外にも衣装の着付けに各地を歩いていたという。ここで、実際に林木屋の依頼によって衣装の着付けに出向いた方の聞き取りを記しておこう。

宇那手町で神楽を行っているH氏によると、過去には同町の複数の人が衣裳の着付に歩いていて、自らも付き添って歩いたことがあるという。宇那手周辺の神楽はたいてい宇那手の者が着付けに歩いており、それだけに林木屋からの信頼も厚かったようで、宇那手から林木屋に道具を借りに行くと、奥さん（現当主の母）への挨拶もそこそこに、衣裳のしまってあるところに行って、目的の衣裳を自ら選んで運び出していたという。

さて、林木屋の道具類の貸し出しは、その後、昭和後期まで続けられていたが、現当主が昭和五十八年に県外へ転勤となったことを契機に行われなくなった。すでに見たように、昭和三十年代には旧出雲市内のほとんどで林木屋から貸し出された面や衣裳を使用していたが、昭和後期になると市内の神楽は停滞しており、貸し出しを止めたことによる影響もそれほど大きなものではなかったという。しかし、なかには貸し出しを止めたことによって活動を中止した団体もあったという。

以降、林木屋が道具類を提供してきた団体のうち、活動を継続していたところは、大社町の結田屋がそれを引き取るかたちになった。

3　林木屋所蔵の神楽資料について

本節では調査を行った林木屋の神楽資料を報告する。神楽資料一括が寄託されるにあたり、林木屋に所蔵される資料を調査したところ、神楽面二三六点、衣裳三〇九点、幕三点、シャグマ三十点のほか、楽器（鼓、胴拍子）、採り物（鈴、笏、軍配）、その他の道具（天冠、烏帽子、たすき）が確認された。また、これら資料を収納していた箱が十数点あり、このうち木製の十点は貸出を行っていたときに使用されていたと思われ、古いものは豊市氏の手によるものであるという。

はじめに神楽面について、表1にまとめた。整理に当たっては、面を命面、姫面、翁面、媼面、茶利面、鬼面、蛇頭、

表1

番号	大分類	名称	印	法量（縦*横）	墨書
1	命面	素戔嗚尊	稀極	19.9*15.9	稀極印／素戔嗚尊
2	命面	素戔嗚尊	稀飛	19.3*16.7	稀飛印／蛇切　素盞
3	命面	素戔嗚尊	稀飛	23.0(35)*19.8	稀飛印／素戔嗚尊／稀飛荒神
4	命面	素戔嗚尊	稀	21.0(60)*18.0	
5	命面	素戔嗚尊	鶴	22.5(28)*18.1	■■（稀印カ）／素尊
6	命面	素戔嗚尊	鶴	20.0(44)*15.7	鶴印／素盞嗚尊
7	命面	素戔嗚尊	亀	21.1*16.6	亀印
8	命面	素戔嗚尊	亀	20.0*15.5	素尊
9	命面	大国主／大歳大明神	稀極	18.7*15.3	稀極印／大国主／大歳大明神／上
10	命面	大社大国主	稀	20.0(30)*16.4	大社大国主
11	命面	大国主	鶴	20.0*16.6	大国主
12	命面	大国主	亀	19.0*16.8	大国主
13	命面	恵比酒	稀極	19.0*15.8	稀極印／恵比酒
14	命面	恵比酒	稀	19.0*16.4	鶴印／恵比酒
15	命面	蛭児尊	鶴	20.0(31)*15.7	蛭児尊
16	命面	事代主	亀	20.1(35)*16.0	事代主尊
17	命面	恵比酒	大面	19.0*14.7	恵比酒
18	命面	武甕槌	極ア	25.8*17.6	極ア印／武甕槌尊
19	命面	武甕槌	稀飛	23.7*15.5	三寶大荒神／武甕槌尊
20	命面	武甕槌	稀	24.0*27.0	武甕槌之尊
21	命面	武甕槌	鶴	24.5*15.7	三寶大荒神／武甕槌尊
22	命面	武甕槌	大面	22.7*28.9	荒神武
23	命面	武甕槌	い印	28.0*28.5	稀印／武甕槌命
24	命面	武甕槌		20.3*16.5	武甕槌尊
25	命面	武甕槌		21.5*28.5	武
26	命面	経津主	極	25.5*16.7	経津主尊／極ア印
27	命面	経津主	稀飛	24.4*16.0	三寶大荒神／経津主尊
28	命面	経津主	稀	25.0*25.7	経津主之尊
29	命面	経津主	鶴	24.7*15.7	三寶大荒神／経津主尊
30	命面	経津主	亀	19.8*16.2	フ印／経津主命
31	命面	経津主	大面	22.1*28.6	経津主
32	命面	経津主	い印／稀	27.3*26.5	稀印／経津主尊
33	命面	経津主		20.7*15.8	経津主尊
34	命面	経津主		21.3*16.7	経
35	命面	武甕槌か経津主		20.3*17.5	
36	命面	武甕槌か経津主		19.5*16.8	
37	命面	句々廼馳／木の神	稀飛	21.0(26.5)*23.2	稀飛印／春木　木ノ神　句々廼馳尊
38	命面	句々廼馳／木の神	稀	21.0*24.5	春　東方　木之神　句々廼馳尊
39	命面	句々廼馳／木の神	鶴	20.3*15.2	東方　句々廼馳尊
40	命面	句々廼馳／木の神	亀	20.4*23.4	東　木　句々廼馳尊
41	命面	句々廼馳／木の神	大面	19.8*21.4	東　木ノ神　句々廼馳命
42	命面	軻遇突智／火の神	稀極	21.5*24.6	稀極印／夏　火ノ神　軻愚突智尊
43	命面	軻遇突智／火の神	稀飛	20.5*23.7	稀飛印／夏火　火ノ神　軻遇哭智
44	命面	軻遇突智／火の神	鶴	20.6*17.0	南方　軻愚突智尊
45	命面	軻遇突智／火の神	亀	20.7*21.4	南　火　軻愚突智尊
46	命面	軻遇突智／火の神	大面	20.3*21.8	大面／南　軻遇哭智命
47	命面	軻遇突智／火の神	い印	17.7*14.6	五行　火ノ神
48	命面	罔象女神／水の神	稀飛	20.8*23.8	稀飛印／冬　水ノ神　水速之尊

番号	大分類	名称	印	法量（縦*横）	墨書
49	命面	罔象女神／水の神	亀	20.8*22.5	北　水　水速女尊
50	命面	罔象女神／水の神	大面	20.3*21.9	水　罔象女神
51	命面	罔象女神／水の神	い印	17.3*15.2	五行　北方　水羽女之尊
52	命面	罔象女神／水の神		21.0*16.5	北方　水速女尊
53	命面	金山彦／金の神	稀極	20.9*23.0	稀極印／秋金ノ神　金山彦神
54	命面	金山彦／金の神	稀飛	21.0*22.5	稀飛印／秋／金ノ神　金山彦尊
55	命面	金山彦／金の神	稀	21.0*24.0	秋　西方　金之神　金山彦尊
56	命面	金山彦／金の神	鶴	21.0*16.1	西方　金山彦尊
57	命面	金山彦／金の神	大面	20.0*21.0	西　金山彦尊
58	命面	金山彦／金の神		21.0*19.1	西　金　金山彦尊
59	命面	田村将軍	稀極	19.3*16.2	稀極印／田邑丸是則将軍
60	命面	田村将軍	稀飛	19.7*16.1	稀飛印／田邑丸将軍
61	命面	田村将軍	鶴	19.5*16.0	田邑将軍
62	命面	田村将軍	亀	19.8*15.9	田邑将軍
63	命面	田村将軍	大面	20.6*15.8	田邑
64	命面	田村将軍	い印	19.9*15.8	田邑丸将軍
65	命面	田村将軍		19.1*16.0	田村将軍
66	命面	天若彦	稀極	18.7*16.3	稀極印／ミツグマ　餹若彦／和田済
67	命面	天若彦	稀飛	19.9*16.5	稀飛印／ミツグマ　餹若彦／和田済
68	命面	天若彦	稀	18.5*16.4	ミツグマ　餹若彦／和田済
69	命面	天若彦	鶴	20.3*16.4	飴若彦
70	命面	天若彦	亀	20.0*15.9	飴若彦尊
71	命面	天若彦	大面	21.0*16.1	三ツグマノ　餹若彦
72	命面	天若彦	い印	17.2*14.3	イ印／天若彦 （「五行　東方■■地尊」と書かれたものが消されている）
73	命面	鰐賀瀬	稀極	18.6*16.0	稀極印／ミツグマ　鰐賀瀬尊
74	命面	鰐賀瀬	稀飛	19.3*16.7	ミツグマ　鰐賀瀬
75	命面	鰐賀瀬	鶴	20.7*16.1	鰐賀瀬尊
76	命面	鰐賀瀬	亀	20.4*16.3	鰐賀瀬尊
77	命面	鰐賀瀬	大面	18.3*15.3	三ツグマノ　ワニガセ
78	命面	鰐賀瀬		19.2*15.9	ミツグマ　鰐賀瀬尊
79	命面	伊弉諾／弓八幡／天神	稀極	19.5(23)*15.7	稀極印／ワタズミ　伊弉諾尊／弓八幡／天神／上
80	命面	八幡／天神	稀飛	19.9*16.1	稀飛印／八幡／天神
81	命面	大歳大明神／大社	稀飛	20.0(24)*16.4	稀飛印／大歳大明神／大社
82	命面	八幡／官公／大歳	鶴	21.3*16.3	鶴印／八幡／官公／大歳
83	命面	官公／八幡	亀	21.0(24)*16.4	官公／八幡
84	命面	大歳	い印	20.5*16.3	大歳
85	命面	弓八幡／木之神	い印	18.2*15.6	弓八幡／五行木之神
86	命面	八幡／天神／児屋根		19.0*16.2	八幡／児屋根尊／天神
87	命面	手力雄		20.9*16.0	鶴印／手力雄
88	命面	日本武尊		19.7*16.5	林木屋／日本武
89	命面	男	大面	19.3*15.0	
90	姫面	稲田姫	稀飛	18.5*14.5	稀飛印／稲田姫
91	姫面	稲田姫	亀	20.5*15.9	稲田姫
92	姫面	稲田姫	亀	18.7*14.0	亀印／稲田姫
93	姫面	稲田姫	い印	16.7*12.5	稲田姫
94	姫面	稲田姫		20.0*14.9	鶴印／稲田姫／神功皇后
95	姫面	鈿女	稀極	19.2*16.1	稀極印／鈿女尊

番号	大分類	名称	印	法量（縦*横）	墨書
96	姫面	鈿女	稀飛	17.5*16.3	稀飛印／鈿女姫尊
97	姫面	鈿女	鶴	20.1*16.3	鶴印／鈿女尊
98	姫面	鈿女	亀	19.4*16.6	鈿女
99	姫面	神功皇后／日本姫	稀極	19.7*15.3	稀極印／神功皇后／日本姫
100	姫面	天照大神／高皇産靈／日御碕	稀極	20.0*15.3	稀極印／天照皇御神／高皇産靈／日御碕
101	姫面	天照大神／高皇産靈／日御碕	稀飛	19.0*16.0	稀飛印／大照皇大御神／高皇産靈／日御碕
102	姫面	日本姫／神功皇后／日御碕	稀	20.7*16.5	稀印／日御碕／神皇／日御碕
103	姫面	神功皇后	稀	20.7*16.4	稀印／神功皇后
104	姫面	天照大神／日御碕／高皇産靈	鶴	21.6*16.3	天照大神／日御碕／高皇産靈
105	姫面	日御碕／高皇産靈	亀	20.6*16.0	日御碕／高皇産
106	姫面	日御碕	大面	20.2*15.1	日御碕
107	姫面	神功皇后	い印	20.0*15.5	功皇后
108	姫面	神功皇后		19.4*13.8	功皇后
109	姫面	神功皇后／切目ノ前		22.0*16.2	神功皇后／切目ノ前
110	姫面	日御碕		19.0*14.1	日御碕／■■御神
111	姫面	日御碕		20.6*15.2	日御碕
112	姫面	神功皇后／切目ノ前		19.5*15.0	神功皇后／切目前
113	姫面	埴山姫／岩長姫	稀極	23.0*17.9	稀極印／埴山姫／岩長姫
114	姫面	埴山姫／岩長姫	稀飛稀	22.0*16.5	稀飛／岩長姫／土ノ神　埴山姫尊
115	姫面	埴山姫	稀	21.0*18.0	稀印／五行　土ノ神　坦山姫
116	姫面	埴山姫	亀	22.3*18.0	坦山姫命
117	姫面	埴山姫	大面	20.4*15.4	五行中　坦山姫
118	姫面	埴山姫		22.2*18.7	
119	翁面	手名槌	稀極	19.0*15.8	稀極／八頭　手名槌
120	翁面	手名槌	稀飛	19.5*16.2	稀飛印／手名槌
121	翁面	手名槌	鶴	21.0*16.7	手名槌
122	翁面	無記名	亀	19.5*15.9	槌？
123	翁面	足名槌	大面	18.3*15.5	足名槌
124	翁面	手名槌	大面	20.3*15.7	手名槌
125	翁面	足名槌	い印	19.5*16.1	八頭／足名槌
126	翁面	足名槌		20.1*15.8	足名槌
127	翁面	足名槌		20.0*15.3	足名槌
128	翁面	切目	稀飛	20.3(30)*16.1	稀飛印／切目／（赤字で）極稀
129	翁面	切目	稀飛	19.0*16.6	稀飛印／切目
130	翁面	切目	鶴	21.7(31)*16.7	切目
131	翁面	切目	亀	18.3*16.2	切目
132	翁面	切目	い印	21.2*16.0	切目
133	翁面	思兼	稀	19.5*(30)*16.8	思恵兼之尊
134	翁面	思兼	鶴	20.3*17.0	鶴印／思イ兼
135	翁面	思兼	亀	20.0*17.3	思イ兼
136	翁面	思兼	大面	19.8*16.6	思イ兼
137	翁面	思兼		18.9*16.2	岩戸　五行　思イ兼
138	翁面	武内宿祢	稀飛	19.7(59)*16.7	稀飛印／武氏宿祢
139	翁面	武内宿祢	稀	19.9*17.0	亀／武氏
140	翁面	武内宿祢		20.5(42)*16.7	武氏宿祢
141	翁面	武内宿祢		21.0*17.1	武氏／武内（千）
142	翁面	天御中主／翁／佐陀の老神	稀極	19.2*15.8	稀極印／天ノ御中主／翁／佐田老神
143	翁面	住吉翁	稀	17.8*14.1	稀／住吉翁
144	翁面	天御中主	鶴	20.3(32)*16.5	鶴印／天御中主／翁　稀印

番号	大分類	名称	印	法量（縦*横）	墨書
145	翁面	無記名	大面	16.5*13.9	翁
146	翁面	無記名		20.0(43)*15.6	
147	媼面	足名槌	稀飛	20.0*15.9	稀飛／足名槌
148	媼面	手名槌	稀	20.3*16.5	稀印／手名槌
149	媼面	無記名	鶴	20.5*15.1	
150	媼面	手名槌	い印	19.5*16.4	八頭　手名槌
151	媼面	無記名		19.1*15.3	
152	茶利面	無記名（道化）	稀極	18.9*15.8	稀極三ツ内／上
153	茶利面	無記名（道化）	稀飛	18.0*14.5	
154	茶利面	無記名（道化）	稀飛	21.0*16.0	稀飛／道化
155	茶利面	無記名（道化）	稀	19.0*15.6	稀印／道化
156	茶利面	無記名（道化）	稀	20.3*16.1	
157	茶利面	無記名（道化）	稀	19.0*14.8	
158	茶利面	無記名（道化）	鶴	21.5*17.7	
159	茶利面	無記名（道化）	鶴	19.5*15.7	稀極／三ツノ内／上
160	茶利面	無記名（道化）	鶴	19.2*15.6	
161	茶利面	無記名（道化）	亀	18.2*15.5	極稀三ツノ内／上
162	茶利面	無記名（道化）	亀	21.5*16.9	
163	茶利面	無記名（道化）	大面	19.5*16.4	
164	茶利面	無記名（道化）	い印	18.5*15.5	
165	茶利面	無記名（道化）		21.8*16.3	
166	茶利面	無記名（道化）		17.6*15.1	稀飛／道化
167	茶利面	末社里人	極稀	17.9*15.9	極稀／末社／里人
168	茶利面	末社里人	稀飛	19.5*16.0	稀飛印／末社／里人
169	茶利面	里人／末社神	稀	19.3*16.0	稀印／里人／末社神
170	茶利面	末社	鶴	20.1*15.9	末社
171	茶利面	道化／田村里人	い印	18.9*14.4	道化／田邑　里人
172	茶利面	末社／金山彦		18.2*15.3	末社／五行西方　金山彦
173	鬼面	山之神	稀極	23.2(32)*20.0	稀極印／山ノ神
174	鬼面	山之神	稀	22.5*20.0	山ノ神（ハ）
175	鬼面	山之神	稀	20.9(30)*21.0	稀印／山之神
176	鬼面	無記名（山之神？）	稀	22.0*20.9	稀印■■
177	鬼面	山之神	鶴	24.5*20.4	山之神
178	鬼面	山之神	大面	22.5*24.5	山之神
179	鬼面	山之神	大面	21.2*20.5	山ノ神
180	鬼面	山之神		22.5*25.5	山神
181	鬼面	荒平大神		22.0*22.0	荒平大神
182	鬼面	荒神（建御名方）	鶴	22.5*21.0	鶴印／荒神
183	鬼面	荒神（建御名方）	亀	23.0(40)*22.5(25)	三面荒神中　武久神
184	鬼面	荒神（建御名方）		21.7*24.0	荒神　山之神
185	鬼面	彦張	稀飛	32.5*35.5	（棟板上）彦晴棚板（下）大津町　林木屋
186	鬼面	彦張	稀	38.0*38.0	（棟板上）稀印／彦張棟板（下）稀
187	鬼面	彦張	鶴	37.0*40.0	鶴印／彦晴、（棟板上）鶴印彦晴棟板　干時明治十二年卯ノ旧七月（下）勝部豊市作
188	鬼面	彦張	亀	31.5*38.0	（棚板上）亀印彦張面棚板（棟木上）彦張（下）稀極
189	鬼面	彦張	大面	44.0*47.0	
190	鬼面	彦張	大面	40.5*40.0	（棚板上）彦張之棚
191	鬼面	彦張	い印	32.0*33.0	（棟板上）彦晴棚板干時明治十五勝部後而東天見就成

番号	大分類	名称	印	法量（縦*横）	墨書
192	鬼面	三ツ熊大人	稀飛	23.7(55)*19.7	稀飛印／三ツ熊大人／火神？
193	鬼面	三ツ熊大人	稀	23.1*21.3	
194	鬼面	三ツ熊大人	鶴	23.4(38)*21.5	美津熊大人
195	鬼面	三ツ熊大人	亀	22.3(32)*21.2	ミツグマ　大人／三ツ熊王
196	鬼面	三ツ熊メツキ鬼	大面	21.3*19.0	三韓／ミツクマノ　メツキ鬼
197	鬼面	三ツ熊大人		22.5*25.6	三津熊大人
198	鬼面	新羅王	稀飛	33.0*35.0	稀飛、（棟板上）稀飛印　新羅棟板（下）稀飛の印、（棟木上）稀印新羅棟木（下）稀の印
199	鬼面	新羅王	稀	33.8*36.8	稀印／新羅王、（棚板上）干時明治十五旧八月面　大津林木ヤ之後東天ヲ見テ成就（下）稀印　新羅王棟板
200	鬼面	新羅王	鶴	32.0*34.8	鶴印新羅王（棟板上）鶴印新羅王棚板
201	鬼面	新羅王	大面	34.0(40)*42.5	大印／新羅、（棚板上）干時明治八乙年拵之大印　新羅王上板　勝部豊市作
202	鬼面	新羅王	い印	30.5*35.0	三韓新羅王、（棟板上）亀印新羅王棚板明治十丁丑年（棟木上）新羅王棟木（下）い印
203	鬼面	新羅王		33.5*38.0	新羅王
204	鬼面	百済王	稀飛	22.6*22.5	稀印／百済王
205	鬼面	百済王	鶴	23.5(42)*19.5	鶴印／百済王
206	鬼面	百済王／積鬼	亀	22.0*19.5	三韓之内　百済王／積鬼
207	鬼面	百済王		22.5*18.0	百済王
208	鬼面	百済王		22.0*23.5	百済王／林木屋
209	鬼面	高麗王／三ツ熊滅鬼	稀飛	24.0*20.1	高麗王／三ツグマ滅鬼
210	鬼面	高麗王	亀	25.0*20.5	三韓之内　高麗王／滅鬼
211	鬼面	高麗王	鶴	23.0*20.3	鶴印／高麗
212	鬼面	鈴鹿山鬼神		25.0(46)*27.0	鈴鹿山之鬼神（へ）
213	鬼面	鈴鹿山鬼神		24.0(32)*25.3	鈴鹿山鬼神
214	鬼面	鬼神／大真賀火神	稀極	22.7*20.2	稀極印／鬼神／大真賀火神
215	鬼面	無記名	稀極	22.5*20.5	上
216	鬼面	鬼神	稀飛	22.7(40)*21.4	鬼神？
217	鬼面	鬼神	稀	23.2*21.8	鬼神
218	鬼面	鬼神	鶴	23.3(40)*21.5	鶴印／鬼神
219	鬼面	無記名	い印	23.5*20.0	
220	鬼面	鬼神		25.5(50)*22.0	林木屋／鬼神
221	鬼面	小鬼		22.3*17.7	小鬼
222	鬼面	無記名		22.6*21.7	
223	鬼面	無記名		24.4*20.5	林木屋
224	鬼面	無記名・製作途中		33.7*34.6	
225	鬼面	無記名・製作途中		23.5*21.5	
226	鬼面	無記名・製作途中		23.8*21.3	
227	鬼面	無記名・製作途中		24.3*21.9	
228	蛇頭	蛇頭	稀飛	38.5(長)*31.2(幅)*23.0(高)	
229	蛇頭	蛇頭	稀	42.0(長)*26.5(幅)*19.5(高)	
230	蛇頭	蛇頭	稀	42.5(長)*29.0(幅)*23.5(高)	稀
231	蛇頭	蛇頭	亀	43.0(長)*32.0(幅)*22.0(高)	
232	蛇頭	蛇頭	大面	41.0(長)*19.0(幅)*15.5(高)	
233	蛇頭	蛇頭	い印	47.0(長)*27.0(幅)*21.5(高)	
234	その他	狐		29.0*17.0	
235	その他	狐		30.5*18.0	
236	その他	猿田彦		19.8*16.0	猿田彦命（神西の神楽愛好家の作）

その他に分類した。墨書欄の神名は面に書かれた表記を記したが、名称欄は便宜的に表記を統一した。墨書がない面については、墨書のある他の作品との比較から役を定め、分類した。また、表中の法量で（　）内に示したものは髭の長さを含めた数字である。

表から分かるように、一つの面が複数の役を持つものも多い。墨書にある役名は、延べ五十ほどにも及ぶ。記された役名から、これらの面が使用された演目を考えてみると、「山の神」「五行」「三韓」「三ツ熊」「佐陀」「三熊山」「切目」「岩戸」「大蛇」「日御碕」「恵比須」「荒神」「天神記」「田村」「和田済」「大歳舞」などとなる。

印欄は、裏面に記された墨書で面の等級をあらわしている。稀極、稀飛、稀、い印、大面、鶴、亀の7種類が確認できるが、残念ながら過去の貸し出し帳簿が残っていないため、等級の序列は不明である。

その他、注目すべきは役名や等級以外に豊市氏が記した墨書である。

No.191の彦張面には「彦張棚板　干時明治十五勝部後而東天見成就」とある。棚板とは大型の面の強度を上げるため、面の頭部に据えられる板である。面本体とは別に制作するため、このようにどの面の棚板かを記しておくのだろう。ここに豊市氏は制作した年に加え「後而東天見成就」、東の空を見て、つまり朝日を見て制作が終わったと記している。夜通し面の制作に打ち込んだ豊市氏の充実ぶりをうかがうことができる。同様にNo.199の新羅王の棚板にも「干時明治十五旧八月面　大津林木ヤ之後東天ヲ見テ成就」と記している。このほか、制作年を記した面にはNo.187「鶴印彦晴棟板　干時明治十二年卯ノ旧七月　勝部豊市作」、No.201「干時明治八乙年拵之　大印　新羅王上板　勝部豊市作」、No.202「亀印新羅王棚板明治十丁丑年」がある。

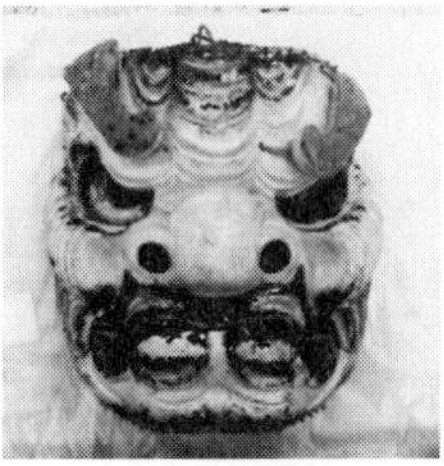
No.199 新羅王

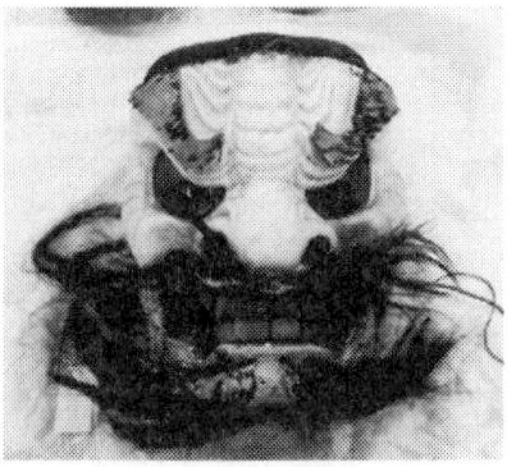
No.191 彦張

棚板の墨書

棚板の墨書

制作年は明治八年から十五年にかけてで、共通するのはいずれも大型の鬼面だということである。これらは小型の

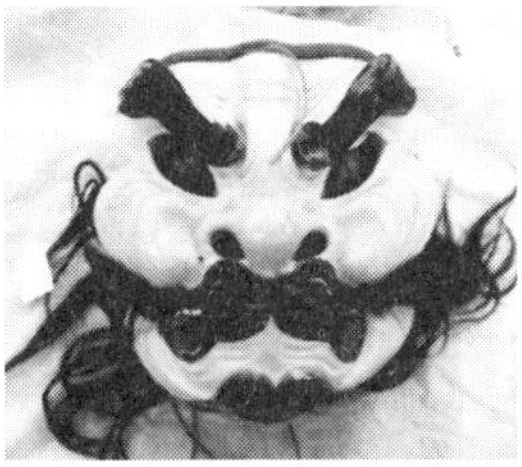

No.202 新羅王

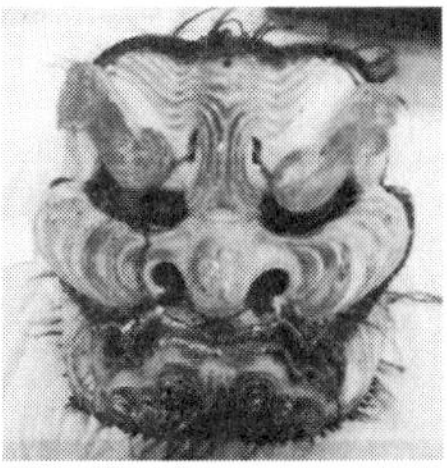

No.201 新羅王

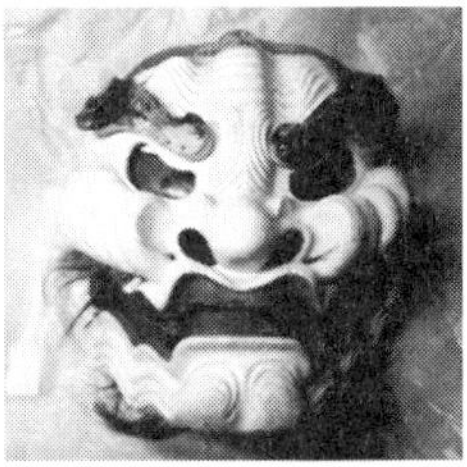

No.187 彦張

棚板墨書

棚板墨書

棚板の墨書

面に比べて彫りが深いだけでなく、顎の動きと連動して眉とまぶたが動く仕掛けがあり、制作には高い技術が必要なはずである。豊市氏の生年を天保年間とすれば、この当時、豊市氏の年齢は四十代であり、高い技術を身につけて制作に打ち込んでいたことが想像される。また、明治十年代には複数の神楽面のセットを制作していたことから、この時期に出雲市域では複数の民間の神楽団体が勃興し、盛んな活動を展開していたことも推察される。

次に衣裳について。整理に当たっては、衣裳を千早、上千

差袴

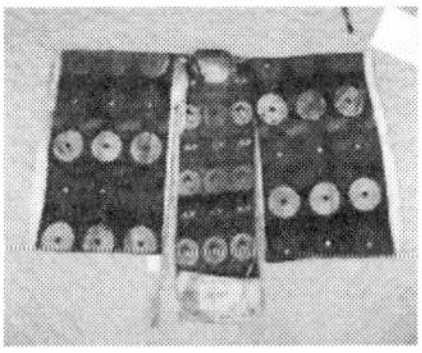

千早

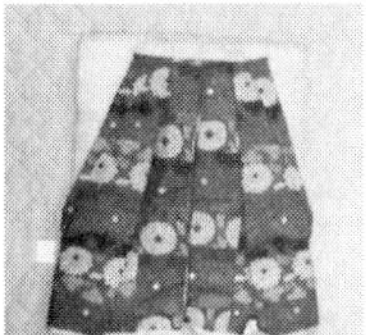

大口袴

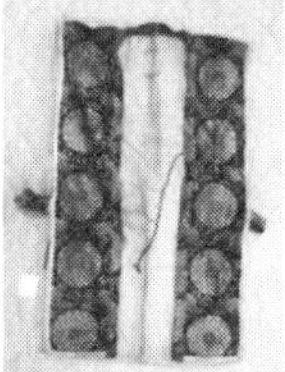

上千早

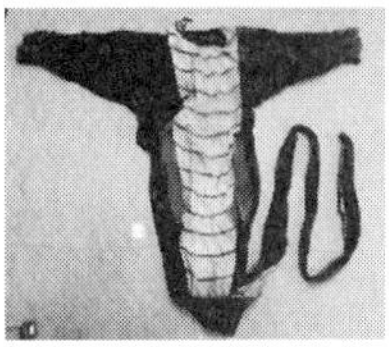

蛇衣裳

白千早

早（袖無し）、白千早、差袴、大口袴、襦袢、蛇衣裳、半纏に分けた。衣裳は総点数三〇七点で、うち千早七三点、上千早九二点、白千早三〇点、差袴二三点、大口袴五七点、襦袢一二点、蛇衣裳六点、半纏四点である。

衣裳については率直なところ充分な検討が行えていないが、いくつかの所見を記しておく。

面と同様に等級を表すと思われる記号が記された衣裳がある。記号は四種類確認できるが、面の等級とは異なる記号を用いているので、面と衣裳の等級の対応関係は不明である。この記号は、「林木屋衣裳元」とスタンプされた枠の中に通し番号とともにスタンプされている。通し番号は制作順かとも思われるが、欠番が多いため番号の意味は不明である。生地の状態から相対的に古いと思われる衣裳に記号がついていることが多く、新しい衣裳にはついていない。古い衣裳を使用していた頃は、複数の神楽団体に貸し出す必要性から記号を付していたのだろうが、時代が降るにつれて貸し出す団体も少なくなり記号等を付さなくなったとも考えられる。いずれにしても、現時点では明確な制作年代が明らかではないので、衣裳に付せられた記号やその年代については推測の域を出ない部分が多い。今後の課題である。

興味深いのは半纏である。これは神楽衣裳の着付けをする人が着用するためのもので、襟元には「林木屋衣裳元」、

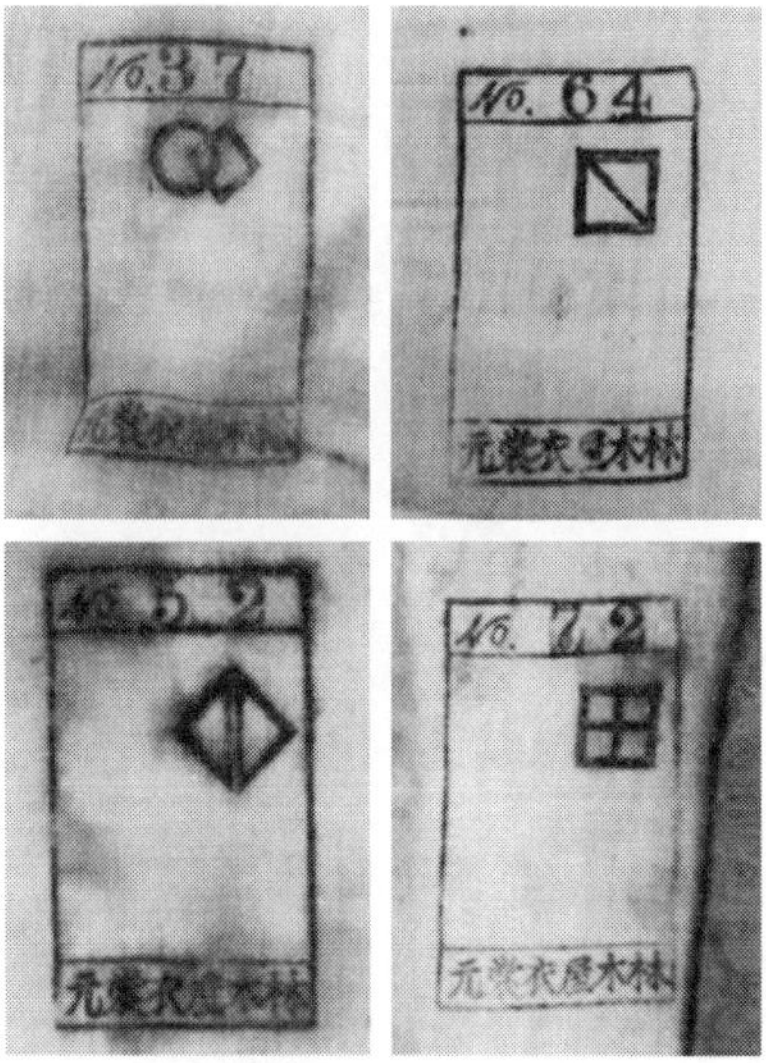

衣裳の等級をあらわす記号

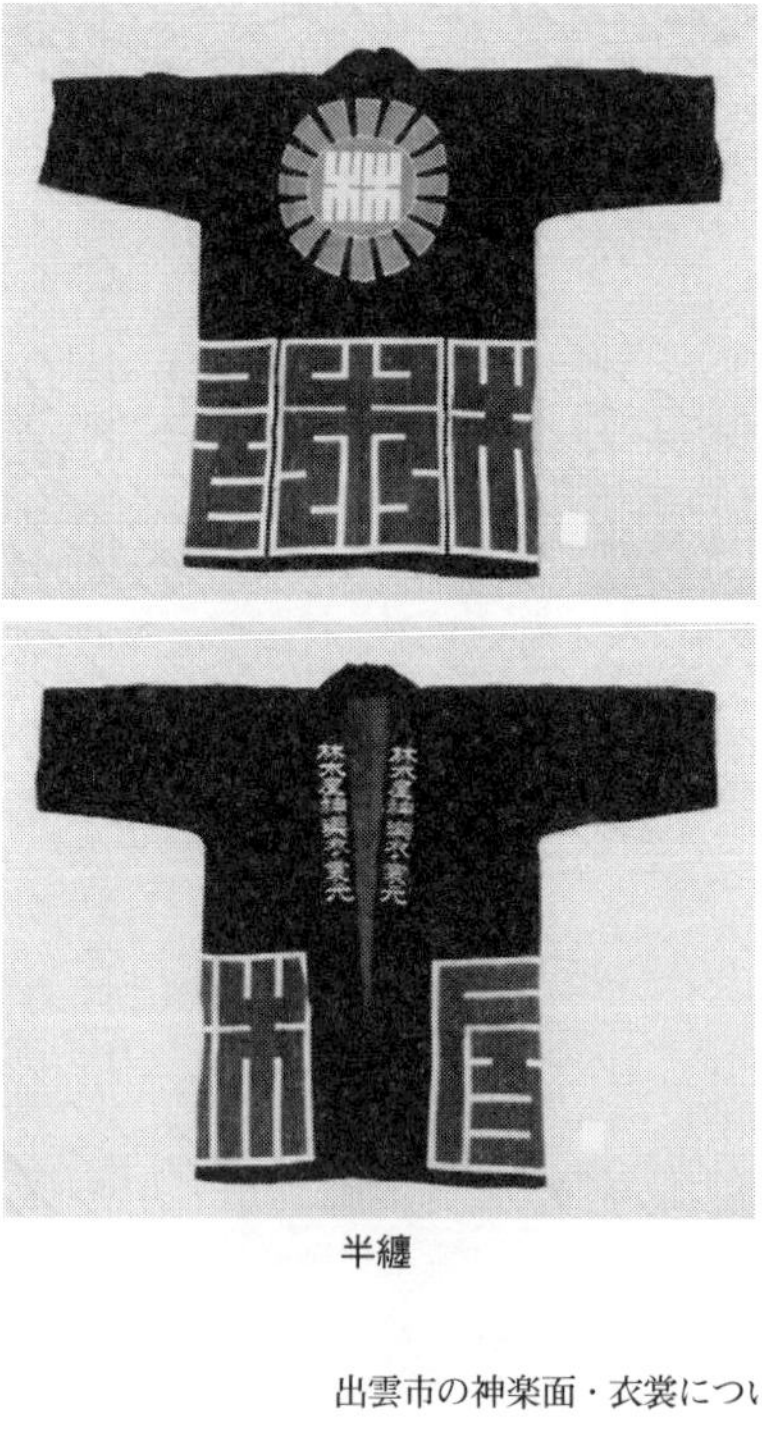
半纏

背面には「林木屋」と染められている。こうした半纏が制作されたことが、林木屋の衣裳がその界隈では名の通った存在であったことを如実に示していよう。林木屋の半纏を身にまとった人たちが行き交う楽屋、そこで行われた神楽の場はどれほどの賑わいを見せていただろうか。

　次にシャグマについて。三〇点ほど伝わるシャグマの中には、衣裳と同じように「林木屋衣裳元」のスタンプとともに、面に見られた「い印」の印が押されたものがあった。また、用品店で使用していたと思われる銀行口座の記された「出雲國簸川郡大津　林木屋洋服店」のスタンプが押されたものもあった（簸川郡大津という地名表記は、郡制施行によって明治二十九年に簸川郡が誕生し、昭和十六年に大津村が出雲町に編入されるまでである）。なお、現当主によれば、馬の毛で作られた林木屋のシャグマは品質が良く、誇れるものであったという。

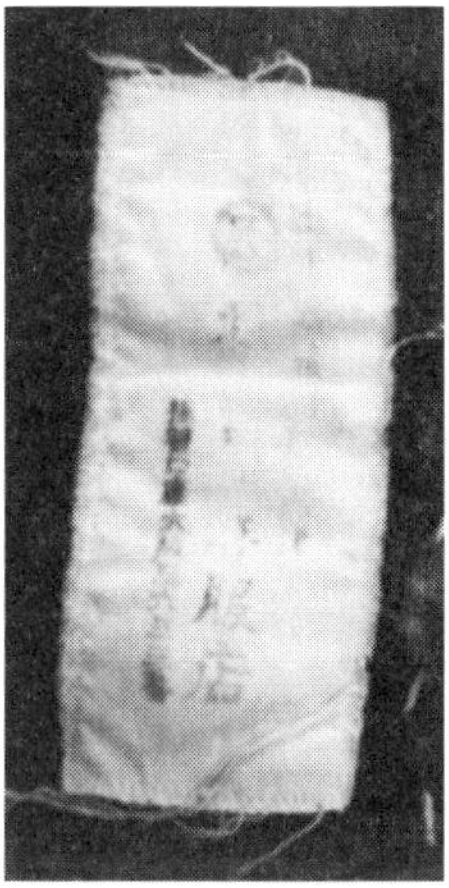

シャグマ裏面
擦れているが、「出雲國簸川郡大津　林木屋洋服店」の文字が確認できる。

最後に、これらの道具類を納めていた木箱について触れておきたい。神楽道具や衣裳を納めていた木箱は、もとは面と同じく豊市氏が制作していたという。毎年多くの地区へ持ち運ばれてきたため、当初の木箱は長年使用されるうちに壊れてしまったものも多く、後の時代に作り替えられたり、金属製の箱に変えられたりしている。それでも面と衣裳を納めた当初の箱は七点残っている。

　このうち面を納めていた木箱は、外側に「林木屋」「御能面箱」と等級などが記され、蓋の裏側にはその等級に対応する面が記されている。衣裳を納めていた木箱にも「林木屋」と等級の記号が記されている。多くの情報が記されており、林木屋の実態を解明する上で重要な資料であることは間違いないが、その時代の使われ方によって書き改められているので詳細な検討が必要である。

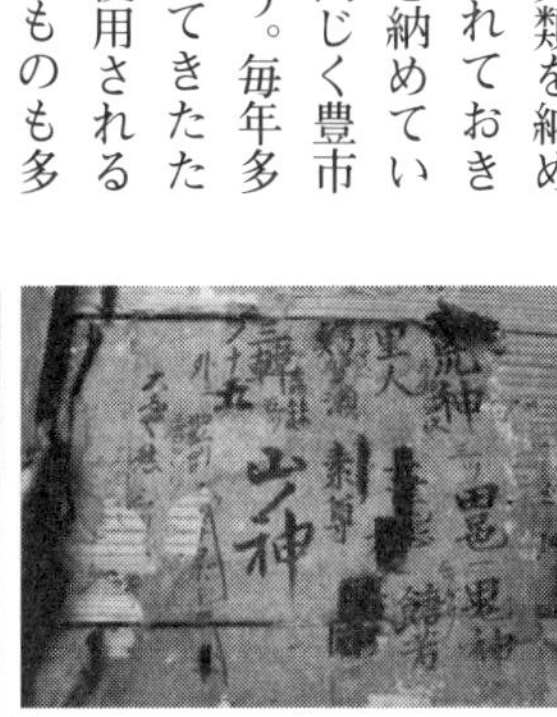

面箱

4　おわりに

以上、林木屋所蔵の神楽道具について簡単に紹介してきた。すでに見たように、林木屋の神楽道具は旧出雲市域の大部分の神楽団体に貸し出されていたことが明らかになっており、その意味で林木屋の神楽道具は出雲神楽の標準型と言えるかも知れない。その神楽道具がこれだけまとまって、かつ良好な保存状態で残されていたのは非常に幸運なことであった。

このたびの資料調査で、林木屋の神楽道具の全容が明らかになったと考えられるが、この資料に基づいて、今後さらなる調査研究が期待される。資料調査の成果について、本稿では面と衣裳、シャグマについてのみ考察を行ったが、ほかにも採り物や幕、鼓など、現時点で筆者が整理し切れていない資料も多く残っている。こうした資料を整理し、木箱に記された情報も含めて分析を進めていく必要がある。[1]

また、林木屋にはこれだけ充実した資料が伝わっていながら、一方で貸し出し帳簿の存在が確認できていないため、面や衣裳の等級の序列や、それぞれの等級がいくらで貸し出されていたか、あるいはどの時代にどの範囲まで貸し出されていたかという、神楽道具をめぐる経済的、社会的な問題は依然として不明である。こうした問題については、神楽団体の資料調査などである程度補完することができるかもしれない。

また、林木屋以外の神楽道具の貸し出しを行っていた貸し元についての調査も必要である。林木屋のほかに、松寄下町の尾添家、大社町荒茅の結田屋や大社町赤塚の吉岡家など、複数の貸し元が存在していた。出雲市域にどれだけの貸し元があって、いつ頃、どの範囲に貸し出していたかは、いまだ不明な点が多い。これまで注目されることのなかった神楽道具と神楽に関する研究はまだ、緒についたばかりである。

（参考資料）

『出雲市の文化財』第一集、出雲市教育委員会、昭和三十一年。

『出雲市の文化財』第二集、出雲市教育委員会、昭和三十五年。

石塚尊俊『出雲神楽』出雲市教育委員会、平成十二年。

【註】

（1）報告者が整理しきれなかった資料については、平成二十九年度の古代出雲歴史博物館常設展期間限定展示「出雲の神楽を支える―林木屋神楽資料―」の展示に際して整理がなされている。また、同展覧会の展示解説には林木屋資料に基づいた演目の解説がなされている。

石見神楽の木彫面について ―石見地方西部における作例から―

石山祥子

一　はじめに

島根県西部の石見地方などで伝承されている石見神楽は、和紙製の面を着けて舞うことで知られている。同じく和紙製の提灯式蛇胴とともに、和紙面はこの地域で誕生し、石見神楽の激しい舞を舞うためには欠かすことのできない道具といって過言ではないだろう。

日本は「仮面の宝庫」などと言われ、古代から現代に至るまで、きわめて多種多様な仮面が製作され、現在まで伝わっているが、その大半は木彫面である。木材以外の素材で作られた事例としては、主に東北地方から東日本にかけての縄文時代後期から晩期の地層から出土した土面や貝面、古代の伎楽面や舞楽面にみられる乾漆製の面、舞楽の「案摩《あま》」や「蘇利古《そりこ》」などの曲で舞人がつける四角い白い紙や布に文様のような目鼻を描いた「蔵面《ぞうめん》」、和紙で作った張子面などあるが、木彫面と比較すると現存する作例は圧倒的に少ない。

木彫面主流の状況は、全国各地の仮面を用いた現行の芸能や行事を見渡しても変わりはないだろう。石見神楽のように木製ではない面を使用する芸能としては、「頬面《ほおめん》」とよばれる布に黒漆を塗った面をかけて舞う「鳥遍舞《うへん》」が伝わる大日堂舞楽（秋田県鹿角市）や、漆を塗った張子の翁、三番叟の面を付けて舞う青垣翁三番叟（兵庫県丹波市青垣町）、カビディラという張子面を用いる諸鈍《しょどん》シバヤ（鹿児島県大島郡瀬戸内町）などがある。また、来訪神行事として知られる悪石島のボゼ（鹿児島県十島村）や硫黄島のメンドン（鹿児島県三島村）などでは、竹籠に紙を張って作った大面形式のものがみられる。他に竹の皮や木の皮を用いた仮面を用いる事例も報告されている。

芸能や行事で使用される仮面をめぐる、こうした現状を踏まえると、現在、およそ百三十の団体が活動し、その多くで和紙面を用いる石見神楽は全国的に見て、珍しい部類に入るといえよう。石見地方東部の大田市近辺では、紙の切抜面を婚礼の夜に被り、躍り狂うという習わしもあったようだ[1]。

しかし、近世までの石見神楽では他の多くの地域と同じく、木彫面が使われていた。和紙製の神楽面が広く用いられるようになったのは近代以降のようだが、石見地方に分布する石見神楽社中の全てが、和紙面のみを使用しているわけではない。木彫面のみ使用している神楽社中を探すのは難しいが、和紙面と木彫面を併用している社中となると、これはまだかなりの数が存在している。ここに、現在は使用していない木彫面を所蔵する社中を加えると、さらに増える。

そこで、本稿では、現在も使用されている木彫面の作例のうち、作者の判明している面を手がかりとしながら、近代以降の石見神楽の様相について考察したい。

二　石見神楽における和紙面と木彫面

石見神楽の和紙面誕生の経緯については、これまでの研究である程度明らかにされている。石見の和紙面は、邑智郡邑南町（旧瑞穂町）市木で生産されていた「市木面」と、浜田市長浜で生まれた「長浜面」の二系統に分類される。前者は、石見地方の山間部である邑智郡一帯から広島県の芸北地方で使われていたようだが、現在、この系統は途絶えている。一方の長浜面は、「長浜人形」と呼ばれる土人形の産地だった浜田市長浜で、土人形製作の技術を応用して生まれた。この長浜面が、現在の石見神楽における和紙面の主流であり、現在も石見・芸北地方には数軒の工房があり、神楽で用いられるだけでなく、贈答品、土産物としても販売されている。

市木面、長浜面はいずれも、コウゾを主原料とする石州和紙で作られた面だが、長浜面は、民芸品や郷土玩具などとして売られている張子面や細工物とは、作り方がやや異なる。

長浜面の誕生には、石見神楽の改正に関わった藤井宗雄という浜田出身の一人の国学者の関与があったことは、すでに先行文献等で指摘されているので、ここではごく簡単にその経緯について触れておく。[2]長浜面は、藤井から製作を依頼された長浜人形師の木島仙一によって作られたとされ、木島は従来の張子面よりも複雑な造型を可能にする脱活という技法を取り入れ、新たな面を生み出した。脱活とは、粘土型の上に和紙を張り重ねた後、粘土型を木槌で砕いて和紙面だけを残す技術である。

石見地方東部の大田市には、男児が誕生すると石州和紙で作られた魔除飾面を贈る風習が残っている。この飾面は神楽には用いられず、一般的な張子細工と同様、木型などに紙を張り重ね、乾燥させた後に型を抜き取って作られ、脱活《だつかつ》は施さない。長浜面は、石見地方で先行していた市木面や大田の魔除飾面の製法に、新たな技法を加えたことにより、石見神楽の舞を大きく変化させることとなったのである。

素材が木から紙へ転換したことにより、石見神楽の舞い手たちは面の重さから解放され、より激しい舞を舞うことが可能になった。さらに、脱活技法によって生まれた長浜面では、凹凸の多い複雑な造型が製作可能になり、豪華な刺繍衣装や派手な演出にも見劣りしない、インパクトのある面の数々が生産され、石見神楽の華やかで勇壮な世界を創出するために欠かせない道具にもなったのである。

しかし、軽さと丈夫さを両立させ、石見・芸北地方一帯に浸透した和紙面が、他地域の神楽にまで広まった痕跡はほとんどない。

その点、石見神楽の和紙面と対照的な展開をみせているのが、同じく石州和紙で作られる提灯式蛇胴であろう。出雲神楽（島根県）や備中神楽（岡山県）、比婆荒神神楽（広島県）、庄内神楽（大分県）、南部神楽（宮城県・岩手県）、組踊（沖縄県）、人形浄瑠璃文楽、イリュージョンマジックなど、地域や芸能の枠を越えて活躍している。

神楽と一口に言っても、面が主に用いられるのは儀式舞ではなく、神や鬼などが登場し、物語性の強い神楽能の場合がほとんどである。したがって、眼にはみえない存在や異形のものを具現化した面には、その地に暮らす人びとの思想や信仰、想像力など様々な要素が畳み込まれているといえる。同じ演目で同じ登場人物が着ける面であっても、地域ごとにバラエティーに富み、造型が全く異なる場合も少なくない。石見神楽の和紙面は飽くまでも、石見神楽向けに作られたものであり、それ故に他地域へ広まらなかった。一方で、一目見れば誰もが蛇や龍を象っていると理解できる上に、動きがリアルに表現できる提灯式蛇胴は、道具として機能的にも優れていたため、これほどまでに普及したのだろう。

面に地域的特色が現れるのは、石見神楽の場合も同じである。石見神楽は、さらに地域によって、大きく四つに分類される。すなわち、石東（大田市一帯）、邑智郡（江津市～浜田市山間部）、石央（浜田市・益田市の沿岸部）、石西（益田市・鹿足郡一帯）である。

このうち、「八調子神楽」と呼ばれる神楽は、明治時代に、舞い手が神職から氏子へと変わり、神楽改正の気運が高まる中で浜田西部で生まれた。明治二十年代ごろからは、現在の浜田市域を含む那賀郡を飛び越え、現在の益田市域に相当する美濃郡やさらに西の鹿足郡にも、八調子神楽は広まってゆく(4)。この「西音」とも呼ばれ、テンポの速い急進な舞が特徴の八調子神楽に対応すべく生まれたのが、長浜面だった。そのため、石央では古い神楽面は残っているものの、舞に使用される面のほとんどは和紙製の張子面である。

一方、石東、邑智郡、石西の各地域にも長浜面は浸透しているが、それだけではなく、各社中に伝来する木彫面を現在でも使用しているところがかなり多く見られる。石東では、大屋神楽社中（大田市）蔵の彦春の面のように、隣接する出雲神楽からの影響を感じさせる面が伝わっている。また、石西では、山口県の神楽とのつながりをうかがわせる面が残る。木彫面は、こうした石見地方と近隣地域との関係を知る上で重要であるばかりか、八調子神楽浸透以前の地域的多様性、現代における石見神楽伝承の重層性を理解する上で、格好の資料でもあると言えよう。

本稿では、主に石西に伝わる木彫面について取り上げる。すでに述べたように、近世までは石見神楽でも木彫面が主流であり、県や市町村の指定文化財になっている木彫面も石見各地に残っている。現在確認されている中で、石見地方最古の面は柳神楽保持者会（津和野町柳村）に伝わる第六天魔王の面である。裏には「永正三年」（一五〇六年）の刻銘があり、島根県の有形民俗文化財に指定されている。

平成二十五（二〇一三）年に、島根県立古代出雲歴史博物館で開催された企画展「石見神楽―舞を伝える、舞を生きる―」でも、石見各地に伝わる木彫面が数多く展示された。現在、広く流通している和紙面と造型や形式に共通点が見出せる面があり、先行する木彫面の様式を踏襲して和紙面が作られたことがわかる一方で、地域ごとの違いが顕著にあり、木彫面を通して、和紙面台頭以前の石見神楽の豊かな世界が広がっていた。また、現存する木彫面の中には、技巧を凝らした作例だけでなく、素人作とおぼしき技術的に未熟なものもあるが、むしろ、神楽が人びとを惹き付けてやまない身近な芸能だったことを雄弁に物語っているように思われた。しかし、面の裏に作者の名前が明記され、ある程度類型化された現代の和紙面とは異なり、木彫面のほとんどには裏に銘文などもなく、その作者や製作年代が明らかでない面、現在では用途不明の面も少なくない。

ところが、石西の場合には、現在も社中で使用されている面の中に、制作者が判明しているものが石見の他地域と比べると多いことが、これまでの調査によって明らかにされている。そこで、石西に現存する制作者のわかる木彫面を整理し、次章以降論じたい。

三　鹿足郡内に伝わる村上寿酒の木彫面について

（一）吉賀町抜月と津和野町左鐙に伝わる村上面

石西に伝わる石見神楽の木彫面については、かなりの数が今でも現役で使用されている。文化財指定を受けているものを列挙すると、三葛神楽保持者会（益田市匹見町）が所蔵する「三葛神楽木彫面」二十二面と、石見神楽保存会久城社中（益田市久城町）所蔵の「神楽木彫面」七面は、益田市の有形民俗文化財である。また、柳神楽保持者会（津和野町柳村）が所蔵する「柳神楽の面と衣装」は島根県の有形民俗文化財に指定され、先述した第六天魔王の面を含む古面十九面が伝わる。これらの神楽社中では、古面の保存を図るため、写しなどが作成され、現在でも木彫面を実際に着けて神楽が舞われているが、ここに挙げた文化財指定を受けた面以外にも、石西では、木彫面を使用する社中は少なくない。また、木彫面、和紙面に限らず、他の地域では素面で勤める神方の役も着面するなど、神楽能のなかで面を多用する頻度が高い点、俗にチリトリ面とも呼ばれる、大きく角張った面が「五神」などの演目で使用される点もこの地域の特徴である。

石西の石見神楽に見られるもう一つの特徴は、浜田西部で生まれた八調子神楽を取り入れた社中がある一方、六調子神楽と呼ばれる、八調子神楽伝播以前から石西で舞われていた神楽を伝える社中が存在する点である。先に挙げた三つの神楽団体のうち、三葛神楽保持者会と柳神楽保持者会は、それぞれ六調子神楽を伝承し、神楽自体も無形民俗文化財として県の指定を受けている。(5) また、同じく六調子神楽で、県指定無形民俗文化財の抜月神楽団(吉賀町抜月)にも木彫面十五面が伝わる。この抜月神楽団所蔵の木彫面の多くについては、その制作者が判明している点で貴重である。

その面と制作者については、島根県古代文化センターから刊行された調査報告書『抜月神楽』(二〇〇二年)に詳しく、津和野町左鐙《さぶみ》の潮山八幡宮の宮司だった村上寿酒《ひさき》(一八三七~一九一〇年)が、その制作者として紹介されている。

村上寿酒は地元の左鐙をはじめ、近隣の地域の人びとに神楽を伝授するかたわら、自作の神楽面を多く残した。このため、鹿足郡内には、村上寿酒が製作した面(以下、村上面)と伝わるものが確認されている。そして、抜月神楽こそは、村上寿酒が伝えた六調子神楽と神楽面とを、現在まで受け継いできた神楽団体なのである。

抜月に伝わる村上面は全て桐製で、面の種類の内訳は、主に神方に用いられる面九点、女面二点、「恵美須」の専用面一点、「大国」や「那須野」の法印が用いる面一点、「磐戸開」の児屋根命などで使用される老人の面一点、「那須野」などの剛力が着ける道化面一点である。(6)

村上寿酒が暮らした左鐙では、現在も左鐙神楽社中が活動を続けているが、一九四七(昭和二十二)年に浜田市の日脚神代神楽社中から八調子神楽を習い受けたため、村上寿酒の伝えた六調子神楽の芸系は途絶えている。しかし、村上面とされる木彫面は今も同地に伝わっている。

村上面には面の裏に銘文などがないため、口伝以外に村上面であると確定する手立てが乏しい。唯一手がか

【図版1】太鼓の革に取り付けられた村上面(2010年7月29日撮影)

りになりそうなものが、左鐙伝わる太鼓の革に取り付けられた三点の面である。【図版1】

胡粉地が剥落し、どのような彩色が施されていたのかは、ほとんど分からないが、墨で描かれた眉や眼、鬚などが残っている。また、唇が朱で塗られている点も確認できる。

この革の上部には、「左鐙神楽開祖／八幡宮宮司村上寿酒／自作神楽面／桐材」、革の下部には「明治初年頃作」と墨書きされている。そこで、この革に取り付けられた神楽面を村上面の基準とし、他の地域に残る面の中から村上面もしくはその影響を受けた面の抽出を試みたいと思う。

左鐙には、右記三面を含め、村上面と推定される面十五点が伝わる。その内訳は、神方などに使用される面七点、女面三点、老人の面三点、道化面二点である。その中で特徴的な点は、神方の面などに顕著に見られる、末広がり気味のM字に結ばれた唇の表現である。図版1の中央と左側の面にもその特徴は見て取れるだろう。

【図版2】抜月神楽の村上面を付けた舞い手
（「那須野」の天皇、2012年10月7日撮影）

こうした表現が見られる面は、抜月でも確認できる。「岩戸開」の素戔嗚尊などで使用される面や、「岩戸開」の手力男命で使用される面、「五龍王」で四人の王子が着ける面など七点の面で、M字型をした口元が確認でき、左鐙に伝わる太鼓の革に取り付けられた村上面と共通している。【図版2】

大庭良美の『石見日原村聞書』（一九七四年）には、村上寿酒が作った面について、一九六二（昭和三十七）年当時九十一歳だった左鐙の男性の話が収められている。

> よこやに作れた桐の木の面がとてもよいのが二〇ばかりあって一揃いありました。五行いうて太郎次郎三郎四郎、爺と五郎の王子の面から天神、児屋根太玉皆ありましたが今はありません。(7)

文中の「よこや」とは、潮山八幡宮の宮司である村上寿酒を指す。この男性の話で言及されている面の種類は、抜月神楽団が所蔵する木彫面と一致している。左鐙には「今はありません」と述べているところをみると、これらの面が抜月へ伝わった可能性がある。

（二）吉賀町内に伝わった村上面について

後藤淑の『民間仮面史の基礎的研究』（一九九五年）は、

主に近世以降に制作されたと推定される全国各地の地方仮面の作例を中心に図版が多数収録されている。この中で、石見地方で確認された木彫神楽面として、現在の鹿足郡吉賀町幸地と沢田の二地区（旧六日市町域）に伝わる作例が紹介されている。幸地に伝わる神楽面は、十一点が図版入りで報告されているが、このうち、「写真8」、「写真9」、「写真11」の三点の面について、村上面、もしくはその影響を濃厚に受けた面ではないかと筆者はみている。特徴的なM字型の口元が写真からも確認でき、左鐙や抜月の村上面と同様の特徴が看取される。(8)

次に、沢田地区の面だが、こちらは獅子頭を除く神楽面十八点が紹介されている。このうち、「写真9」、「写真10」、「写真11」、「写真12」の四点で、左鐙の村上面によく似たM字の唇が確認できる。「写真9」「写真10」は「五郎の王子」で使用される面のようで、抜月神楽の「五龍王」の面ともよく似た形式を示している。(9)

『民間仮面史の基礎的研究』で取り上げられた旧六日市町内の二つの事例は、抜月神楽を伝承する抜月地区から直線距離で五キロほどしか離れていない。また、幸地と沢田地区の間も二キロほどであり、村上寿酒の神楽と神楽面、あるいは神楽面だけが、同地にもたらされた可能性はかなり高いと考えられるが、両地区の神楽面の実見も含め、この地域における神楽面伝播の経緯については、今後の課題としたい。(10)

（三）村上面の鬼面

ここまで、先行研究などを元に三十七点の作例から村上面の特徴について検討してきたが、抜月、左鐙、吉賀町内の二つの事例の中で挙げた面には、鬼面が一つも含まれていない。村上面として伝わっている鬼面はきわめて少なく、筆者の知る限り、太皷谷稲成神社（津和野町）が所蔵する「鍾馗」の鬼面と、日原歴史民俗資料館（津和野町）が所蔵する般若面の二点のみである。【図版3】【図版4】

先述したように、村上面の裏には作者を特定できるような墨書は見当たらない。太皷谷稲成神社所蔵の鬼面には、面の横に「鬼面／村上寿酒翁作／左鐙八幡宮社掌にして／老後面作を趣味とした／村上保衛奉納（昭二八・四・二）」と書かれた

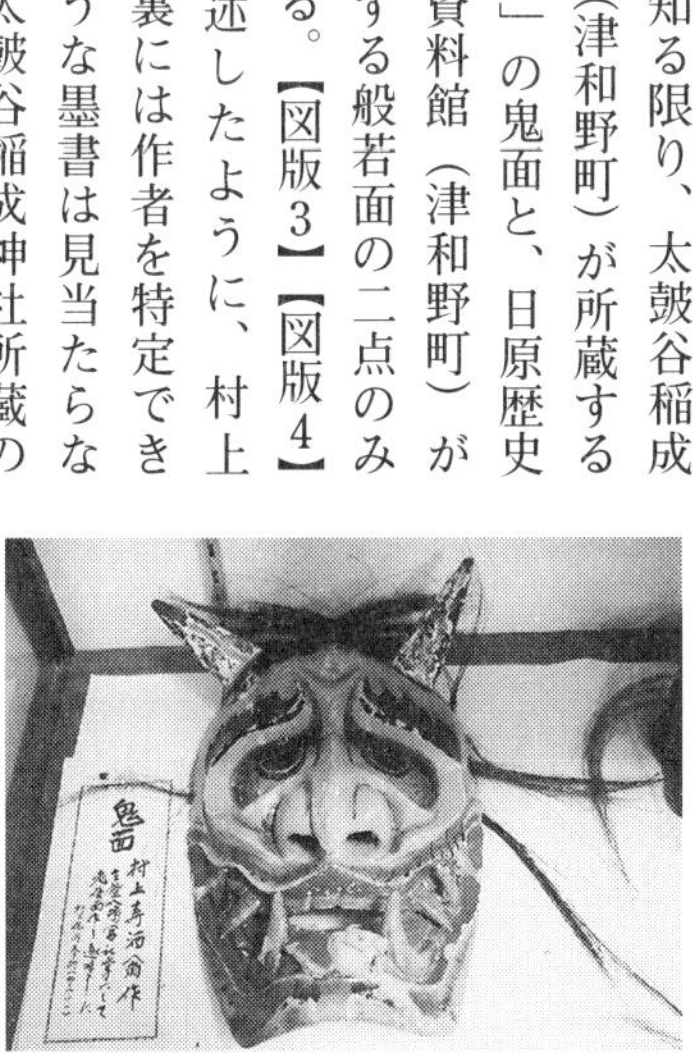

【図版3】村上寿酒作の鬼面
（太皷谷稲成神社所蔵、2010年7月30日撮影）

【図版4】村上寿酒作の鬼面
（日原歴史民俗資料館所蔵、
2012年10月20日撮影）

紙が置いてあり、これにより、村上面であると推定される。[11]

一方、日原歴史民俗資料館蔵の般若面は、大庭良美の『日原の民俗資料』（一九八六年）中の記述が根拠となる。同書で図版4と同様の面が「左鐙八幡宮神主村上寿酒作」[12]として紹介されているからだ。しかし、図版を見比べるとわかるように、二つの面に形式的な共通点を見出すのは難しく、同一人物による作例かどうか、現時点では筆者には判断が付き兼ねている。神方の面や女面とは異なり、鬼面は他に比較対象がないため、ひきつづき調査を行い、明らかにしていきたい。

ちなみに、村上寿酒作の鬼面が伝わっていない抜月や左鐙では、現在、和紙製の鬼面や盤若面が使われている。木彫では表現できないインパクトを持つ上、非常に軽い張子面が浜田方面から流入したことで、村上面の鬼面は、そのポジションを奪われたのだろうか。それとも、激しい舞でそれまで使用していた木彫面が痛んだため、新たに張子面を取り入れたのだろうか。実際のところはわからないが、鬼に比べると舞が緩やかな神方が着ける面や女面などでも、張子面が使われることはある。新旧二種類の面が併用されているのが、この地域の実態なのである。

では、張子面が主流になった近代以降、古面の写し以外に石見神楽の木彫面製作は廃れてしまったのだろうか。次章では、村上面よりも後の時代、すなわち、長浜面がすでに広まっていた時代に、石西で作られた木彫面について論じたい。

四　深山宝仙の木彫面について

（一）現存する十点の作例

これまでに刊行された石見神楽に関する報告書や文献をみていると、まれに、墨書銘の入った木彫面に遭遇する。ある時、筆者は三葛神楽保持者会が所蔵し、益田市の有形民俗文化財に指定されている神楽面二十二点の中に二点、年齢が書き込まれた面のあることに気付いた。たとえば、「黒塚」の三浦介などに使われる面の裏には、「元下久々茂　宝仙　六十六才刻　塗」[13]とあり、「宝仙」という人物が「六十六才」のときに製作した面のようである。【図版5】

もう一点は、「羯鼓」で使われる面で、裏には「元下久々茂現住□吉田　宝□　七十五才□□」[14]とあり、判読不能文字がいくつかあるが、その内容や筆跡は「黒塚」の面とよく似ている。【図版6】

この年齢を面の裏に書き入れる「宝仙」なる人物の面は、これまでの調査により、三葛神楽の二点を含め、石見地方、山口県長門地方で合計十点が存在していることが明らかになった。
調査をすすめる過程で筆者が、同種の面かどうかを判断する決め手としたのは、墨書銘である。これまで確認された同種の面については、全て制作時の年齢や名前などが書き入れられており、それに基づきながら、各地に伝わる作例の確認と整理を行った。

【図版５】三葛神楽保持者会所蔵の面
（島根県古代文化センター提供）

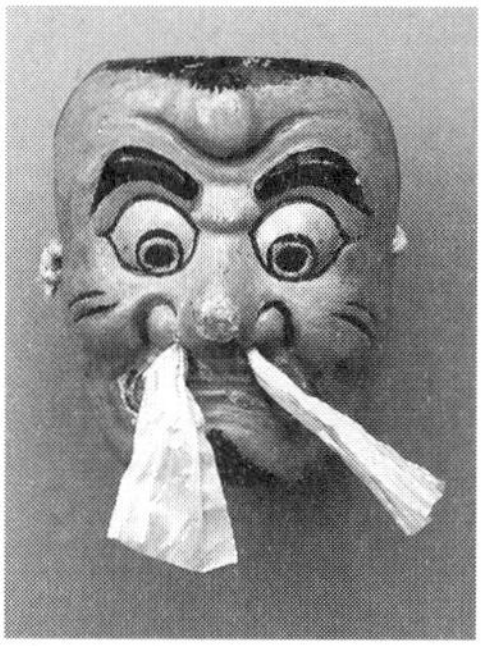
【図版６】三葛神楽保持者会所蔵の「羯鼓面」
（島根県古代文化センター提供）

面の確認された場所だが、十点中七点が益田市内で確認された。しかし、張子面の本場である浜田市内の神楽社中でも一点所在が確認され、益田市と隣接する山口県萩市（旧須佐町）でも二点確認されている。

次に、面の種類について整理しておきたい。先に紹介した、三葛神楽保持者会所蔵面以外に、益田市内で確認された面は、「切目」の王子や「国受」の大国主命が使用する面（三谷神楽社中所蔵）や、石見神楽保存会久城社中の所蔵する「岩戸」に登場する太玉命がつける面、個人蔵の般若面、天狗面、神方が使用する面を確認している。【図版7】【図版8】【図版9】【図版10】【図版11】

山口県の中でも石見地方に隣接する長門地方東部では、石見神楽を伝承する神楽団体が、現在でも活動している。筆者は以前、この地域に伝わる石見神楽の特色や、伝播の経路について調査したことがあるが、その調査の過程で、同様の墨書銘があるキツネ面と神方で使用される面の二点が確認された。【図版12】【図版13】

これらの面を所蔵しているのは、萩市須佐でかつて堀田神楽という石見神楽系の神楽を伝承していた地区である。この地区には、神楽に関する覚書が残されており、その中の記述から、それぞれの面が購入された時期や金額も明らかになっている。

たとえば、キツネ面の場合は、『昭和廿一年拾月以降　舞子一立萬覚帳』の一九四七（昭和二十二）年十一月三日の項に、「キツネ面　三百円」という文言がみられる。また、神方の面については、『昭和廿余年九月以降　余興一立萬覚帳』の一九五〇（昭和二十五）年十月六日の項に「八百円　鐘《ママ》鬼ノ面（品川武士益田ニテ購入）」という一文がみられ、鍾馗大臣として使うために購入されたようだ。この二つの面が、それぞれの『覚帳』に登場する面と同一のものかどうかについては、後ほど検討したい。

【図版７】三谷神楽所蔵の面
（2012年３月20日撮影）

【図版８】石見神楽保存会
久城社中所蔵の面
（2012年２月13日撮影）

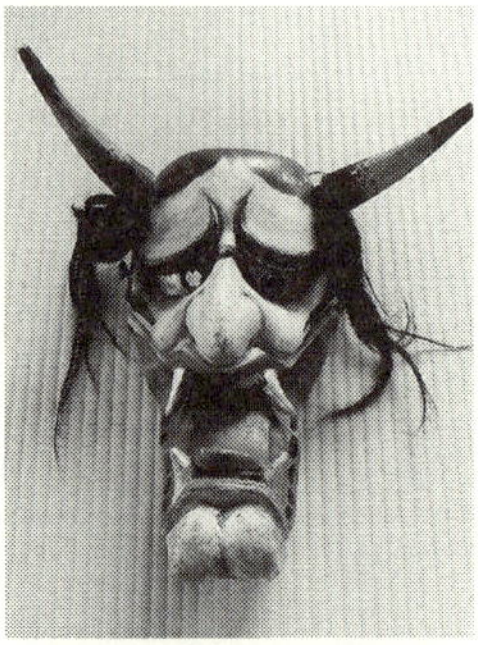

【図版９】個人蔵の般若面
（2012年11月22日撮影）

【図版10】個人蔵の天狗面
（2012年11月22日撮影）

【図版11】個人蔵の神方の面
（2012年11月22日撮影）

【図版12】山口県萩市で
確認されたキツネ面
（2011年９月30日撮影）

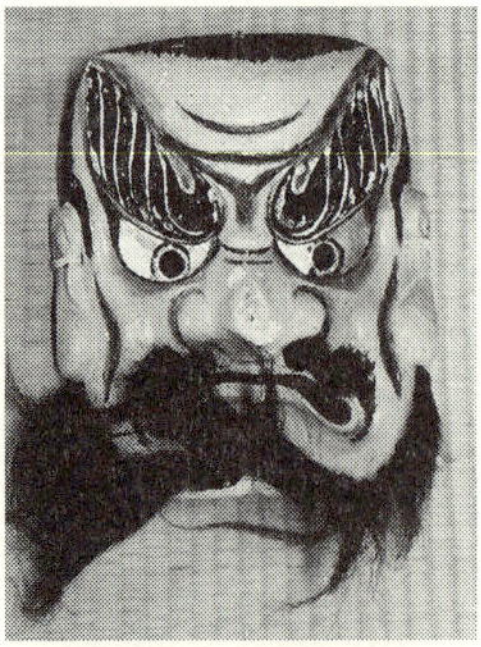

【図版13】山口県萩市で
確認された面
（2011年９月30日撮影）

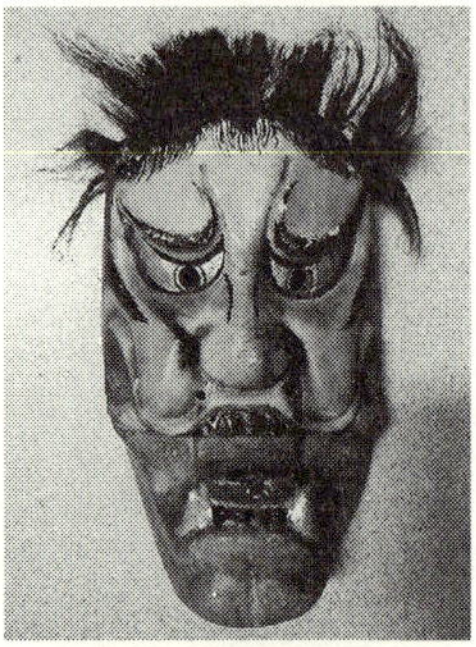

【図版14】上府神楽社中
所蔵の般若面
（2013年３月26日撮影）

最後の一点は、浜田市東部の上府神楽社中が所蔵している鬼面である。【図版14】

この面の裏には、「元下久々茂　亀太郎　現住上吉田　七十五才□□」と書かれ、「亀太郎」という名前と「七十五才」という年齢が確認できる。

以上が、石見・長門の各地で確認された年齢と名前の墨書銘がある木彫面の概要である。面の形式は神方から般若、動物面まで多岐にわたり、形式から同一の作者によるものかどうかを検討するのは難しいが、三葛神楽保持者会が所蔵する図版5と個人蔵の図版11、堀田神楽蔵の図版13の面については、形式がよく似ているように思われる。

墨書銘の内容は、面によってまちまちであるが、必ず明記されているのが、名前と年齢であることは十点に共通している。名前については「宝仙」と記されている面（図版5、7、8、9、11、13）、「亀太郎」と記されている面（図版9、10、13、14）、「深山宝仙」とある面（図版12）の三種類に分けられる。図版9、13については、「宝仙」と「亀太郎」が併記されている。

また、墨書銘の中には、地名が書かれたものが七点（図版5、6、9、10、12、13、14）あり、このうち、六点（図版5、6、9、10、13、14）には「元下久々茂」と書かれており、「元」という表記から神楽面の製作者の以前住んでいたところ、あるいは出身地と考えられる。また、「現住上吉田」もしくは、「美濃郡上吉田」と書かれた面も5点（図版9、10、12、13、14）確認されている。「久々茂」、「吉田」はいずれも益田市内の地名であり、これらの神楽面の作者が益田にゆかりのある人物だったことが墨書銘から推測される。

先に紹介した村上寿酒の場合には、自身が神楽を伝授した地域と面の伝わっている地域はほぼ重なっていたのに対し、これらの面については、六調子神楽か八調子神楽かという区別はなく、六つの神楽社中の手に渡り、現在まで使われ、あるいは保管されていた点に、ひとつの特徴があるだろう。

次項ではこれらの手がかりを元に、木彫面を製作していた人物について探りたい。

（二）昭和二十年代の資料にみる深山宝仙に関する記述

益田の郷土史家・矢富熊一郎が著した『益田町史』（一九五四年）には、次のような記述がある。

上吉田には、神楽面の彫刻者原田亀太郎が居る。号して深山宝仙と云う。彼は隣村豊川村出身の家大工であつたが、生来彫刻に興味を覚え、特に青年時代豊川神楽座に属して、実地に舞を舞つていた経験とから、神楽面の製作に多分の自信を持ち、数多くの面を彫つておる。

大体石見神楽の面は、浜田市長浜の人形師、永見家から作り出す、張子の面を多く使用しておるが、最近上吉田神楽座の如きは、宝仙の木彫面を使用しておる。宝仙は神仏像や人物像も彫つておる。人物像には寄進家川本浪太郎の木彫りがある。[15]

「亀太郎」という名前と「深山宝仙」という雅号、益田町（当時）内の「上吉田」に在住している点、「久々茂」という地名が村域内にある「豊川村出身」という記述は、先に取り上げた十点の面の墨書銘と一致しており、『益田町史』内で触れられた人物と、神楽面の作者が同一人物である可能性を示唆している。わざわざ張子面について言及しているところをみると、この時代、すでに石見神楽の木彫面を作る人は、益田でもかなり珍しかったのではないだろうか。

また、『益田町史』とほぼ同時期、「原田亀太郎」の名前は新聞紙上にも登場する。一九五〇（昭和二十五）年の『中国新聞』（山陰版）には、写真入りで次のように紹介されている。

石見神楽の面刻む　町の老彫刻師

知られざる町の彫刻師が伝統を誇る石見神楽舞になくてはならないお面を毎日せっせとこしらえている、秋祭に鬼を退治する鍾馗様の舞は失われていた幼いころの思い出をふりかえらせてくれることだろう

島根県美濃郡益田町の原田亀太郎さん（七六）はノミを握ってから五十余年「面白い型、見事なポーズを探しあてた時の喜びはなんともいえません」と柔和な顔の中に自然と名工気質折込《ママ》んだ鋭い眼の光、ほりの深いシワをながめていると面つくりに一生を捧げようとする気はくがみなぎっているかのようだ。（写真は原田さん）[16]

島根県立図書館所蔵のマイクロフィルムから印刷した記事は全体的に暗く、細部まで確認することはできなかったが、おそらく、宝仙が面づくりをしている様子を横からとらえた写真と思われる。しかし、面を彫っているのか、彩色を施しているのかすら判然とせず、作業中の宝仙の表情や姿はほとんどみえない。宝仙の周りを取り囲むように置かれている神楽面の一部が、ところどころ白く浮き上がっている程度で、現存する面との比較は難しい。

記事では、「深山宝仙」という雅号こそ出てこないが、『益田町史』と同じ「原田亀太郎」という名前、益田在住という点から、『益田町史』と『中国新聞』の記事で触れられた人物は同一人物とみてよいだろう。しかし、この記事からは『益田町史』ではわからなかった、「原田亀太郎」の年齢が記されている。記事によれば、一九五〇年当時で「七六」才となっている。

さて、この記事から二年後の一九五二（昭和二十七）年、ふたたび原田亀太郎の名前が、『中国新聞』に登場した。

ノミを握って五十年　岩見《ママ》神楽の面師原田老
孤独な老彫刻師が伝統を誇っている石見神楽舞になくてはならないお面を毎日せっせとこしらえているが、秋祭に鬼を退治するショウキ様の舞は失われていた幼いころの思い出をふりかえらせてくれる。
島根県益田市上田の原田亀太郎さん（七八）はノミを握ってから五十余年「面白い型、見事なポーズを探し当てた時の喜びはなんともいえません」と柔和な顔の中に名工気質を□り込んだ自然の鋭い眼の光、ほりの深いシワを眺めていると、面つくりに一生をささげようとする気はくがみなぎっている。（写真は面師原田さん）＝益田【図版15】(17)

見出しは異なり、年齢は「七六」から「七八」に、住所は「益田町」から「益田市上田」に変更されているが、これは上吉田の誤りと思われる。(18) こうした細かな違いはあれど、五〇年と五二年の記事の内容はほぼ同じであり、同一人物について紹介していることは明白だろう。

ただし、掲載されている写真は、五〇年の記事とは明らかに異なる。こちらの写真も全体的に暗く、文中で「柔和な

ノミを握って五十年
岩見神楽の面師原田老

二級建築士
合格者14名
鳥取県

【図版15】1952年10月２日付『中国新聞』（山陰版）

【図版16】図版15の写真部分を拡大

顔」と書かれた宝仙の表情はよみとれない。カメラに向かい、少し背中をかがめて、こちらに顔を向けているようにみえる。しかし、その右手には面長の般若とおぼしき鬼面を、左手には鼻の先がツンと上に向いた天狗と思われる面を、それぞれ持っているのが見える。【図版16】この写真の人物が両手に持った二つの面、図版9と図版10の面と似ていないだろうか。特に、写真の左に写った般若面は、図版9の面と牙や鼻、眉間の皺の形がよく似ている。右側に写る天狗面も、額の皺と眉の形が似通っているように思われる。

以上が管見の限りで、深山宝仙（原田亀太郎）について言及されている資料の全てである。これらの資料と現存する面の形式と墨書銘とを考え合わせ、先に挙げた十点の木彫面の作者こそは、昭和二十年代半ばに文献や新聞で紹介された、深山宝仙（原田亀太郎）であると考える。

筆者は、ここで挙げた三つの資料を確認した時点で、面の作例は今後も発見されるかもしれないが、深山宝仙という人物についてこれ以上のことはわからないと思っていた。昭和二十年代に七十代だった人物のことを詳しく覚えている人に出会うのは難しいだろうと思っていたからである。ところが、ある時、深山宝仙の子孫を知る方に出会うという僥倖に恵まれた。これをきっかけに、宝仙面の作者である生前の深山宝仙について少し明らかになったのである。

（三）石見神楽面師・深山宝仙のこと

二〇一二年十一月九日、筆者は益田市内のある神楽社中で、社中の代表者の男性SAさん（一九四二年生まれ）と、地元に住む女性WOさん（一九二三年生まれ）のお二人から、代表者の方の自宅で聞き取り調査を行っていた。話の中で益田で面を作っていた人がいたかどうか質問したときのことである。以下、そのやりとりの一部を紹介する。

筆　者　昔は益田に面を作る人っていうのは、いなかったんですか？

SAさん　益田に面を作る人っちゅうのはね、どうなんじゃろうかい。おれんことはなかったろうと思うけどね。

筆　者　聞かない？

SAさん　うん。そいで、もう、面っちゅうのは浜田。浜田が、人形作るところが始め出したんじゃけえ。それらが始め出したことなんじゃ。面を作るのは。

WOさん　ハラダっちゅう先生がおったが、知っとんさる？あれのお父さんがだいぶ面を彫りよったね。

SAさん　あー、ありゃ、彫りよったんじゃろう。

WOさん　彫りよったねぇ。
筆　者　ハラダさん？
WOさん　ハラダって言って。学校の先生しよる。
SAさん　わしらの同級生のおじいさん。そりゃ、碁盤も作ったり、あのおじいさん、器用だったんじゃけえ。
WOさん　器用だった。
SAさん　今の先生も、あと何よ、碁盤を作りよったんよ。
（中　略）
筆　者　どの辺の方なんですか？
WOさん　だいたい、豊川じゃなかった？
SAさん　豊川です。
WOさん　今はそいじゃけえ、先生の息子が市内におるんじゃ。

こうしたやりとりがしばらく続いたが、SAさんもWOさんも面を作っていた豊川出身の人物の名前までは知らなかった。しかし、SAさんが市内に住む、その人物の子孫にあたる方に電話で確かめてくださることになった。電話はその場ですぐにつながり、その方の祖父の名は「亀太郎」であることが判明し、やはり面を彫っていたことも確認できた。そこで後日、筆者は早速、その方のところを訪ねることになった。何気なくした質問だったが、たまたま深山宝仙の出身地である久々茂に近い地区だったため、記憶していた方に出会えたのだろう。

さて、深山宝仙の孫にあたるSYさん（一九三八年生まれ、女性）とHTさん（一九四八年生まれ、男性）にお会いしたのは、二〇一二年十一月二十二日のことである。SYさんとHTさんは姉弟の間柄で、お二人とも益田市内で暮らしている。お二人から、父方の祖父にあたる深山宝仙（原田亀太郎）のことについて、HTさんのご自宅でお話をうかがった。

深山宝仙は、一八七四（明治七）年生まれで、一九五六年（昭和三十一）二月に八十二才で他界した。もともとは田原姓を名乗っていたが、養子として原田家に入ったのち結婚し、五男二女（うち男児二名は早世）を設けた。今回お目にかかったSYさんとHTさんは、宝仙の長男の子供にあたる。先ほどのWOさんの話の中に登場した「ハラダっちゅう先生」というのが、お二人の父親にあたる人で、長年教師をしていた。SYさんは六人兄弟の第二子で長女、HTさんは末子である。戦時中、お二人の父親は一家を連れて満洲へ渡ったが、日本の戦況が厳しくなり始めた一九四三年、自分と長兄だけが残り、まだ幼いSYさんを含む家族は日本に帰すことを決めたという。

SYさん　わたしらが帰った年が、昭和十八年。その時に日本帝国は神軍で勝つ。（しかし、父は）「絶対負ける」言うて。「お前らだけ帰れ」って言うて。ちょうどその時、貨物船が、帰ってくる便があって、「船底にもぐって帰れ」って言われて、母と急遽、ほんと着の身着のままで、押し込まれて帰ったんですよ。そして、「次の便でお荷物送るからね」って言うて。で、次の便は撃沈されて。それから、音信不通ですよね。運が良かったというか。えっとね、わたし、吉田の小学校で国民小学校二年生までおりましたから、その時にたぶん、二十年じゃなかったんかな。だけぇ、一年生を大根島でしとるから、二年生を益田でやって、その時に終戦になったと思います。難しい漢字を習いましたから。

このSYさんの話の中に出てくる、「吉田の小学校」という益田市内の学校に通っていたころ、SYさん家族は、一人暮らしをしていた祖父・亀太郎と生活をともにすることとなった。その期間は、父親と長兄が引き揚げてくるまでの二年ほどだったようだ。当時、亀太郎の家は吉田にあり、自宅兼仕事場になっていた。その家の様子をSYさんは次のように記憶されていた。

HTさん　帰って一緒に住んどったんかいね？

SYさん　そうよ。小さい家に。引き揚げて帰ってたときに。その部屋入っちゃいけんって言われとった。

筆　者　面を彫ってる部屋に？

SYさん　だけえ、そういう道具が山ほどあるし、危ないものもあるし。で、やっぱり、片付けたりあれしたりしたら、次の仕事ができんから、そのまんまの状態にしてあるので。

（中　略）

HTさん　二年間？このおじいさんと一緒にいたのは？

SYさん　そういうことね。

筆　者　その頃は面は彫っておられた？

SYさん　そうです、そうです。ほいでね、面だけじゃなくて、大蛇。小さなおうちなのに、今は大蛇って、何で出来とるかしらんけど、

筆　者　あれも和紙ですね。

SYさん　竹の輪っか？竹の輪っかを。ほいじゃけえ、部屋中が大蛇だらけ。

筆　者　蛇腹を？

SYさん　そう、蛇腹。そうです。寝るところがないくらいに。

筆　者　それはずっと一人で作っておられた？

SYさん　そうでしょうよね。ほんと、一枚の布団に、わたしらまだ学校行かんかったから、母と弟と私ら

と、たった一枚の敷き布団に四人寝て、小さくなって寝てたね。覚えてますよ。大蛇に占領されて。

筆　者　そういうのは、どうされてたんですかね。

SYさん　やっぱり注文じゃないですかね。そのところのお祭りなんかで、頼まれたんじゃないかなぁと思いますけど。

筆　者　ずーっとあったわけではない？

SYさん　違いますよ。出来上がったら消えて。

筆　者　どこかに行くわけですね。

SYさん　それで、絵柄はあんまり記憶がないんですよ。ただ紙を貼って、真っ白の。こっち（面）はおじいちゃんが塗りよったんかな？

SYさんの記憶から、わずかではあるが、深山宝仙の製作の様子が明らかになった。面だけでなく、提灯式蛇胴も作っていたという話からは、宝仙が趣味として、気の向くまま木彫面を作っていたというよりも、注文に応じて様々なものを製作し、住居スペースを脅かすほどだった様子が浮かび上がってくる。そうした宝仙の姿は「職人」（SYさん）、「堅物」（HTさん）という印象を、当時幼かった孫たちに与えていた。SYさんが一緒に暮らしていたころには、曲尺などの道具を跨ぐと、叱られたこともあったそうだ。HTさんは祖父と一緒に住む機会はなかったが、物心ついたころに、父に連れられて祖父の家に行ったときのことを話してくれた。

HTさん　私が会ったのは、たまに行ってちょろっと見る。幼稚園っていうか、小学生になる前ですか。だから、親父に連れてってもらって、おじいさん、別に話もしない。笑ってるの見たことない。

筆　者　愛想の良いおじいさんってイメージはない？

HTさん　わたしのイメージでは。だけど、そこに面が飾ってあったのは覚えている。馬とかね。

『益田町史』でも言及されていたが、HTさんの記憶の中でも、宝仙は神楽に関わりのあるものだけでなく、神仏や馬などの像も彫っていたようだ。また、HTさんは後から聞いた話として、「宮大工をやったり、お祝いの時の飾り料理を作ったり。飾り料理だから大根を飾ったり。要するに料理を作るんじゃなくて」と、手先の器用さを活かして、宝仙が様々な仕事をしていたことも話してくれた。

豊川に暮らしていた若いころには、神楽を舞い、年長けてからは、神楽面や蛇胴作りに精を出した宝仙は、村上寿酒と同じように、石見神楽に深い情愛を注いでいたと思われるが、そういう姿を孫たちが目にすることはなかったようだ。しかし、二人の父親は宝仙の血を受け継いでいたらしく、秋祭のシーズンになると、囃子の手伝いに出かけることもあったという。こうした父の神楽好きは、祖父・亀太郎譲りなのだろうとSYさんは話しておられた。

SYさん　父は、すごい音痴なんです。音楽というのが全く駄目な人で。だけど、神楽に関しては、今は日中でも舞いよるじゃないですか、どこでも、どこでも。昔はほんとにお祭りの夕方から明け方まで舞いよったんです。わたしらが超眠たい時間。そのときに父が、「そろそろ蛇が出てくるけぇ、行け」って言いよったんです。音痴やけど音だけでは凄いんだなぁと。太鼓を聴いて、ほいで、わたしら起こされて、見に行きよりました。

HTさんのお宅には、一九五三（昭和二十八）年に撮影された、深山宝仙の写真が残されている。【図版17】写真中央に写った深山宝仙は、左手で杖を持った小柄な老人で、かすかに笑っているようにも見える。五三年当時、宝仙は晩年に近い七十九才だったと思われる。現存する宝仙面の墨書銘によれば、少なくとも八十一才まで、宝仙は神楽面を製作していたので、この写真が撮影されたころには、まだ面作りをしていたのだろう。

HTさんの自宅には写真だけでなく、亀太郎が作った面三点も残されている。この三点の面は、すでに本稿で紹介した図版9、10、11の面であり、一九五二年の『中国新聞』に掲載された般若面と天狗面と同一と思われる面が子孫のところに残っていたことになる。これにより、HTさんとSYさんの祖父・原田亀太郎は、深山宝仙の雅号を持ち、墨書銘にその名を記した宝仙面を製作していた、その人であることが判明した。

【図版17】深山宝仙（中央）
（1953年４月撮影、個人蔵）

堀田神楽に伝わる図版12のキツネ面の裏には「深山宝仙七十四才刻塗」の墨書銘が見え、前掲した『覚帳』の中で一九四七年に購入した記録のあることはすでに述べた通りだが、四七年当時、原田亀太郎は七十四才だったことと一致している。同様に、一九五〇年に堀田神楽が購入した「鐘鬼ノ面」（図版13）には、「宝仙　七十六才刻塗」と記され、こちらも、亀太郎の実年齢と同じである。

以上、石見地方と山口県長門地方にまたがって、十点の作例がこれまでに確認されている宝仙面について、残された作例と史料、神楽関係者や子孫の方からの聞き取りから、これらの面を作った人物について述べてきた。十点の宝仙面については、本文末の【表】でも一覧にまとめた。宝仙面については、墨書銘があるため、今後も新たな作例が発見される可能性がある。ひきつづき、各社中の木彫面に注意を払い、調査をつづけたい。

五　おわりに

本稿では、石西で現在でも使用されている木彫面のうち、村上寿酒と深山宝仙という二人の石見神楽の木彫面製作者の面に着目し、論じてきた。今回取り上げた面の中には、個別にはすでに紹介されてきた事例を含むが、複数の社中に現存し、石西を中心に広い範囲に存在していることが、改めて確認できた。

また、いずれの面も、近代以降に作成されたものであることがわかり、特に宝仙面については、長浜面台頭後に作られた面であることが今回明らかになった。これは、深山宝仙が得意だった彫刻の技を用いて作った木彫面が、決して個人の手慰みで生まれたものではないことを示している。和紙面誕生後も、石西には木彫面を神楽で用いる習慣が残るが、こうした面の使い手がいたからこそ、木彫面制作者・深山宝仙が生まれ、今も多くの作品が現役で使用されているのだ。

だが、作者の判明している木彫面を取り上げるだけで、石西の神楽面について論じるのは十分と言えないだろう。石西における木彫面の所在調査では、数多くの無銘の木彫面の存在が明らかになり、各社中で今も現役で使用されている状況がわかってきた。そして、八調子神楽に影響を受けている社中でも、木彫面が使用されていることが、改めて確認された。先述したように、浜田で長浜面が生まれた背景には、八調子神楽が誕生し、その激しい舞に対応するためと従来理解されてきた。しかし、八調子神楽の影響を受け、舞の激しさが増した後も、石西では張子面と木彫面を併用している社中が少なからず存在している。【図版18】

抜月神楽のように、舞は従来の六調子神楽を守りながらも、新たな道具を取り入れるところや、左鐙神楽社中のように、村上寿酒から習い受けた六調子神楽から八調子神楽に変えながらも、村上面を伝えているところもある。石見神楽は、八調子神楽成立以前の囃子や舞を伝える六調子神楽と、明治以降に誕生し、速いテンポが特徴の八調子神楽の二種類に区別され、語られることが多いが、そのうち、前者が

【図版18】木彫面と和紙面（右手）の併用の事例
（「天神鬼」の時平、石見神楽保存会久城社中、2012年９月30日撮影）

舞、囃子、衣装・道具類、組織など全てにおいて旧態依然としているわけでない。提灯式蛇胴などは、石見神楽の中でも古い芸態を残すといわれる柳神楽や三葛神楽にまで浸透している。このことは、八調子神楽の場合にも当てはまるだろう。新たな神楽を取り入れると同時に、道具もすべて一新するとは限らないのである。村上面を所蔵する二つの神楽社中のあり方はそのまま、八調子神楽＝新しい、六調子神楽＝古いと一概には分けられない、グラデーションを帯びた石西における石見神楽の様相を如実に物語っている。

すでに、多くの研究者や研究機関の調査によって、石見各地に伝わる神楽面の調査はかなり進んでいるが、現段階ではまだ各地域や社中の所蔵品の所在が確認されている程度で、地域横断的に作例を検討して論じられたものはまだ少ない。

今後は今回の論考で得られた知見と、無銘面の作例を整理し、その様式などから比較検討をおこない、各地に残る神楽面という点を結ぶことで現れる、石西の石見神楽の地域的特色について、ひきつづき考えていきたい。

謝辞

本稿執筆にあたり、調査に協力いただいた各神楽社中および関係者の皆様、村上寿酒、深山宝仙のご子孫の皆様には、大変お世話になりました。ここに記して深くお礼申し上げます。

表　これまでに確認された宝仙面一覧

	所有者（所在地）	面の種類・用途	墨書銘（※□は判読不能文字）	銘から推定される制作年	寸法（縦×横：cm）	備考
図版5	三葛神楽保持者会 （益田市匹見町紙祖）	「東夷」みすず 「黒塚」三浦介	元下久々茂　宝仙　六十六才刻　塗	1940（昭和15）年	23・8×20・2	益田市指定有形民俗文化財
図版6		「羯鼓」羯鼓	元下久々茂　現住□吉田 宝□　七十五才□□	1949（昭和24）年	18・5×16・0	益田市指定有形民俗文化財
図版7	三谷神楽社中 （益田市美都町）	「切目」王子 「国受」大国主命	宝仙六十八才　刻塗	1942（昭和17）年	22・0×16・0	
図版8	久城社中 （益田市久城町）	「岩戸」太玉命	宝仙七十才　刻塗	1944（昭和19）年		
図版9	個人 （益田市内）	（般若面）	元下久々茂亀太郎 現住上吉田宝仙 七十六才刻塗	1950（昭和25）年	35×21（ツノ15）	昭和25年（1950）10月2日付『中国新聞』に掲載された写真に写る面か
図版10		（天狗面）	元下久々茂亀太郎 現住上吉田 七十六才刻塗	1950（昭和25）年	23・2×19・0（鼻の高さ11・3）	昭和25年（1950）10月2日付『中国新聞』に掲載された写真に写る面か
図版11		（神方の面）	宝仙八十一才彫刻塗	1955（昭和30）年	20・5×16・0	
図版12	堀田神楽 （山口県萩市須佐）	（キツネ面）	美濃郡上吉田　深山宝仙 七十四才刻塗	1948（昭和23）年	20×17（耳6）	「昭和廿一年拾月以降　舞子一立萬覚帳」中の昭和23年11月3日の項に、「キツネ面　三百円」とあり。
図版13		（「鍾馗」鍾馗大臣）	元下久々茂亀太郎 現住上吉田宝仙 七十六才刻塗（墨書銘）	1950（昭和25）年	25×22	「昭和廿四年九月以降　余興一立萬覚帳」の中の昭和25年10月6日の項目に、「八百円　鐘鬼ノ面（品川武士益田ニテ購入）」とあり。
図版14	上府神楽社中 （浜田市上府町）	（般若面）	元下久々茂 亀太郎 現住上吉田 七十五才□□	1949（昭和24）年	25×17	

【註】

（1）本田安次ほか『神楽面』、淡交社、一九七五年、十二頁

（2）石塚尊俊監修『保存版　島根県の神楽』、郷土出版社、九十二頁　島根県立古代出雲歴史博物館編『石見神楽：舞を伝える、舞と生きる』、二〇一三年、七十七頁など

（3）古代の伎楽面においても、実際に用いるときのことを考慮し、材質や製作技法を工夫して軽量化が図られていたことが、遺された作例からわかっている。七世紀に製作された法隆寺に伝わる伎楽面は、当時の仏像と同じく樟材で作られているが、八世紀になると、木彫面では桐材が選ばれ、また、乾漆製の面も作られるようになった。桐製の面と乾漆製の面は「使用時の軽さをはっきりと考慮して」（『日本の美術：伎楽面』二三三号、四十頁）作られたことが指摘され、古代においても、見栄えだけでなく、実際に身に付けて舞うための道具としての機能も重視されていた様子がうかがえる。

（4）矢富熊一郎『安田村発展史』下巻、安田村図書館、一九四二年、八三八〜八四八頁

（5）石西の六調子神楽を伝承する団体としては、もう一団体、黒渕神楽社中（鹿足郡吉賀町柿木村椛谷）が活動している。

（6）島根県古代文化センター編『抜月神楽』、二〇〇二年、十六〜十七頁

（7）大庭良美『石見日原村聞書』、一九七四年、未来社、二五六頁

（8）後藤淑『民間仮面史の基礎的研究』、一九九五年、錦正社、六五九頁

（9）前掲書、六六二〜六六三頁

（10）『民間仮面史の基礎的研究』の中で、沢田地区の神楽面として掲載されている面のうち、「写真7」と「写真8」の二面（六六二頁）は、三葛神楽保持者会所蔵の「恵比須・大黒」の恵比須面、大黒面（島根県古代文化センター編『三葛神楽』、二〇〇四年、写真二十三頁）と酷似しており、鹿足郡だけでなく、美濃郡とのつながりも感じさせられる。

（11）『石見日原の民俗』（一九六四年）にも、村上寿酒について言及されている箇所があり、太皷谷稲成神社所蔵面に関する記述があり、ここでは「天狗面」と書かれている。しかし、筆者が二〇一〇（平成二十二）年七月三十日に確認したところ、同社所蔵面は本文で紹介した鬼面一点のみだった。

（12）大庭良美『日原の民俗資料』、一九八六年、日原町立歴史民俗資料、五十頁

（13）島根県古代文化センター編『三葛神楽』、二〇〇四年、写真二十三頁

（14）前掲書、写真二十四頁

（15）矢富熊一郎『益田町史』下巻、一九五二年、益田公民館、八九六頁

（16）『中国新聞』（山陰版）一九五〇年六月二十日付

（17）『中国新聞』（山陰版）一九五二年十月二日付　※□は判読不能文字）

（18）益田市は一九五二年八月に発足

【参考文献】

石塚尊俊　一九七九年　『西日本諸神楽の研究』慶友社

石塚尊俊監修　二〇〇三年『保存版　島根県の神楽』郷土出版社

上原昭一　一九八五年　『日本の美術：伎楽面』二三三号　至文堂

大庭良美　一九七四年　『石見日原村聞書』　未来社

一九七六年　「石見神楽雑記」『山陰民俗』二十九号　山陰民俗学会　四十二〜五十一頁

一九七九年　『日原町史　近代』下巻　日原町教育委員会

一九八六年『日原の民俗資料』日原町立歴史民俗資料館
一九八九年「神楽今昔」、『山陰民俗』五十二号　山陰民俗学会　三十二〜三十九頁
沖本常吉編　一九六四年『石見日原の民俗』日原町教育委員会
木村義明・大庭良美編　一九六九年『左鐙誌』左鐙郷土誌研究会
京都国立博物館編　一九八〇年『古面の美：信仰と芸能』京都国立博物館
後藤　淑　一九九五年『民間仮面史の基礎的研究：日本芸能史と関連して』錦正社
後藤　淑・萩原秀三郎　一九七五年『民間の古面』芳賀書店
島根県古代文化センター編
一九九八年『島根県古代文化センター調査研究報告書三：柳神楽探訪記』島根県古代文化センター
二〇〇二年『島根県古代文化センター調査研究報告書十一：抜月神楽』島根県古代文化センター
二〇〇四年『島根県古代文化センター調査研究報告書二十一：三葛神楽』島根県古代文化センター
島根県立古代出雲歴史博物館編
二〇一三年『石見神楽：舞を伝える、舞と生きる』島根県立古代出雲歴史博物館
藤原宏夫　二〇〇七年「石見神楽における六調子と八調子：その定義と音楽的特徴」『民俗芸能研究』四十三号　民俗芸能学会　八十〜九十六頁
二〇一六年「島根県浜田市における江戸末期から明治時代にかけての神楽事情」『民俗芸能研究』六十号　民俗芸能学会　二十五〜四十五頁
本田安次・田中義廣・三村幸一（写真）　一九七五年『神楽面』淡交社
西川杏太郎編　一九七二年『日本の美術：舞楽面』六十二号　至文堂
矢富熊一郎　一九四二年『安田村発展史』下巻　安田村図書館
一九五二年『益田町史』下巻　益田公民館
山路興造　二〇一四年「石見神楽の誕生」『民俗芸能研究』五十六号　民俗芸能学会　四十九〜七十一頁
料治熊太　一九七二年『日本の土俗面』徳間書店
渡辺友千代　一九七六年「石西地方の神楽について」『山陰民俗』二十六号　山陰民俗学会　九〜十四頁

調査報告編

山陰地方におけるオコナイの分布と事例報告
―星上寺（別所）・薦津阿弥陀堂・野間観音―

喜多村　理　子

はじめに

山陰地方におけるオコナイについては幾つかの民俗報告がある。宮本常一は戦時中に刊行した『出雲八束郡片句浦民俗聞書』の中で片句のオトウ、手結のオトウについて触れている。[1] その後、一九五九年に宮地治邦が「島根半島に於ける神社祭祀の研究」の中で、雲津の六日の頭、諸喰の伽藍さん、菅浦の伽藍さん、塩津のオトウ、片句のオトウを取り上げた。[2] 石塚尊俊もまた一九六三年に「美保関町雲津の頭屋行事」を発表、『正月の行事2島根県・岡山県』（一九六七年）では塩津の向浦のオトウについて記述した。[3] 一九七八年に発行された『山陰民俗』30号には「出雲八雲村星上寺の大餅さん」（石塚尊俊）、「出雲鹿島町片句の頭開き」（山田良夫）、「出雲八雲村田村神社の大餅さん」（石倉諒一）、「松江市西尾町天神神社のお祷さん」（青山富三）が掲載された。さらに一九九七年には、島根県古代文化センターが『島根県古代文化センター調査研究報告書2島根半島の祭礼と祭祀組織』の中で、千酌の伽藍さん、笠浦の伽藍さんの報告をした。[4] 鳥取県では弓浜半島の竹内町のオコニャが有名で、幾つかの報告がみられる。[5] また、松江市では秋鹿大日堂の御頭行事（おもっつあん）を一九六三年に無形文化財に指定した。

これらの報告によって、民俗学会では出雲地方はオコナイが多い地域の一つとして注目されてきたが、上記以外にもオコナイと判断できる行事は数多く分布する。だが、その多くが調査報告もされぬまま廃れたか、あるいは簡略化された。本稿ではオコナイと判断できる行事を地図に記入し、本誌論考編の拙稿と関連する星上寺（別所）、および島根県松江市薦津町阿弥陀堂と同市古志町野間観音の行事について事例報告する。なお、他の地域の事例報告については、本誌の紙幅の都合により別の機会に回したい。

図　出雲地方のオコナイ系行事の分布
①星上寺　②薦津町　③古志町

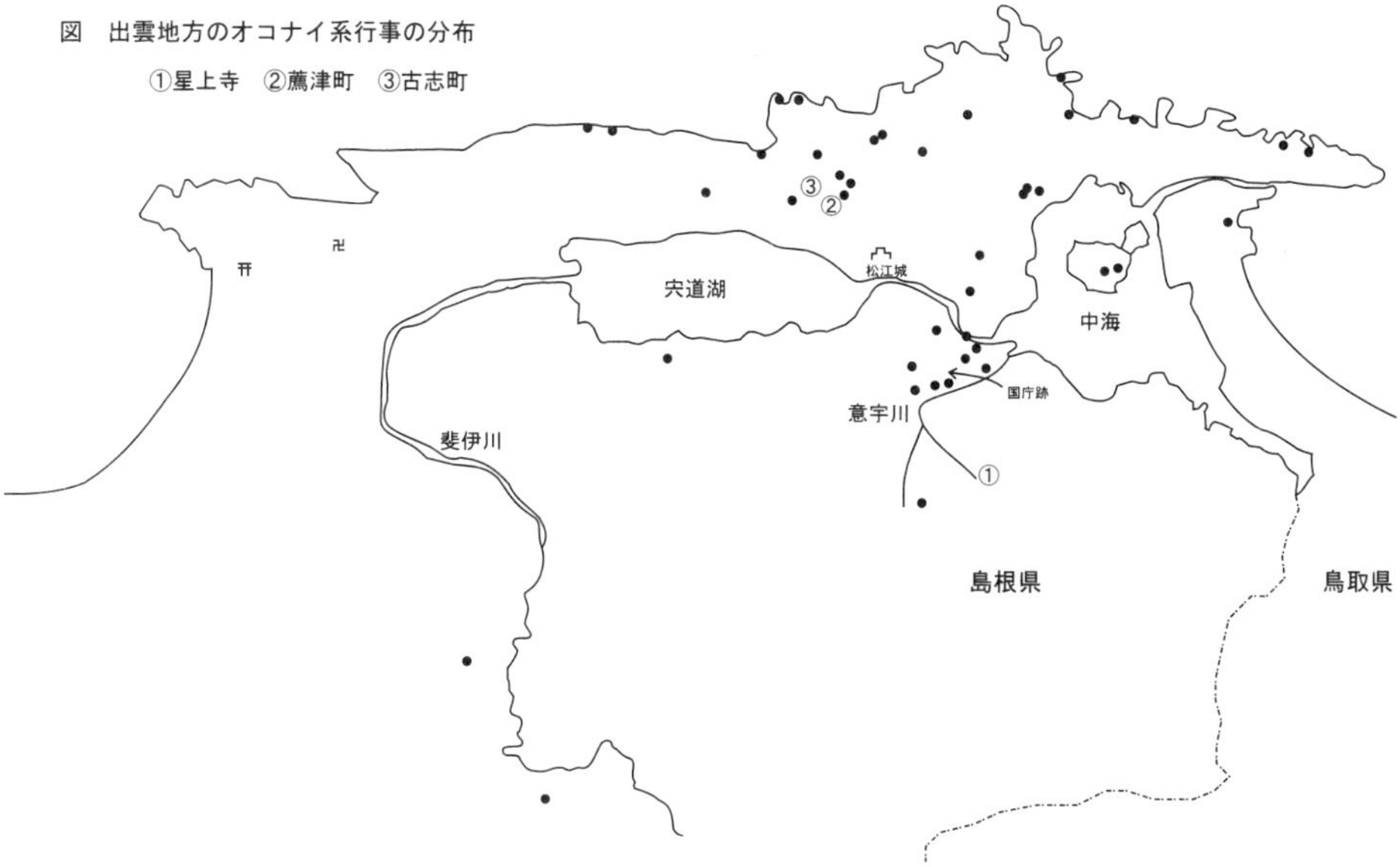

1　山陰地方のオコナイの分布

オコナイは、寺院の修正会・修二会が民間的変容をしながら地域に根付いた行事で、年頭から春にかけて五穀豊穣・大漁満足・村内安全・無病息災等を祈って行われる。全国的に滋賀県のオコナイが有名である。『松江市史別篇2民俗』（二〇一五年）の編纂のために同市の民俗調査を実施した際に、既に民俗報告された地域以外にも多くの地域でオコナイと思われる行事が行われていたことが分かった。それらの行事はオトウ（御頭・御禱・御塔・御当）さん、大餅さん（オモッツアン）、伽藍さんなどと呼ばれる。

ところで、オコナイは各地で多様な変化をしながら根付いているため、オコナイか否かの判断基準となる定義はまだ明確にされていない。『日本民俗大辞典』（吉川弘文館、一九九九年）に「村内の豊作・大漁・安全を祈願して一～三月に行われる行事で、籤で決められた頭屋・頭人を中心に、巨大な鏡餅・掛餅・造花による荘厳、乱声、牛王法印の授与などが特徴的に見られる」と説明されている程度である。

山陰地方では簡略化が進んでおり、右の要素を満たすのは一九六三年に市の文化財に指定された秋鹿大日堂の御頭《おとう》行事（通称オモッツアン）ぐらいである。要素を満たした行事だけを見ても、民俗文化の広がりを知ることはできない。そこで、オモッツアン、伽藍さん、オトウさん、オコナイ、修正会と呼ばれる、一年の安全と豊穣を祈る行事の中で、次の要素―①青々とした木や御幣で餅を飾り綱や縄で絡めるなど、特別な餅を奉納する　②神名帳読み上げ等の神仏習合的要素をもつ　③願文において藤原など特定の姓を名乗る　④乱声を行う　⑤牛王串を供える　⑥座やトウヤの組織で仏に奉仕する―の複数を有するものはオコナイと判断して、地図上に印をつけた（図）。紙幅の都合上、地域名と行事概要は省かざるを得ないが、松江市域のオコナイについては『松江市史別篇民俗』（二〇一五）に地域名と概要の一覧を掲載してあるので、参照していただきたい。松江市域では、意宇川水系流域と島根半島に多く分布する。他市町については詳細な調査を実施していないため、島根県出雲市坂浦町、同伊野浦、島根県雲南市三刀屋町多久和、同吉田町上山、鳥取県境港市竹内町を記入しただけであるが、他にも分布している可能性がある。

2　事例報告

①　松江市八雲町星上寺の大餅神事（別所の場合）

本誌論考編の拙稿「星上寺大餅行事―山陰地方におけるオコナイの一考察―」では東本郷を中心に取り上げたので、同じく星上寺に餅を奉納する八雲町別所の事例報告をここに掲載する。

別所では、大餅を奉納する行事を「大餅神事」、「おもっつあん」と呼ぶ。一九六二年（昭和三十七）に別所の故安部俊氏が書いた「星上大餅神事に就て」には、当時の人々の信仰心が見事に表現されているので、まずはそれを紹介したい。

（前略）先づ一年前、既に塔家が定まりますと、その家の主人は悲愴とも言ふべき決意を以てこの役をお受けいたします。といふのは、塔家を受けると、それより三百六十五日の間、只々神信心を以て明け暮れると言った具合で、一年間獣肉類、鳥肉類は一切口に致しません。喪家があっても一歩も是に足を踏み入れません。況して喪にある人と食事をともにしたりなどは以ての外にて、月三日（一日・十七日・二十八日）は特に身を浄めて星上山に参詣するは勿論、ひたすら潔斎をはかって朝夕信心いたします。こういふ具合でありますので、塔家を受けた晩は親戚並に近隣の喜び客を受けて、大いに酒もりをして前祝いをし、この夜だけは肉類でもうんと振舞ったりするといふことになります。

斯うして一ヶ年無事にたちまして、翌年一月十四日になりますと、愈々大餅神事用の米かしになります。この時、星上寺奥の院である那富乃夜神社に捧げる供へ餅や其他神事用の総ての餅もみな一緒になりますので、その餅米の量も多くなってまいりますが、これは男手を以て従事し、笹ごうりと言って清水で身を浄めて行い、女子は一切手をつけません。そして縁起の若松唄を唄って賑やかに米を研ぐのであります。

翌くる十五日は米蒸しにかかるわけですが、実はこの日が一番大切で、主人は予め一ヶ年前より蒸し方として特に選定して置いた若者（近隣縁者で両親のある者）を伴って未明海へ出掛けて行きます。海へ出ると、寒風いかに肌をつんざく烈風でも、勇躍着物を脱ぎすてて全裸となり海中にて全身を浄め、若松唄を唄いながら潮を汲み、藻を採って上って来ます。そして、たとへどの様な用事があろうと一切他家には立寄ることなく一路星上山に参詣して、採って来た藻潮を以て神仏に祓いをし祈禱を捧げ、塔家へ帰って来ます。その頃はもう部落内から来て、皆で家のまわり全部長い七五三縄を以て張り囲らし、清浄にきよめて待っておりますが、この家を隅々まで藻潮にて浄め、しつらへた神前に進み祈禱した上、愈々火切りといふ行事になります。

大餅神事に使います火は最も清浄を旨といたしますので、マッチも火打石も一切使はず、これは檜の板にコメゴメの木（火切り臼・火切り杵）を揉み込んで火を出します。何が故にかく一ヶ年間、清浄潔白に身を謹んで、ひたすら信心したかといふと、ふしだらがあったりしてはこの時神のお示しに依り火が却て出て来ないと言ふ信念からで、海から浄めをして帰って来た主人と若者は七五三《しめ》襷《たすき》を掛け、気合を以て揉み立てます。早い時は三、四分で火が出ますが、見聞に依りますと、出ない時は三、四時間ぶっ通しに揉んでも却て火が出ないことがあると言います。そう言ふ時は、祈禱者が塔家へ来て一生懸命祈禱するやら、屈強の若者は裸になって一生懸命揉み立てるやらで、ずいぶん混雑して来る様です。兎も角こうして火が移って来ますと、その火を附け木に渡し、初めてかまどへ焚きつけて米蒸しに掛ります。そして、蒸し方も搗き方も、女子は一切手伝はず、全部男手を以て勤めます。

塔家はこの日の為、予め蒸籠・餅板・桶・鉾などに至るまで、殆ど新しく作って置くわけですが、斯うして餅米が最初から次々と蒸せて来ますと、両親のある若者ばかり六人、組となり身を浄めて搗き方を始めます。搗く杵はさしと言って、真ん中を細く削って作った棒で、これを一本宛持ち口に榊の葉をくわへて、三人宛交互にやっさやっさと掛ヶ声勇ましく搗き立てます。この時縁起の若松唄をみんなで唄ってはやし立てますが、老若男女相和して歌ふ唄声は、冬の夜をどよもして遠くまで異様な響きを以て伝って行きます。（中

略）

翌十六日は飾り方、朝から部落中塔家へ集り、藁を叩いてのり綱、かがり綱と言って、太い綱などいろいろ綱を打ち上げ、そして一日中かかって挟み木、挟み竹を以て榊、御幣等飾りつけ、大餅を作り上げますが、一切このやり方は大餅は無論のこと、奥の院の供へ餅等、全部伝統に依りそれぞれ特殊なやり方を保存し、これを以て造り上げて行くのであります。

十七日は愈々大餅神事、未明に道中足に身を固めた若者が塔家の門《かど》へ勢ぞろいし、御神酒を頂戴して真っ赤になり、大餅神事の行列を繰り出しますが、この時特に塔家の主人は、一ヶ年間神に仕へた誇りと、この大役を無事行列へまでもって行かれた喜びに感無量を胸に湛え、白紙を以て清浄に飾った榊御幣を右手にかざして行列の先頭に立ちます。老若男女行列に続き、行列の中から若松唄が出て、全員之に和し、星上山道蜿延二十町、長蛇の如く雪の中を登って行きます。

斯くて六面全部揃ふを俟って、本堂に飾りつけ、祭りの読経が始まりますが、法に在る者も、俗に居る者も、一切法要とも供養とも言いません。昔から全員斉しくお祭りと言って居ります。

（安部俊「星上大餅神事に就いて」）


以上の大餅行事（神事）は、少しずつ改正されながら今日に伝えられているので、以下にその変化について報告する。

西奥→藤原→別上→別中→別下→西奥・・・という順に大餅奉納を勤めていたが、二〇一二年（平成二十四）から藤原は人数不足のため外れ、四組（四自治会）となった。以前は当番となる組内の籤でトウヤ（塔家）を決めており、トウヤに当たった家を除いて籤を引いたので、どの家もトウヤを務める仕組だった。トウヤは、一年間二つ足四つ足は食べてはいけない、食事を家族と別の場所でとる（別火）、葬儀に顔を出してはいけないなどと厳しい精進潔斎が求められ、大勢が手伝いに集まるヤドを務めるので、酒肴の世話も大変な負担になっていた。このため、トウヤ制を廃止して組全体で受けることになり、ヤドは集会所に移り、祭主は自治会長、または大餅神事実行委員長などが務めるかたちに改正された。その時期は組によって多少異なり、別上は一九七二年（昭和四十七）からである。

死人のあった家の忌の期間は短縮された。以前は一年間、準備や慰労会に参加できず、大餅の各戸回りも遠慮していたが、現在は人数不足のため四十九日が過ぎれば参加できることとした。女性については、昭和五十年代半ば頃まで注連縄が張り巡らされた中に入ることも餅を触ることも禁じられた。一方で、女性は酒宴の裏方をしなければならないという割が合わない役を押し付けられたが、その裏方の仕事も生理の時にはしてはならないとされていた。その後、次第に禁忌が緩くなり、二〇〇九年（平成二十一）から女子も餅搗きができるようになった。女子が大餅を担ぐことはまだないが、天神餅を背負う男児がいなければ女児が背負っている。

祭礼日は十七日であったが、近年「成人の日」に変更された。安部氏の記述には降塔の時の記載が欠けている。降塔の組は前もって祭主が潮垢離をとり、集会所の庭に海砂を敷いて観音の座の柵を設ける。星上寺での行事が終ると、降塔の組が東山分と西山分の大餅と天神餅とを集会所まで降ろす。東山分の神木、東山分の大餅と天神餅の飾りに用いた榊・御幣・綱・縄・竹でもって「観音の御座」を作り、「観音の御座」に線香を立てて拝む（写真1）。西山分の大餅と天神餅の飾りや綱は保管しておき、次回に作る時の参考にする。昼の慰労会の後、餅をはやす。「はやす」とは、切ることである。東山分と西山分の大餅と天神餅を五等分（藤原が抜けてからは四等分）にして、各組に配る。各組では組内の戸数分ほど切り分けて配る。

トウヤの時代には月三回、星上山に登って仁王門・寺・神社を参拝していたが、当番組制になってからは組内が手分けして月二回あるいは一回、二名ずつで参拝するようになった。

翌年、大餅をつくるにあたって、祭主と蒸し方二名が潮垢離をとり（写真2）、潮水と海藻（ホンダワラの代用のモバ）を採取し、体を清めた男性は家に戻ることが許されないという点は変わりがないが、星上寺に参ることはなく、昼食は外食して集会所が神主によって清められてから戻る。清められた集会所に出入りする時には、各人が海藻で潮水を振りかけて身体を清めてから入る。潮垢離をとって火鑽《ひきり》をして米を蒸す男子二名は両親健在で家を継ぐ若者が選ばれていたが、若者不足になってからは独身男性ならばよしとされるようになった。別上では二〇一七年に火鑽道具を写真のような改良型にした（写真3）。おこした火は蝋燭に移してトコに置き、大餅が出発するまで絶やしてはならない。ニワ（土間）に川砂を敷いて移動式竈を設置、火鑽の火を種火として糯米を蒸す。藁を敷いた上に臼を置き、伝統の通りに餅搗きする。手返しはせず、ヤイトモッサー、ヤイトモッサーのかけ声が次第に速くなる（写真4）。搗きあがると、杵に挟んで餅用の竹枠の中に置いて円形に延ばす（写真5）。餅は冷ましながら一晩置くが、火と餅の番として組内の半分が御籠りする。

翌晩、組中が集まって大餅と天神餅を飾り付ける。天神餅は、藁のコモに包んで児童が背負えるようにする。大餅は桟に挟んでから、綱で二本の青竹に絡ませて固定する。上には御幣と榊を立てる。組の残りの半分が御籠りをして餅と火の番をする。

当日、早朝に集合、御神酒を戴いてから大餅をいなって（担いで）、別所の各家を川上から回り、酒肴の接待を受ける（写真6）。各家は接待の他に清酒一本ずつを提供するので、二十本近くの清酒が集められる。八時半頃、ほほえみ会館に一同が集まり、まずは別所の祭主（かつてはトウヤ）がもつ神木（榊）を先頭に、別所、東本郷が登山する（写真7）。かつては、仁王門のところで焚火をしながら六地区が揃うのを待っていた。途中に稚児塚があり、独身男性がこっそりと稚児餅（小餅三個）を供えると縁結びが叶うとされ、別所は稚児餅を供える。

安部氏の文章には天神餅の那富乃夜神社奉納と、大餅の練り合いが抜けている。天神餅は神木に導かれて神社まで上がって奉納し、神木は寺の境内に戻る。境内での大餅の練り合いは、以前は威勢よく激しくぶつかり合っていたが、今日では大人しい。若松の歌が始まると練り合いを止めて、まず別所の神木が本堂に上がり、別所、東本郷の順に駆け上がる。大餅は奉掛せずに本尊の前に置く。

高度経済成長期に廃止した桑並に代わって西山分の餅も作っていたが、二〇一六年から西山分の餅を廃止、東山分の餅のみとすることに改正、四升の大餅二枚、一升の天神餅二枚を、五升の大餅一枚、一升の天神餅一枚と改めた。

以上のように時代とともに改正が行われているが、同行事が単なる仏教行事ではなく、神事として認識されているように、身を浄めて神仏を祀るという神仏混淆時代の意識が今日まで受け継がれている。

写真１　観音の座　2012年

写真２　潮垢離（別上自治会提供2017年）

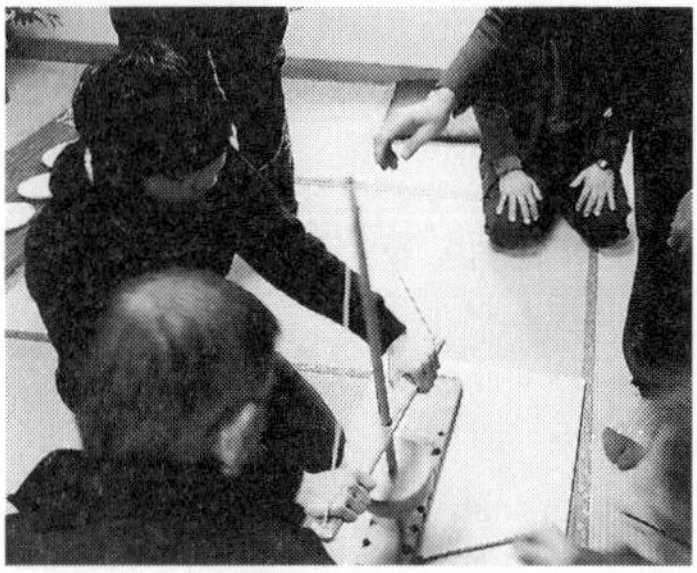

写真３　火鑽（別上自治会提供2017年）

写真4　餅搗き
（別上自治会提供2017年）

写真5　餅を杵で餅枠に運ぶ
（別上自治会提供2017年）

写真6　家々を練り歩く
（別上自治会提供2017年）

写真7　星上山を登る　2016年

②　松江市薦津町阿弥陀堂のオトウ（御禱）

周辺地域よりも遅くまで厳しい精進潔斎を続けてきたこと、現在も女人禁制であること、奉掛大餅を下すことが注目される行事である。

薦津の阿弥陀堂は、天若宮神社の隣地に建てられている。『雲陽誌』（一七一七年成立）遍照寺《へんじょうじ》の項に「薦津村阿弥陀堂、古志村沼の観音堂、皆当寺の抱えなり。正月十四日、十八日法会をなす。あまたの牛玉串を壇上に立、仁王経をよみて祈あり。土人かの牛玉串を手々に取て田の畦にさす時は稲の蟲を壊なり」とある。後述する願文では「宝光山西光寺阿弥陀尊御宝前修正会慶賀願文之事」と読み上げるが、西光寺は薦津にあったと伝えられる寺で、その末寺が修験道の遍照寺であったと『生馬の歴史』は語る。[6]西光寺は『雲陽誌』作成年頃にはすでに廃寺になっていたようだ。

現在の阿弥陀堂は吹きさらしのお堂で、床はなく、土間である。土間にビニールシート、その上に茣蓙をしいてオトウを行う。一九五八年（昭和三十三）に雲井泰倪氏が遍照寺住職に就任した時点で、すでに吹きさらしのお堂だったという。

大餅を奉納する地区は四か所で、薦津東の上組と下組、薦津西の上組と下組、下佐陀下（下佐陀は下と上に分かれている）の中組、下佐陀下の土井敷である。もともと農家だった家が講中に加入しており、新しい転入者は加入していない。薦津の場合は全体六十七戸のうち、東と西を合わせて講中は二十七〜二十八戸。下佐陀下の中組は二十五戸のうち十一戸、下佐陀下の土井敷は四十戸のうち二十一戸が講中となっている。

トウヤは家順にまわる。オトウのトウヤとして役目を果たすことを「開禱」、新たにトウヤを受けることを「給禱」と呼ぶ。トウヤを受けると、毎月一日に恵曇に行き潮水とモバ（ジンバの代用）を取ってきて阿弥陀堂に参り、モバを左右に振って潮水で清めてから拝む。かつては、一年間は二足（鶏・鳥）、四足（牛豚など）を食することが禁じられ、葬儀にも参加できなかった。現在でもオトウは女人禁制の行事で、女性は餅搗きに関与することも大餅を触ることもオトウに参加することも禁じられている。また二十年位前までは、四講中の開禱は宿から阿弥陀堂まで大餅を背負って裸足であがり、奉納すると足を洗って履物を履いたが、現在は新しい長靴を履いて行く。オトウで使用する風呂敷、包丁、まな板も新しい物でなければならない。

二〇一三年に見学した薦津西の準備、阿弥陀堂のオトウは以下の通りである。正月三日に今年の宿（トウヤの家）に、見習いとして来年のトウヤ、指導役として去年のトウヤが集まり、糯米の藁で綱打ちをして、背負い綱を作る。お堂の梁から吊るすので、かなり長い綱を作らなければならない。

一九五八年から勤行を務める雲井泰俔氏の話では、四組が競うように太いニカワを編んで、お堂に担ぎあげる時にその見事さを自慢し合っていたというが、現在はニカワを肩に当ててランドセルのように背負うことはなく、綱を片方の肩にのせて担ぐだけなので、それほど太い綱ではない。

糯米二升で平たい円形の餅一枚を作る。かつては、大餅以外に、ゴヘイ餅といって小餅（直径二〜三センチ位）を沢山作って、菰の中に入れてお堂に持って上がり、参拝者に配っていたが、今では参拝者も少なくなり、廃止された。

五日の朝、トウヤは恵曇に行き、潮水を汲みモバを採取しておく。午前中、宿で今年・前年・次年のトウヤが大餅の飾りつけをする。大餅をハナノキとウラジロで覆ってウツギの木ではさみ、糯米の藁で作った背負い綱をかける。

午後一時、トウヤが餅を背負い綱で背負って、阿弥陀堂に向かう。大餅を背負っている者は知り合いと出会っても言葉を交わすことなく黙ってお堂に上がる。福が逃げないようにという意味だろうと考えられている。以前は、年男が大餅を担いであがったが、現在では講中全体が参拝するという賑わいがなくなり、開禱のトウヤが担いであがる。オトウの参拝者も、四講中の去年・今年・来年のトウヤの他は数人に過ぎない。

阿弥陀堂の梁に綱をかけて大餅を吊るし、お酒とオゴク（重箱に詰めた白いご飯、味付けなし）を供える。大餅は、阿弥陀仏に向かって左側に薦津、右側に下佐陀の大餅を吊る。現在では藁仕事ができる人が少なくなり、新藁で綱を作ったのは薦津西だけで、下佐陀下の二つの組は市販の綱で吊り、薦津東はハンボに大餅を入れて供えている。

午後二時、遍照寺の住職が訪れる。式は、①阿弥陀如来供養法、②般若心経、③願文の順に進む。開禱（旧トウヤ）と給禱（新トウヤ）は梁から吊るされた大餅の前に向かい合って座る。以前は講中が揃って参拝しており、阿弥陀如来供養法は長いため（御経ではない）、途中から寒さに負けぬよう堂内で酒盛りが始まった。それでも、願文の読み上げが始まると座りなおして神妙になったという。現在は、かなり簡略して阿弥陀如来供養法を修する。願文はまず「当年　開《ひらき》禱《とう》之事」、次に「当年　給　禱《たまわりとう》之事」を読み上げる（〇〇は名前）。

「当年開禱之事」

宝光山西光寺阿弥陀尊御宝前修正会慶賀願文之事

一、藤原　〇〇　花米一袋《はなよねいったい》　敬白《うやまってもうす》
大餅《だいひょう》一枚、花餅《けひょう》三十三枚、牛王《ごおう》三十三本、花《はな》三十三把《わ》、敬白

一、勝部　〇〇　花米一袋　敬白
大餅一枚、花餅三十三枚、牛王三十三本、花三十三把、敬白

一、勝部　〇〇　花米一袋　敬白
大餅一枚、花餅三十三枚、牛王三十三本、花三十三把、敬白

一、藤原　〇〇　花米一袋　敬白
大餅一枚、花餅三十三枚、牛王三十三本、花三十三把、敬白

右抽丹誠意趣者、天下泰平国家安康五穀成就今日御禱信心之施主中家内安全息災延命諸難消滅悪魔退散諸願成就皆令満足如意祈所　敬白

平成□□年一月五日

続いて読み上げる「当年給禱之事」は、開禱の名前のところが、給禱の名前に変わるだけで、まったく同じ内容である。

願文中の「牛王」については、ウツギの牛王を祈禱してもらい、それを参拝者がもらって帰り、田畑に立てて虫除けとしていたもので、現在は廃止されている。「花」については、ハナノキを奉納して、お下がりを参拝者が持ち帰り田打ちの時に田に立てたが、これも廃止されている。「花米」「花餅」については、かなり以前から奉納が廃止された模様で、元住職も記憶にないという。また、花餅・牛王・花が三十三であることの理由も分からない。

四講中には福井姓と福田姓が多く、組に関係なく、福井姓

は藤原姓で、福田姓は勝部姓で読み上げる。福井・福田以外の姓もわずかにみられるが、その場合は自分の家は藤原の系統です、あるいは勝部の系統ですと申し出る。

願文読み上げになると風呂敷を被る。願文の後に開禱が綱を緩めて大餅を下ろし、それを受ける給禱は風呂敷をかぶって背に落としてもらう。かつては、綱を日本刀で切って餅を下ろした。先を争うように「こっちが早かった」、「そっちの綱は細いからだ」と言い合っていたという。日本刀は戦時中にも供出されず、祭事用として地元の家に残されていたが、戦後の占領時代に没収された。

四講の給禱は大餅の四分の一を切り、それを住職に差し上げる。餅切りが終わると、住職と開禱と給禱が盃を交して禱渡しを行う。給禱は、四分の三の大餅を持って振り返らずに自宅に帰り、切り分けて講中の各戸に配る。

写真　阿弥陀堂での願文読み上げ

③　松江市古志町の野間観音堂のオトウ（御頭）

古志町の中尾山長禅寺は「野間の観音堂」と呼ばれ、現在は同町曹洞宗瑞龍院が管轄するお堂である。野間の戸数は十七戸。野間観音のオトウに参加する資格を有するのは、野間に生まれた新生児から高齢者までの男性で、御頭で読み上げる願文から一年間に死去した男性の名を削除し、誕生した男子の名を書き入れる。ひとたび記入されると、たとえ遠方に移っても退会を申し出ない限り参加資格をもつ。したがって、一軒に祖父、父、兄弟と何人も講員になっている家もある一方で、他所から入ってきた男性は参加できない。

『雲陽誌』には「古志村沼の観音堂」とあり、薦津の阿弥陀堂とともに遍照寺（天台宗）の抱えとなっていた。正月十八日に法会をして稲の害虫を防ぐという牛王串を人々に渡すと記されている。

池尻家文書の中に、長禅寺再建について五人組利助が庄屋と年寄に出した口上書（寛政八年辰四月）があり、そこには「古志村瑞龍院抱野間奥長禅寺」と書かれている。このことから、『雲陽誌』が成立したとされる一七一七年から寛政八年（一七九六）までの間に管轄が遍照寺から瑞龍院に変わったことが分かる。この史料には、観音堂は敷地が一畝ばかり、山も少々附属していること、下下田三畝六歩の堂田があって、野間組十七人が二名ずつ一年交替で耕作していること、その収穫でもって毎年正月十八日の会式に四升餅を供え、瑞龍院の読経に対する布施と一飯、組中の一飯をまかなっていることが書かれている。

観音堂敷地御検地帳ニハ無御座候得共、敷地壱畝斗も有之、古来ゟ山も少々付居申候、扨又御田地も新下々田三畝六分堂田と元禄八亥三月御検地帳ニ御座候、右堂田野間組拾七人之もの弐人宛一ヶ年代りニ作方仕候、且毎年正月十八日会式仕来ニ付、其節観音へハ餅米四升餅ニシテ相備、瑞龍院読経執行被致、組中ゟ一飯差出、布施とシテ米弐升宛差出来、組中も一飯焼出し仕候、此入用堂田地利米丈ケヲ以相仕舞候ニ付、人別失費少も無御座候

この史料に記された野間組の人数十七名は現代のオトウ行事の構成戸と同じで、しかも一九八九年（昭和六十四）の大改正まで三名の宿が堂田を耕作して大餅や諸々の費用に充てていたことは、近世からの伝統であったことが分かる。

同史料は、堂の再建が旧堂より豪華になったことについて、殿《しま》り合いに反するのではないかとの疑念に対して弁明する口上書で、参詣者の散米・散銭も結構あって、堂守もいないので組中の老人子供らが莫蓙や踏物などを作りながら詰めていること、仏恩に対して散銭で堂を再建したものであることを説明する。当時から評判が高かった様子である。

このお堂は野間から牛切、成相寺に至る道の途中にあり、新道路の開通により今でこそ往来の人の姿はほとんど見られないが、真言宗成相寺の参詣者が立ち寄るには便利なところであった。かつては現在地より百メートルほど西谷に入った所にあり、水害の時に流されて現在地に再建されたとの言い伝えがあるが、その時期がこの史料の時代より前か後かは分からない[8]。

現在の観音堂は、一九〇八年（明治四十一年）の火災後に再建されたもので、「中尾山長禅寺」と額が掲げられ、本尊の十一面観音菩薩像は焼失を免れて今も祀られる。お堂の中に個性的な鯰《なまず》の絵と願い事を書いた紙がたくさん貼ってある。鯰絵を貼るのは、このお堂が皮膚病治癒に効験あらたかとの評判が高かった時代の名残であろう。慢性皮膚病の尋常性白斑は白ナマズと呼ばれていたので、祈願をして願いが叶うと鯰の絵馬を奉納するという習俗があった。現在では、鯰絵に記された祈願内容は子宝が最も多く、そのほか夜尿症、大漁、受験、健康、皮膚病など様々な願い事が書かれている。満願の時ではなく、祈願する時に鯰絵を貼っているようだ。鯰絵を見るかぎり、祈願者は鹿島町、本庄、大庭

など松江市周辺域が主だが、中には広島、大阪などもある。広島や大阪は、周辺地の出身者が帰郷した時に祈願したのかもしれない。地元の人は、「遠方からお参りの人がみられるが、かえって野間の人の祈願は少ない」と語る。

オトウ行事は一九八九年に大改正を行った。昭和五十年代の行事内容を野間講中が記録した「御頭覚え書」があり、その内容と聞き取りに基づき以下に報告する。

【イリダマリ・レイビラキ・ザナミ】イリダマリ（入溜り）といって、生まれた順に毎年一名ずつが講中に新規加入した。同年齢の男子が複数いる場合には籤引きで加入順を決めたので順番は前後したが、全員が入った。だいたい十歳～十三歳の男子が「入溜り」になったが、子供の人数が少なくなってきたため、一九八五年頃には誕生したらすぐにイリダマリとなる状態になった。イリダマリは「相宿」とも呼ばれ、本宿とともに行事の準備をする。

イリダマリから、十～十三年位経つとレイビラキ（礼開き）になる。レイビラキは、「本宿」ともいい、当日に全講員が集まる宿を務める。この行事の中心的な役である。レイビラキを無事に務め終えた者が毎年一人ずつ順番でザナミ（座普）になる。レイビラキを務めてから十～十三年後にあたるようになっていた。ザナミも「相宿」と呼ばれる。

つまり、野間の男性は、十～十三歳ごろにイリダマリ（相《あい》宿《やど》）を務め、十～十三年位経ってからレイビラキ（本宿）を務め、さらに十～十三年位経ってからザナミ（相宿）を務める仕組になっており、三回の宿を務め終えた者が座敷でお客待遇の扱いを受けた。

この三人の宿は、一年間観音堂の管理運営にあたり、観音堂近くの観音田を耕作してその収穫米をオトウの飯米に充て、米の売却益をオトウと盆の放生会、その他の堂の諸費用に充てた。三人の宿は精進潔斎に努め、古くには、二足、四足を食べることは禁じられていたという。また、オトウの前座敷には白カブの粕汁がつきものなので、本宿は白カブの苗を畑に植えた。

【一月十七日】オトウの前日、三人の宿は本宿で準備をする。飯米は米一斗四升位を精米する。一人二合宛二十人分・住職分・お礼分の米である。白大豆を水に浸し、ウツギの木、餅を挟む栗の木を用意した。餅搗きをして、大小の平たい円形餅を三組（一組は米二升で直径約六十センチ、直径約二十センチの大小の餅）小餅二個、住職用の雑煮餅を作る。このほか、料理の下準備をする。

【一月十八日】オトウの当日は本宿で前座敷を行ってから、観音堂に移動する。

まず、相宿が本宿に集まる。飯米はかなりの量なので炊くのが大変である。膳の準備や料理の盛り付けは、以前はイリダマリを終えてからレイビラキになるまでの若者たちが「臼庭連中」と呼ばれて手伝っていたが、人数不足の時代になってからは一般の講員も手伝うようになった。膳は各自が出すのが決まりで、手伝いの者が家々から集まる。膳には家のカドナが書かれており、忌中の家は不参加となる。

餅を飾って担ぐようにすることを「餅がらみ」という。栗の割り木二本を三角に交叉ざせて置き、大餅と小餅とハナノキをのせて、ニカワを取り付ける。餅の上から三角に交叉させた栗の割り木を置いて、上と下の栗の割り木を小縄で上一か所、下二か所を結び付けて餅を挟む。上の結び縄は肩に担ぐように長めにする。イリダマリ、レイビラキ、ザナミが担ぐ餅の大きさは等しい（写真1）。

牛王串は長さ三十センチ位と十五センチ位のウツギに、水で溶いた赤土で「牛王」と判を押した紙と墨で「牛王」と書いた紙をそれぞれに挟み、長短二本を束ねたものを三組作る。これは観音・伽藍・寺に供える分である（写真2）。

座敷の用意は、レイビラキを務めてからザナミを務めるまでの者たちが行うことになっていたが、人手不足によりザナミを務め終えた者も手伝うようになった。午前十時頃、宿が寺迎えをする。十一時頃に住職が到着、「御頭人別」に新たに生まれた男子の氏名を書き入れ、亡くなった者を削除する。御頭人別は左座と右座に分かれ、左座は藤井姓、右座は吉岡姓と福田姓であるが、左右の座の人数が不均衡になったため藤井姓であっても右座に書き入れている。

ザナミの未経験者が準備を手伝っていた時代には、この頃にお客待遇の講員たちが本宿を訪れ、「今日はオトウさんで、どうもおめでとうございます」と挨拶して着席した。オモテ座敷の上座に住職・左座の長老・右座の長老が座り、左座と右座に分かれて、年齢順（イリダマリ順）に座った。左座が藤井姓、右座が吉岡姓と福田姓だった。レイビラキを務め終えた者が上座敷に座る権利を有し、レイビラキ前の者は上座敷より下の座敷に座ることになる。彼らを「臼庭連中」と呼んだのは、講員数が多い時代には臼庭（土間）に座ったことによる。

初めに住職だけに膳を出すが、その膳には餅の雑煮（中折の上に生餅二個を載せて蓋付椀を添えて出す）を載せる。講員は、細切こんにゃくを載せた大根葉の胡麻味噌からし和え、ヤッコ（湯豆腐に炒胡麻を振りかける）、煮物の皿盛を肴として酒を酌み交わす。酒は一九八五年頃には九本と決まっていた。宴たけなわの頃、新しくイリダマリとなる者が挨拶し、住職と講員に酒を注ぐ。

午後一時過ぎに、臼庭連中の長（次年のレイビラキ）が御膳を出すことを知らせる。その際には、願文を開いて左座、右座の氏名を読み上げて、その順番通りに着座しているかを確かめた。欠席者の座はたとえ危篤状態にあっても空けて置く。臼庭に置いた膳棚から臼庭連中が次々と膳を運ぶが、膳には椀に大盛にした二合飯、白蕪の粕汁、水に浸して柔らかくした白大豆が載せてある（写真3）。住職と左右座の長老にだけは、宿が平皿（花麩・長芋・牛蒡）を膳に載せる（写真4）。宴会中の酒の管理、粕汁のお替りなどは臼庭連中が務め、頃合いを見計らって臼庭連中の長が膳を下げることを知らせる。

膳が下げられると、本宿と相宿の三人は餅を一組ずつ背負って、観音堂へ向かう（写真5）。一同も観音堂に移り、観音に餅、牛王、煮物（重箱）を供える。

住職は般若心経、大般若転読、十一面観音心語、回向文を唱えて、願文を読み上げる。願文には左座と右座の氏名が年齢順に書かれているが、特定の姓を名乗ることはなく、また供え物も一切書かれていない。読経が始まると、三人の宿は伽藍さんと呼ばれる所に行き、灯明をあげて御飯・煮物・酒・牛王・小餅（餅がらみの一組のうちの小さな餅一つ）を供える（写真6）。願文を読み上げ始めると、若い人がお堂の後ろにまわって棒でお堂を叩く（写真7）。かつては酒の勢いもあって観音像が動くくらい激しく叩いた。

観音堂での行事を終えると本宿に帰り、餅を切り分ける。各講員と住職は、三役の餅を一切れずつ、合わせて三個受け取る。餅の分配の後にトウ渡しを行う。新しい宿が上座、旧宿が下座に座り、旧宿のレイビラキ、ザナミ、イリダマリ（保護者）の順に三重ねの盃を飲み干した後、新宿が同じく盃を受け、新宿の三人の盃事が終ると、最後に旧本宿に盃がまわされて酒を戴く。その間、講中も酒を飲み、観世流の謡曲やめでたい唄を歌って祝った。トウ渡しの時の酒は一本と決められていた。

【宿送り】オトウの翌日以降、旧宿が集まって観音堂の賽銭を集計し、オトウと八月の放生会の収支を計算する。新本宿に諸道具を送り、会計報告をするが、これを「宿送り」といった。その後、旧宿は「精進解き」と称して魚肉などの料理で慰労した。

【改正後】一九八九年の大改正によってイリダマリ・レイビラキ・ザナミの制度は廃止された。観音田を耕作する人もいなくなり、観音堂の前の田は荒れるに任せた状態となった。餅は肩に担ぐことを止めてオスワリ（重ね餅）になり、牛王も作らなくなった。前座敷も廃止され、女人禁制も改められた。

御頭は一月十八日と決まっていたが、それに近い日曜日に変更された。現在は野間十七戸のうち、絶家、後継ぎが遠くに住む、宗教が異なるなどの理由で不参加の家を除いた十三戸が参加する。黒住教・大本教の家は参加している。二〇一四年時点で講員は四十三名である。観音堂の本宿は十数年に一度の籤で家順を定め、毎年相宿一名を選び出して、本宿と相宿の二名で正月のオトウと八月の放生会の世話をしている。オトウは、瑞龍院住職を招いて十一時から堂で行事を行い、行事終了後に公民館で仕出し料理を戴く。ご飯の山盛りも姿を消し、酒の量も少なくなった。ただし、堂での願文読み上げと堂叩き（乱声）は今日でも続けられている。

写真２　牛王をつくる（1988年、藤井幸男氏提供）

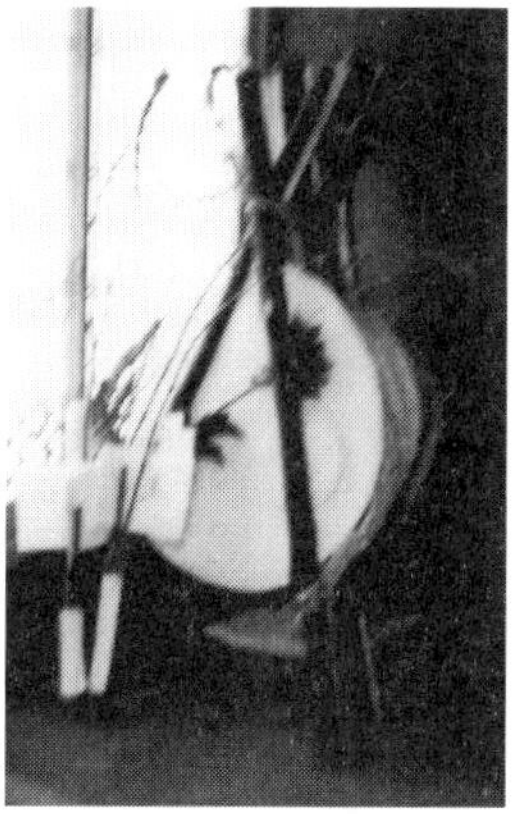

写真１　餅と牛王
（1988年、藤井幸男氏提供）

写真５　餅を担ぐ本宿と相宿
（1988年、藤井幸男氏提供）

写真３　膳棚に載せた各膳と山盛り飯
（1988年、藤井幸男氏提供）

写真６　伽藍さんに供える
（1988年、藤井幸男氏提供）

写真４　上座の住職と長老
（1988年、藤井幸男氏提供）

写真7　堂を棒で叩く（2014年）

謝辞

本稿の作成にあたりましては、磐坂神社の平林茂様、小松聡様、別所の皆様、遍照寺の雲井泰倪様、瑞龍院の藤谷泰成様、古志町の藤井幸男様・藤井廣志様・藤井芳延様・藤井良治様・藤井賢治様に大変お世話になりました。
また、小林准士先生には池尻文書について御教示を賜りました。心から御礼申し上げます。

【註】

(1) 宮本常一『出雲八束郡片句浦民俗聞書』(アンチックミューゼアム、一九四二年)
(2) 宮地治邦「島根半島に於ける神社祭祀の研究」(『國學院大學日本文化研究所紀要 vol. 5』(一九五九年)
(3) 石塚尊俊「美保関町雲津の頭屋行事」(『伝承』10号、一九六三年)、『正月の行事2島根県・岡山県』(文化財保護委員会編、民俗資料叢書6、平凡社、一九六七年)
(4) 島根県古代文化センター『島根県古代文化センター調査研究報告書2　島根半島の祭礼と祭祀組織』(一九九七年)
(5) 『竹内伝承記』(竹内伝承記編集委員会、余子公民館発行、一九八五年)・『鳥取県の祭り・行事』(鳥取県立博物館、二〇〇六年)等の中に、同行事に関する記述がみられる。
(6) 山根克彦著『生馬の歴史』(生馬公民館、二〇〇三年)、一二四頁。
(7) 池尻家文書「寛政八年辰四月　古志村野間奥長禅寺再建仕候ニ付御吟味被仰付五人組理助并野間組人別口上書」(島根県立図書館所蔵)。
(8) 地元の藤井廣志氏の地番調査によれば、観音堂の現在の地番は「字観音一八一四番地」であり、近くに権現(一二五番地)が祀られていたが、明治の神社合祀の際に権現は杢屋神社に合祀された。権現の周囲の山林(一八一六番地)は「伽藍さん」と呼ばれる所で、権現の跡地と山林(一二五番地と一八一六番地)はともに杢屋神社の財産に編入されている。現在でも、オトウの読経が始まると、すぐに伽藍さんと呼ばれる所に酒を供えに行く。

小豆ぞうにを訪ねて

田淵正一

一　母に

山陰民俗学会が記念誌の原稿を募集した時、私はなにか書いてみたいなと思った。松江への行き帰りの時々に小豆ぞうにのことを調べることとし、まず、母から始めた。

「お母さんがつくってきたのは小豆ぞうに[1]です」

「小豆をたくさん煮ちょいてそれを使います」

「さとうは白ざとうです」

「小豆は三十一日に煮ておきます。元日になるとなべに小豆を入れて餅を入れ、煮て、塩をちょっと入れておきます」

「モチ米は二畝ぐらい、自分のところで食べる分だけ作りました」

「モチ米は二日間かして[2]、二十八日に蒸してお餅につきました」


父が杵でつき、母は水をとった。かまどに火が燃え、私も、妹も弟も父と母のそばにいた。餅がつきあがると丸めて、できた小餅を奥の間にならべる。それもできあがると、それとも途中だったかもわからないけれど餅花を作った。稲ワラに餅をちぎってくっつけて作った。ジンバ[3]とか大根とかといっしょにとし神さまにお供えする。

「五日《ごかんち》はぞうにをつくって、ずっと小豆ぞうにです」


母が小さかった頃（八束郡大野村）、一人一人に食事のための膳があった。お正月になるとその膳の上に小さく切ったモロモキ[4]を重ね、その上に白の大根二切れがのせてあった。厚さ三ミリか五ミリ位の生の大根、膳かざりという。膳にはぞうに[5]とお正月の煮もの、汁、膳かざりがのっていた。膳かざりは五日まであったそうだ。私は初めてきいて、めずらしい風習だなと思った。

二　一日目

調査一日目[6]は、下佐陀から佐太神社にかけて歩いてみた。ハウスがあって、どこかでラジオの音がする。菊のようだが見たことのないみどりの菊だ。私がのぞいていると、

「何か」

と声がかかった。さっそくだがたずねてみることにする。

「鹿島町のおぞうにはぜんざいですね[7]」

「おじいちゃんはぜんざいです」

「しゅうとめさん（木次町）のところはどうも岩海苔のぞうにみたいですね」

「私は福岡だけど、ブリとか入っているし、ハクサイとかニンジンとか、シイタケだったり…。なのでこの三こをお正月につくりますよ」

「丸いお餅で、おばあちゃんがついたやつです」

「小豆が入ってて、ほんとぜんざいですよ」

ここに土地をかりて寒菊を栽培しておられるようだ。にこやかに話してくださる。ノートをとっていると秋あかねがきてそばにとまった。

　いい話がきけたなと歩いていると、次の人に出会った。畑の草とりをして、タマネギを五百本植える準備をなさっている。

「小豆を煮ちょいて餅の中に入れるわね」

「ここは小豆ぞうにですよ」

「まあ三日まで。昔から、私ら子どものころからよばれちょーだけん、親がすーことをしてるだけだけんね」

「丸いお餅。できしなにまるめればいいだけん」

終戦の時が小学校一年生、戦争の頃はモチ米とただ米[8]をまぜてお餅をついたそうだ。今は減反でモチ米は作っていない。飼料米を作っているので牛の飼料になるようだ。明るくて、めんどうみがよくて、話し好きの人だ。そして、小さい時からここでくらしてこられた人だ[9]。

　佐太神社の鳥居の近くに「佐陀乃だんだん家」というお店がある。ここでは「神在餅」の名をかりてオリジナルのぜんざいをつくっている。二種類あるうちの、すましぜんざいを食べてみた。甘さはひかえ目で上品な味だ。小鯛と昆布でだしをとり、そのすまし汁の中に小さなお餅が入っている。小餅の中にはあんこが入っている。その上に一センチ角ほどの岩海苔がのっていた。お守りの小豆と塩昆布がついている。

　お店ではケンポ梨も売っている。「佐太神社の神在祭に来られた神様がお土産にお持ちになる漢方薬。のど、セキに効果有。梨の味がします」と名札にある。どこかに木があるようで見てみたいと思った。

三　山の里

　前の日の夕方神戸を発って、その日は米子に泊った。ＪＲと一畑電鉄を乗りついで秋鹿に着いたのは朝の十時頃、秋鹿の駅は宍道湖のほとりにあった。小春日和をうけて湖面がキラキラとしている。絶好の調査日和だ[10]。駅で電車を待っている人が二人ある。

「小豆です」

「お正月のお餅を小豆の中に入れてね、小豆は煮ておいて、お正月にそれを…」

「ゴボウがとれます。秋鹿ゴボウといってかおりが高いです」

と話してくださる。

岡本町を目ざす。宍道湖に近い方を下岡、山の方を上岡という。九州を歩いた時白タンポポがあったが、ここにも咲いている。少しいくと、子どもを二人つれた若いお母さんに出会う。

「雲南の海潮ではおしょうゆのだしをつくって、お餅は別にゆでて、これにおだしをかけてかもじ海苔を入れます」

と。

上岡の方に登っていく。多太神社をすぎたあたりから道がだんだんと急になっていく。山が深くなり、黄葉が美しい。かなり登ったところに集落があった。山の畑があって、高いハデが作ってある。支柱と添木は木だが、十四段は竹、一番下と途中で横の竹を二本にして巾がとってある。そこに大豆が干されてある。作業小屋の前には小豆が干してあり、そこここに薪（割木）もきちんと積まれている。山裾のおうちを訪ねると娘さんがでてこられた。

「ここは小豆ぞうにです」

「自給自足ですので…」

「小豆は小豆で煮て、お水にお餅と小豆を入れて煮ます」

「食べる時におさとうを入れて」

「モチ米も作って、お餅もつくって」

話される自給自足という言葉が心にのこった。山の畑もよく耕されているし、人間本来のくらしをなさっているのだ。つつましやかだがていねいなくらしがあると思った。水音がして、千両が実をつけている。[11]

又、登っていく。ふり返ると山なみの向こうに宍道湖が見える。上からおりてくる人があるのできいてみた。

「昔はうちも臼でついとったんですが…」

「小豆を煮てちょっとした塩味をつけるんです」

おもっつぁん[12]の事も話してくださる。奉納した大餅は村をねり歩いた後に大ナタで切って各家にくばる。汁に入れたりして食べ、無病息災を祈るという。[13]

向こうに見える集落への道を教えていただき歩いていく。山の畑には柿がたくさんある。上岡の東谷、清水という所、玄関に小豆が干してある家を訪ねる。

「ここでは小豆で、暮れまでに煮ておきましてね、それとお餅で」

「年よりは小豆ぞうにをします」

「私は甘いものがすきなので小豆を入れてつくりますが、若いものは一ぺんは食べますけど、そのあとは味噌とかしょうゆの方がいいと…」

「味噌のぞうにには野菜をつかい、しょうゆのぞうにには海苔を入れます」

「お餅はかたいですけんね、途中から小豆を入れて、さとうは食べる時好みでいれます」

「神様にあげないけません」

今はつかないけれど以前は暮れの三十日に、平餅をたくさんついたのだそうだ。古曽志[14]から嫁いでこられたが、戦時中の小さい頃にはさとうがなかったので味噌としょうゆのぞうにをつくることが多かった。

「冬はわらであんで俵を作ったりしてましたよ」

「みんなたばこ畑だったもんですよ。うちだけのこって」

「ここらへんはいいごぼうができますけんね。あれは掘るのが大変で」

御主人が杜氏に出られた冬仕事に、棚田の田を畑にし、たばこを植えたこともある。急な畑をたくさん登ったりおりたりしたので、今はひざが痛くてといわれる。お嫁にこられた頃だろうか、登る時はけん命に登るのだけれど、降りる時、

「あっ」

と声を出したらおじいさんが、

「横むいておりるだが」

といってくださったそうだ。それほど山の畑が急勾配ということなのだろう。バス停に清水と書いてあるけれど、

「ここにきていい水がたくさんあって、たがで荷なって帰るのが苦になりませんでした」

と…、お茶をごちそうになりながら、山里のこし方や今[15]をきかしていただいた。[16]

この日十一人の人にお会いしたが八人は小豆ぞうにだった。でも、この土地に住んでいてそうでない人もある。[17]

四　十六島

小豆ぞうにを訪ねていると、話の中に海苔のぞうにとか、かもじ海苔という言葉をきく。私の心には十六島という地名がうかんだ。

平田の朝は、七時をすぎてようやく明るくなってきた。[18] 八時三十八分の生活バスに乗る。今日は祝日なので一日三便、次のバスは十四時五十八分となる。大切なバスが峠を越えてゆく。乗ったのは一人だけ、ノンストップで十六島に着いた。海端に停留所があって、バスはそこからUターンしていった。

畑から降りてこられる人がいる。

「私のうちではいりこだしでおすいもの。海苔を、ゆでたお餅の上にのせます」

「海苔に少しお酒を入れてやわらかくしておいて、それを…」[19]

背おいかごには水仙がある。

海苔には個人持ちの島と共同島があって、土地の人は、島を持っている人を島持ちさんと呼んでいるようだ。海岸を歩いてみると、岩と岩の間をコンクリートで台上にしてあり、それが島らしい。海岸の立札には「告」とあって「個人所有の海苔島に付左記の期間の立入を禁ず　記　時十一月一日　至翌年三月三十一日　ＪＦしまね平田支所　十六島海苔生産組合」と書かれている。

漁村の路次はせまいが、すの子を立てかけ採れた海苔が張りつけてある。その路次を登っていくと一人の人に出会った。

「小豆ぞうにだよ、ずーっと…」

海苔島のない人には共同島があって、その口明けの日がある。

「なぎだけん八時から島だよって」

「昔は走ってヨーイどんって、走っていくのがせつくてね」

でも今はそこにいって待っていると笛がなるそうだ。個人持ちの島に手伝いにいく人を「島子《しまご》」という。

「私ら島子でした」

「十分の一とか十分の三とかもらって、それが日当」

「去年まで島子をしました」

「波がくると海苔がふわーっとなる。それを摘む」

「手で摘まなあかん」

「塩水はあったかいわね、波がくると、わぁぬくいはって」

「摘んだあと寒中だったらのびますもん」

今年、共同島はまだ口明けがしていない。

「もっと荒れんと海苔ができんわね」

口明けの日に一時間ほど採って、次の時も一時間ほど、三回目位から開放といって自由に採取できるようになるそうだ。

いっしょにあがった小さな山の畑で大根を抜かれた。畑には春用の宍道湖大根も植えてあった。[20]

一度村におり、坂をのぼっていくと声をかけてくださった人がいる。

「海苔を生産しちょーだけん、海苔でお餅（ぞうに）をつくって神さまに供えます」

す干しの準備もして待っているのだが、暖冬でできがよくないそうだ。海苔は、海が荒れて波がかからないといけない。

「海苔は波のせいでおせ[21]になっていく」

調査にいき誰かに出会うのは縁、

「あがってお茶でも飲んでいきなさい」

と言われるのでごちそうになった。お茶をいただき、神さまの海苔をおすそわけしていただいた。

「海苔島は昔からの財産」

南木さんの家にも島がある。何十年ぶりの不作と話しているところへ息子さんが帰ってこられた。竹かごから海苔がたくさん出てきたので、二人とも笑顔だ。はぎ海苔を採ってこられたのだ。巾があって、長さもある。はぎ海苔は、撚れているところをのばして、ついている貝がらや砂を取っていく。そして乾燥する。はぎ海苔採りは、くもりの時が一番いいそうだ。この日午後からは雨になったのだが、雨がおちるとはぎ海苔はできないということだ。息子さんが、

「子どもの時は小豆だったね」

と言っておられた。[22]

　雨になって困ったのだけれど、又一人出会う人[23]があった。

「冬の海の草ですから、香りもちがうし…」

「寒いほどいいですけんね」

北西風が吹くと海苔の胞子が着いて全面に育つそうだ。風土記では「紫菜」[24]と書くと教えてくださる。沖の方は個人の島、土地台帳にも載っている。本郷と多井《おおい》のうち島[25]を持たない人は、案内があると摘みにいく。例年だと十二月の中頃に口明けがあり、お正月に食べたり、つかいものにする。正月があけたあともう一回やって、それがおわればほぼ開放となる。入漁料（二千円）を払えば一家から二人、三人と出てもよい。救命胴衣をつけ、スパイク[26]をはくきまりになっている。竹かごには、海苔摘みの木の札をつけていく。七、八十人ほどの参加がある。七時頃から島にいき陣どるが、八時、区長さんがふる白い小旗が合図となる。摘んだ海苔は塩水で洗ってよしずにつけ、乾かして貝がらや石ころをとる。海苔の生えているところはどこでも島という。

「元旦はここの方、小豆なんですよ」

「二日目ぐらいから海苔でやられますね」

渡部さんのおうちでは、正月の料理に海苔の煮ものをつくるそうだ。岩海苔に里芋、豆ふ、ゴボウ、コンニャク、べべ貝の身などの入ったしょうゆ汁ということだ。いかにも海辺の料理らしいと思った。

　一九三九（昭和十四）年八月、瀬川清子は十六島に入り『十六島紀行』を記した。ぞうにover については、「年神様にお雑煮（生大根二、豆少し、お餅）[27]…。」とある。

五　佐太神社

　小泉八雲は、「杵築」の中で国引きの神話をひき、佐太神社にもふれている。

「太初の昔、出雲の神は国見して『八雲《やくも》立つ出雲の国は、狭《さ》布《の》の稚国《わかくに》なるかも。初国《はつくに》小さく作らせり。故《かれ》作り縫《ぬ》わな』と詔《の》り給い、遥か朝鮮の方まで見やり、国の余りを捜し出された。そして四つの島を太い綱で引き寄せて、これを出雲に加えられたのである。初めの島は八百丹《やおに》といい、今の杵築のある地方になり、二番目の島は狭田《さだ》の国、ここには佐太《さだ》神社が

あって、諸国の神々は一年に一度まず杵築に出むかれたのち、ふたたびここに参集される。[28]」とある。諸国から集まられた神さまが再び旅立たれるその日、佐太神社では神々に小豆ぞうにをさしあげる。

　二〇一五（平成二十七）年十二月二十五日、もうすぐ日の暮れる頃佐太神社を訪ねた。お会いできた宮司の朝山さんは、[29]私を社務所にあげて大きなストーブをつけてくださった。

「小豆をたいてですね、その中に餅を入れるんです」

「ここでは小豆をたいた中に…、餅をちょっと焼くんです。香りもいいですしね」

「それが神在餅《じんざいもち》です」

元々、旧暦の十月に行っていた神在祭（お忌みさん）は、明治五年の改暦により、新暦十一月に行うようになった。季節にあわせるためだ。

「ここらではお正月に小豆ぞうにですが、お正月には神社ではつくりません」

「私の家では神等去出《からさで》[30]の日の朝、おそなえしてあった餅[31]を切ってそれを焼いて、小豆の汁の中に入れ…、神さまにおそなえして、それと同じものを食べます」

　朝山さんは、終始ゆっくりしたおだやかな口調で話してくださった。それに、私のおじぎよりていねいなおじぎで送ってくださった。

　その日、佐太神社にいく前に何人かの方にたずねた。同じころ参拝にこられた人がある。

「うちなんかは小豆ぞうにです。平餅ですね」

「東出雲町（実家）は、三日間は小豆、あとはおすましです」

「お湯がわいたら花がつおのだしで、おしょうゆ入れて、お餅を入れて、シンプルです[32]」

　タマネギに肥やしをふっておられた人にもきいてみた。

「ここの辺は、小豆のぞうにを三日位食べます」

「小豆を煮ておきましてね、少し多い目に…」

帰ってきた息子さんが、

「小豆でいいね。なつかしいね」

といわれるそうだ。小豆ぞうにのあとは、御津の生のりでつくる。

「お正月の海苔いらんですか」

と売りにこられる。それを使ってぞうにだけでなく、海苔のおすいものを作られるそうだ。[33]

　この日、佐太神社を訪ねたのだが、私の小さい頃、お忌みさんはそれはにぎやかだった。歩いていると人がいっぱい、大相撲のラジオがきこえたり、万年筆のあたるクジ、こうやく売りの口上、植木の苗市、食べ物の出店、橋のところには傷い軍人の人がアコーディオンをひいておられたように思う。私が小さかったからだろうか、お忌みさんには強い印象がある。

牧田茂の『神と祭りと日本人』にはこんなことが書かれている。

「そして、祭りを迎えるためには、外へ働きに出ず、機を織らず、食物の調理さえひかえて、ジッと音をたてないで家にこもっているような準備の期間が必要だと、昔の日本人が考えていたことがわかる。[34]」

神を迎えるために物忌みにこもる、小さい頃にはわからなかったが、お忌みさんというのは本当はそういうことなのだなと思った。そしてそれといっしょに、お忌みさんは、「おかげさまで新しいお米ができました」と収穫を感謝し祝う祭り[35]なのだし、農業にたずさわる人達にとっては市[36]でもあったのだと思う。

六　もう一つの海苔の町

神戸を出る時は上天気だったが、やはり新見のあたりから雪になった。一泊二日で御津を訪ねる旅[37]に出てきたのだが、松江駅からバスに乗り漁村の町には三時に着いた。停留所に立つと雪がふきつけてくるので、リュックからヤッケを出し、帽子もかぶる。が、御津神社におまいりし、しばらくすると日が射してきた。歩いていると小さなお店[38]があったので入ってみる。そうしたら親切な人に出会った。

「小豆ぞうにと、ここで摘んだ岩海苔のぞうにです」

「おしょうゆ味」

「だしをとって味つけしてしまってから、お餅を入れます」

「海苔はみながそろってから、それぞれにちぎって…」

「神さんには、小豆ぞうにを三ヶ日はそなえます。前までは煮てつくっていたけど、この頃はそのままのお餅にゆでた小豆を少しのせます」

「実家では、三ヶ日は小豆ぞうにでした。小豆ぞうにを食べないと海苔のぞうにを食べれなかった」

「父とか祖父とかは、海苔をお酒でしめしてからしていました」

田中さん[39]は、御津で生まれ、御津で育った。そして、御津に嫁いだ。

「四日にはきな粉餅をつくって、仏さまにそなえ、家族も食べます」

「小学校の時、海苔摘みをしていました。ながぐつに荒縄をまいて、素手でとっていました」

漁港のお店らしくハマチ、赤カレイ、沖めばる、連子鯛、キスの丸干しなどが並んでいる。めっきん（のど黒の稚魚）などという魚もある。その日はそこまでにして、バス停にもどった。バスを待っていると、だんべに小さい霰がまじってきた。

松江に一泊し、次の日の朝、老人福祉センターによってみた。そこできいた年越しのかざりの話㊵も漁村らしいと思った。

きのう田中さんが、

「海苔摘みならここ」

と教えてくださったおうちを訪ねる。㊶

「まあ、あがりなさい」

とあげていただくと、コタツには他にもお客さんがあった。

海苔摘みは十二月の、西と東㊷がなぎの日に行う。だいたい十五日前後だが、今年は二十四日が口びらきで、二回目が一月十七日だった。それからは自由に採ってよい。和布でも海苔でもウニでも口びらきがある。荒れた日には漁協に白い旗があがるし、行う日には朝（七時二十分頃）放送がある。十二月十五日以降になれば、

「木の札をもらって、かごにつけちょいて、手ぶくろそろえたり…」

準備をするそうだ。海苔は御津の人が摘める。入漁料は七十才までが三千円、七十才以上は千円。御津は磯が長く、海苔の島は何ヶ所かある。小島《おしま》さんとかは入札する。落札した人は、いついってもよい。二月いっぱいはそうして、三月になると他の人が摘んでもよいことになる。

「ここは全員なかまだわね」

「昔はいっぱいいったもんですわ」

「海苔摘みの日には、学校が半日休みになって先生もみんないったもんです」

「六十年も昔のことです」

「昔はわらじはいていったものですよ」

「つめたかったわー」

「手で、こうして一つずつ摘むんですよ」

「みんな手摘みだわね」

採ったものを松江とかに売りにいった。お正月まではかもじ海苔。これは海の水を汲んできて杉板で干す。半がわきだ。㊸お正月をすぎたら、すの子に干す。真水で干して乾燥さして、あぶって食べる。

「お餅の上にのせるとわきあがる。香りもいいしね」

「だしでね」

お客に来られていた三上さん㊹は、

「神さんだけは…、そなえるのは小豆ぞうにで、食べるのは海苔です」

と言われた。

もう一人のお客さんは行商の話をしてくださった。

「おじいさんがお米とりにいって」

「雪でこんななってるとこを歩いたもんだわね」

「海苔や、イカの干したのや、いりこや持って」

「そこの宿を拠点にして歩いたもんだわね」

行商は女の人がするけれど、海のものの代価であるお米は男の人が運んだのだろう。

「昔は宅急便とかなかったし」

と言っておられた。生山のあたりまで行ったものという。[45]

小笹さんは、海苔のぞうにをつくってごちそうしてくださった。初めて食べたけれど海のにおいがした。

御津の町は、港に寄りそうようにして家がある。歩くと、この季節、梅が咲いている。奥まった所に公民館があり、そこでおききした。

「うちは三ヶ日は小豆ぞうにで、そのあとが海苔のぞうにです」

「昔からそうです」

「海苔のぞうにには、とんどさんがありますからその頃まで食べます」

「いりことか昆布でだしをとっておいて、塩あじ」

「海苔は少しあぶって、お酒にひたしてからそれを入れます」

「母が若い時行商にいっていたんですが、けっこう遠いところまで泊まりがけでいっていました」

「山の方、大東とか木次の方へいっていました。私は母がかってきてくれるおみやげが…」

「正月まではかもじ海苔。板に干して、半なまです」

「正月すぎると乾燥海苔（オオハバノリ）にして」

「魚とかは塩サバにしたり、干しガレイにして運びます」

そう話してくださった。[46]

御津神社にジンバがおいてあったその事を問うと、もう一人の方が、

「浜でシオクサをくんでもってあがる」

と答えてくださった。[47] シオクサを汲んで（採って）という言葉に、古代からつづいているかもしれない事に対しての新鮮なひびきをきいた。

辞して歩いてゆくと、道に海苔が広げてある。石つぶを取るのだ。初めて見るオオハバ海苔だが、巾は指を開いて四つ分（九十センチ位）、丈は背ほどもある。すの子に張ってある。

「それでもシマにいって、とーだけんね」

「昔は干すのも、茅を刈ってきて、冬仕事にあんで、それにつけよったけど…」

「孫なんか、『おばあさんの海苔のスープが大好き』ってまっちょります」

「救命具つけて、[48] 手ぶくろしてとーけどね」

軽トラで通りかかったおじさんが、海苔摘みの名人と言われる。

「船でいくわね、私らちゃ」

「沖島は、御津と大芦の入会」

「私は四十四才の時に免許をとったがね」

それからは松江に行商に行ったのだが、行商にはなわばりというか、それぞれの人が行く場所があるので、津田、比

津ヶ丘、馬潟、そうした新しい住宅地に行ったそうだ。移り住んだ安来とか広瀬の人が、実家に送るからと買ってくださることもあったそうだ。(49)

ここに来て何人かの人に話をきいたのだが、御津の人達は神さまに律儀だなと思った。

七　早春

松江市西浜佐陀町。(50) コンビニで買ったおにぎり一個とバナナを食べて出発する。木蓮や馬酔木が白い花をつけている。シブキ(51)のにおい、早春の木々のにおいがする。栈橋には軽トラックが止まって、湖面にシジミ漁の舟が見える。サンシュユも咲いている。舟の帰りを待っている人がある。

「ここのへんは小豆です」

「こっちのなべには小豆の煮たのを、こっちにはお餅を入れたなべを…。人数が多いですから」

「小さい時から小豆ぞうにでした。ここに来ても小豆ぞうにです」

「神さんにあげないけませんからね」

御主人の舟が帰ってきて、箱にぎっしりシジミがとれている。

「うちらのぞうにはちょっとちがうです」

「どこからおいでたかね。神戸なら、洋食だからパンだがね。出雲は古代からの食を守っちょうだけん」

「丸餅、小豆におさとうかけてやーです」

舟着き場で大きさを分けて、家でシジミの良否を選別する。シジミ漁の舟が次々とあがってくる。舟がもどる頃、栈橋では女の人達がその帰りを待っている。バケツで、とったシジミを選別機にうつすと、ダッダッダッダッダと水をくぐる。

「一日か一日半砂だしして(52)、冷凍するといいですよ」

「漁が二箱ってきまっとうだけん」

「二箱で九十五キロぐらい」

シジミには雄と雌があるそうだ。産卵は六月か七月頃。

「うちは両方だよ。私は昔のもんだけん小豆」

「小豆ぞうにですね。うちは小豆ばっかりです」

これは、栈橋で出会った十人の人達の声だ。(53) 昼が近くなり、風がでてきた。さいごの舟の漁師さんが、

「手を洗いなさい」

と、水をくんでくださった。

西浜佐陀町には、「大正の終わりから昭和の初めころの食生活を再現」しようと、先人の調査が入っている。そこには、「小豆雑煮は、塩味の澄まし仕立てにして平もちを入れ、煮小豆をもちの上にのせたもの。食べる時は砂糖を入れる。」(54)とある。

古曽志町、荘成町。[55]

この日、西谷から歩いていく。田のゲシには野焼きの跡、タネツケ花が白い小さな花を咲かせている。途中でツクシを摘んだ。花畑のそばで畑仕事の御夫婦が見える。

「私んとこは、三日までは海苔で神さまにそなえます」

「そのあとは小豆のお汁粉みたいに、小豆にお餅を入れて、さとうはあとで…」

「餅を煮て海苔を上にのせて、おしょうゆでおすましです」

「もち海苔入れてますが」

「神さま、えびすさま大黒さまと、火の神さまといってガス台[56]のところにおぞうにをそなえます」

「朝はね、おぞうにで、お昼にはごはんと煮しめとおつゆ。半ぺんのおつゆとか、鯛のおつゆとか、三ヶ日は女性はたいへんです」

「床の間（神さま）と、えびす大黒に餅花をつくります」

「米につぶがたくさんつくようにと、わらにお餅をつけていきます。おひなさまの日にそれを炒って食べるとおいしかったですよ」

「私は古曽志で育っちょります[57]」

古江のあたりでは小豆ぞうにと思っていたが、そうとは決まっていないのだなと思う。

なつ豆が咲いている。たずねながら、荘の方へ歩いていく。小豆をおさとうで煮ておく人がいる。

お昼のサイレンがなったけど、丸太を削っておられる人がいる。

「わが家は五日ぐらいまで小豆で、小豆入れて、それでおさとう入れて食べます」

「あとは味噌ぞうに、しょうゆぞうにとかうちではやっています」

「けっこう大きい餅を二つか三つ入れて」

「小豆と餅の味で。私が小さい時からです」

「家内が沿岸部[58]から来ていますので海苔をもらいます。それを三センチか四センチ位に切って使います」

話をきいていると、山で「ホーホケキョ」と鳴いた。

「しょうゆぞうにの味は、独特のあま味と風味があって私は好んでいます」

モチ米を作る人が少なくなってきた。でも、荘では作っている人が二軒ある。そこから二袋[59]とか三袋とかわけてもらってお餅をつくる。

「昔は、朝の五時から一俵もつきました」

「今でも八升とか一斗ぐらいはお餅をつきます」

「ならべる場所がないから、新しいむしろの上にずらーっとならべて、子どもはそれをはこんだりしました」

「男が水を汲んで[60]こないといけないというので、父が朝四時頃からお水を汲んできて…」

と話していただいた。[61]

お昼をだいぶすぎたが、山桜、スモモ、歩いていて一番いい時だ。成相寺へ行く道の山ぎわには、スミレの群落が見事だった。

八　結びにかえて

「昔は、多分塩を入れたんじゃないか。小豆の甘みをつよめるために」

佐太神社におたずねした時、朝山芳圀宮司はそうおっしゃっていた。私もそう思う。小豆ぞうにには本来さとうは入れず、うすい塩味でつくったのではないだろうか。さとうがない時代や、さとうが手に入らない人達には塩がその代りをした。やがて、さとうを別に器に入れるようになり、いつでも手に入る時になって小豆の汁の中に入れるようになったのではないだろうか。以前、どこかのテレビで見たように思うのだが、神在餅にだろうか、ハチミツを入れたと。私はその時に、何か小豆ぞうにのルーツというかロマンを感じた。これなら古代の人にでも、ハチミツがいつから、餅やぞうにがいつからかを知らないのだけれどもその始まりの時にでも、甘味[62]のある小豆ぞうにを食べることができただろうなとそう思った。

餅にしても、ましてやモチ米だけでつくった白い餅は特別のものであり、誰でもが食べることのできたということではないと思う。中国山地備中の村で、粟餅や小キビの餅のことをきいたことがあるけれど、[63]雑穀で作ったぞうにの時も長くあったのではないだろうか。『宮本常一とあるいた昭和の日本』には、こんな報告がある。

「正月には、キビ餅を搗く。アワ餅もモロコシ餅[64]も搗く。かっては、糯米で摘（ママ）いた白い餅は、お供《そなえ》の重餅《かさねもち》ぐらいで、その重餅ですら下が白い米の餅で、上がキビやアワの黄色い餅というのがふつうであった。

正月二日は、昔から汁粉《しるこ》を食べる慣わしになっている。汁粉の中にキビ餅も、アワ餅も、モロコシ餅も、余分に搗いた場合だと糯米の餅も入れる。[65]」

モチ米があればモチ米でつくのだが、そうできない時雑穀で餅をついてきたのだと思う。塩味の小豆汁の中に雑穀の餅を入れる、これが小豆ぞうにだったのではないだろうか。

正月二日には汁粉を食べるとある。なにか小豆ぞうにとつながりがあるように思うのだが、小豆というものは、ハレの日の食事に特別の位置を占めている。

島根からとどいた新聞[66]に北島国造家に伝わるぞうにがのっていた。萩焼きの風を感じる器にお餅、具材は十六島のりだけ、朱と金のお盆におかれているのがお正月らしい。小豆ぞうにだけでなく、これも島根を代表するぞうにだと思う。

江の川の流域では、干しあゆのだしで澄まし汁をつくる。浜田では、黒豆を二粒のせるという。[67] 今でもそうか私は確認していないのだけれど、それぞれの風土が、それぞれのぞうにをうみ出し、伝えてきている。

ＮＨＫ旅ラジのインタビュー[68]を聞いていたら、

「うちのぞうにはぜんざいなんです」

という。もとむらけんたろうさん、故郷は佐賀市のクリーク地帯カワゾエ町《マチ》。九州にも小豆文化圏があるのかなと、なにか訪れてみたいような気がした。又、ある時には、こんな放送[69]があった。ＫＢＳ日本語放送のアナウンサー、キム・ヨンスンさんが、

「お正月の韓国式のぞうににはキムチギョウザとお餅が入る」と話しておられた。

地方や国がちがえばおもしろいなと感じる。

松本にいる娘は、

「東の人は、やっぱりお汁はすきっとすきとおっていてほしいねん」

という。木曽を歩いた時きいた干菜のぞうに[70](旧木曽郡三岳村)も心にのこる。民俗とは人の暮し、私達は暮しを訪ねて旅をする。

「お餅は電子レンジでやわらかくして[71]」

という人がある。

「小豆もおうちゃくしてカンヅメ[72]」

という人がある。餅は多く機械でつくようになった。買う人もある。時が移れば何事も変化していく。様々なやり方で小豆ぞうにがつくられていくのだし、これからも変化していくことと思う。

水田があっても米を作らない、あるいは作ることができなくなった農家が増えている。モチ米を作っている農家はさらに少ない。モチ米を作り、小豆を育て、家族そろって餅をつく、今そうした家がどれほどあるであろうか。自分の手で育て作る暮しから離れ、私達はどこにいこうとしているのか。時々、そう考えることがある。でも、それでも人は、父や母から伝えられた何かを受けついでいくのだろう。

私は神戸に出てきて四十六年になるが、小豆ぞうにをつくりつづけている。今は、お餅と小豆と水、それだけでつくっている。

この調査報告は、道で、畑で、その日たまたま出会った方達の親切に支えられています。お話をきかせてくださった多くの方々にお礼を申しあげます。

(敬称略)

【註】

(1) 松江市古志町　田淵淑枝　一九二六（大正十五）年生
(2) 水につけておくこと。
(3) 海草。
(4) ウラジロのこと。
(5) 小豆ぞうに。
(6) 二〇一五（平成二十七）年十一月十六日
(7) 松江市鹿島町南側　野津理恵　一九七五（昭和五十）年生
(8) 粳米。
(9) 松江市下佐陀町上　松尾貴美子　一九三九（昭和十四）年生
(10) 二〇一五（平成二十七）年十一月二十三日
(11) 名前は教えていただけなかったが、松江市岡本町上岡。
(12) 松江市の無形民俗文化財。一月の末から二月の初めにかけて秋鹿町の本谷と井神地区で行われる。重さ百キログラム程の大餅を大日堂までかつぎあげ奉納する。この頃では公民館の子ども会も参加して、小ぶりの餅を奉納するということだ。
(13) 松江市秋鹿町　川島洋治　一九五七（昭和三十二）年生
(14) 松江市古曽志町。古江と秋鹿は通婚圏で、「私の友達も五人きております」と言われる。
(15) 今、里にアナグマ、イノシシ、シカなども出てくるようになった。「大豆などもあみで囲まな作られませんが」「あんなもんはおらだったですけんね」「大豆に実が入った頃出てきて…」と山の村の人達は困っておられる。
(16) 松江市岡本町上岡　清水峯佳　一九三〇（昭和五）年生
(17) 「平餅をしょうゆぞうににして」「あんものがきらいで」。
　松江市岡本町下岡　白石稔夫　一九三六（昭和十一）年生
「おしょうゆととり肉でだしをとって、お餅の上に海苔をのせる」「いいお椀だないとつまらんよ」。
　松江市岡本町下岡　川島卓樹
(18) 二〇一五（平成二十七）年十二月二十三日
(19) 出雲市十六島町　渡部幸子　一九四〇（昭和十五）年生
(20) この方にも名前を教えていただけなかったけれど、十六島でお会いした。畑には、ここでも鹿が出るそうだ。
(21) おとな、一人前。
(22) 出雲市十六島町　南木国子　一九二九（昭和四）年生
(23) 出雲市十六島町　渡部邦男（北浜自治協会会長）
(24) 「凡そ、北の海に在る所の雜《くさぐさ》の物は、秋鹿郡《あきかのこほり》に説けるが如し。但《ただ》、紫菜《のり》は楯縫郡尤も優《まさ》れり。」加藤義成校注『出雲國風土記』一九六五年　今井書店　五三ページ
(25) 航空写真で見ると、半島の先端の方には広い岩場がいくつも見える。
(26) 地下足袋にピンがはえている。
(27) 瀬川清子『十六島紀行・海女記断片』一九七六年　未来社　六五ページ
又、年中行事六月一日の項（同書六八ページ）には、「正月のミテだといって休む。小豆のゼンザイを食い潮のなかにはいってシオを頂く。」と、なにか気になる記載がある。
(28) 小泉八雲著、平川祐弘編『神々の国の首都』一九九〇年　講談社学術文庫　一四六、一四七ページ
(29) 松江市鹿島町佐陀宮内　朝山芳圀（佐太神社宮司）
(30) 神在祭神等去出神事。新暦の十一月二十五日。
(31) 鏡餅。
(32) 参拝にこられた女の人。鹿島町在住。九州への出張が長かったので、御主人は二日目からは九州ナイズされたぞうにだそうだ。
(33) 松江市鹿島町佐陀宮内　内藤暎子　一九三八（昭和十三）年生
(34) 牧田茂『神と祭りと日本人』一九七二年　講談社　二三ページ

(35) 近郷の村からはその年とれたお米を奉納する。
(36) 現在でも鎌や鍬、鋸を売る店がある。古志町小畑できいていた時、「美濃西条柿は、もちもちしてそれがおいしいんですね。もう一本ほしいなとお忌みさんに買いにきたけどなかって…」と話してくださった人がいる。そうした苗木の店も出る。
(37) 二〇一六（平成二十八）年二月十六、十七日
(38) まるちゃんストア。農協さんの後を受けてやっておられる。御津になくてはならないお店。
(39) 松江市鹿島町御津　田中寛子　一九五八（昭和三十三）年生
(40) 年越しのかざりの壁面には扇をそえてモロモキを五十枚ぐらいかざる。神さまには、大根、カブ、コンブ、ジンバ、塩鯖、鯛、ほし柿、スルメなどを供える。この時に、土地の人がアオキと呼ぶ木の枝に、ミカンを十五でも二十でもぶらさげるそうだが、これは餅花に似ていると思った。大がかりなかざりをするところは少なくなったそうだが、以上、御津老人福祉センターの管理をなさっていた方にきいた。
(41) 松江市鹿島町御津　小笹昭江　一九四二（昭和十七）年生
(42) 海苔の島は、御津の集落を中にして西と東にある。
(43) ＪＲ松江駅の物産店で売っているかもじ海苔（十六島）は、はぎ海苔だと思うけれど、御津のかもじ海苔は半がわきだから、十六島と御津ではちがいがあるのかもしれない。
(44) 松江市鹿島町御津　三上千枝子
(45) 今は、松江の旧市内にお住まいと。小笹初乃
(46) 松江市鹿島町御津　田中優子
夏（二〇一六年）、田中さんのお母さんに話をきく機会を得た。干しガレイを用意して初めて行商に出た日、その日東生馬から一けん一けん歩いたけれど、お米一升かえていただけただけだったこと、でも、助け神さんに出会ったこと、又、若い時のある日には、サバとかカレイを持って、その日には短ぐつをはいていたのだが、「久《く》の」という駅で汽車をおりたら雪がいっぱい積もっていて困ったこと、「久しぶりに思い出しました」と話してくださった。
(47) 御津公民館（現在は御津交流館）で受付をなさっていた方。
(48) もう八十だから、ニトログリセリンとケイタイを持ってゆくそうだ。
(49) 松江市鹿島町御津　森下はるえ　一九三七（昭和十二）年生
(50) 二〇一六（平成二十八）年三月二十二日
(51) 小さい時からそう呼んできたと思うのだが、ヒサカキのことか。
(52) アサリでもシジミでも、ザルに入れて砂だしすると貝が砂をすわないと教えてくださる。
(53) 実は西浜佐陀町には三月二日（水）にも訪れたのだが、この日は漁が休みで歩いていても出会う人がほとんどいなかった。それでも、赤ちゃんをだっこして散歩中のお母さんにきくことができた。「私は嫁いできたので…。お母さんがみんなの好みでつくってくれます。安来の伯太なら、元日はしょうゆぞうにで、具は十六島海苔。二日が小豆ぞうにです」
自分が育った所の近くの村であっても、その村を歩いてみるということは案外ないものだ。その日私はそんなことを考えながら歩いていた。そして、初めて歩く道にヤブツバキがきれいだった。
(54) 島田成矩他編　日本の食生活全集32『聞き書　島根の食事』一九九一年　農山漁村文化協会　二十ページ
(55) 二〇一六（平成二十八）年四月三日
(56) 昔はかまど（くど）の所。いただいたお葉書に、「くどの神様のことですがおぼんにのせないでお供えしたと思っています。えびす大黒様は皿ではなくあわびのカラに入れています。他の家はどうかときいてみたいと思っています。」とある。
(57) 松江市古曽志町　高井君枝　一九三三（昭和八）年生

(58) 奥さんは御津の人で、やはり小学生の時海苔摘みにいかれたそうだ。
(59) 一袋は三十キログラム。
(60) 「水を汲む」ことについての私の問いに、川谷さんはこう答えてくださった。
「お尋ねの件ですが、正月の餅をつく時（年末）だったと思います。我家では祖母がそう言ってまして、最初の餅の時は男が水を汲んできて最初に火を付けて蒸しあがるまではやっていたと思います。又、元日も若水さんといってやはり父が汲んで帰ってた気がします。子供の頃は水道ではなく井戸水でしたので百米位離れたところにある井戸から父が水桶に入れて担いで帰ってました。水道がひかれたのは昭和三十六年で祖母も母も死んだ後でした。その時まで祖母が頑なに守っていました。他家では知りません。右要用のみ。ご自愛祈ります。」
(61) 松江市荘成町　川谷　悟　一九三九（昭和十四）年生
(62) 古く、甘味はごちそうだった。「若い者は小豆ぞうにが…」という話をよく聞いたが、現代のそれはありすぎる甘さに対しての抵抗ではないだろうか。
(63) 「モチ米とモチ粟で餅にして食べる」。二〇〇四（平成十六）年、岡山県阿哲郡神郷町重藤（現新見市）　池田せつ子。小キビの餅については下油野できいた。
(64) ここでいうモロコシは、タカキビのこと。
(65) 田村善次郎・宮本千晴監修『宮本常一とあるいた昭和の日本』13
加曽利　隆「甲武国境の山村西原に『食』を訪ねて」
二〇一一年　農山漁村文化協会　七八ページ
(66) 山陰中央新報　二〇一五（平成二十七）年十二月二十九日付
(67) 前掲『聞き書島根の食事』江の川は一五三ページ　浜田は一九〇ページ。同書、月報40号に載っている岩谷時子さんの文（大田市のぞうに）は味わい深い。
(68) 二〇一六（平成二十八）年二月二十六日
(69) ＮＨＫラジオの「夕方ニュース」という放送であったように思う。
「水気をよく切ってこまかくきざんだキムチ、そしてひき肉にネギ、さらにやはり水気を切った豆ふが韓国式のキムチぎょうざの中味です。その他にニンニクとか調味料も入りますが、そしてこれが、お正月には韓国式のおぞうにの中にお餅といっしょに入ります」
(70) 木曽菜をかけ干しにして、それをもどして使う。「それに山鳥の肉ですね」、「ちくわが入っていましたかね」。餅は四角の餅で、焼く。いろりで焼いたそうだ。木曽谷の「一番のたんぱく源は小鳥を食べることなんですよ」とも。
二〇一六（平成二十八）年七月二十三日　長野県木曽郡上松町
堀田冨美子　一九三四（昭和六）年生
(71) 松江市鹿島町御津
(72) 松江市大野町「小豆も自分とこで作って、煮て」、前はそうなのだが…。
二〇一六（平成二十八）年九月二十一日記

「永井地蔵菩薩」の由来とその歴史的背景

永井　泰

出雲市斐川町上直江二三七〇―一に鎮座する「永井地蔵菩薩」別名「永井の子安地蔵」について、その由来と歴史的背景について述べることとする。

永井地蔵菩薩は、この地に江戸初期より居住する永井家の持仏であり、念仏堂と地蔵菩薩が安置されている地蔵堂が一体となって存在している。念仏堂は横幅三一〇センチ、奥行き二二〇センチ、そして地蔵堂が横幅七四センチ、奥行き一〇七センチの小祠が念仏堂と一体になっており、いずれも赤瓦（石州瓦）が葺かれている。念仏堂の奥中央に地蔵堂が繋がっており、一段高い位置に地蔵菩薩が安置されている。

永井家十七代当主である筆者にとって、丘陵地の高台にある我が家の入口に存在するこの地蔵堂及び念仏堂は、物心ついた頃よりそこにあり、地蔵菩薩に関しての特別な思いというのはなかったのである。

ただ、四年前に父が享年九十歳で亡くなったあと遺品を整理していたら、四百字詰め原稿用紙三枚余りの「永井地蔵菩薩の由来」について、父らしい妙味のある字体で書かれた文章が出てきたのである。読んでみると、子供心に父が筆者に話してくれた地蔵菩薩についてのことが懐かしく思い起こされ、永井家の出発点はやはりこの地蔵菩薩であることを改めて認識した次第である。

以下父記載の文書を原文そのまま記す。

『永氏譜と云う古文書が有りまして、おそらくは、家系図作成のための原稿であったと思いますが、ちょっと面白い文書が見つかりましたので、以下に、ほぼ原文に忠実に記したいと思います。永井宗左衛門と云えるは、元安藝の國の武士也。故有りて、同役の士を伐ち、出雲國郡直江村へ立退き、茅屋を営み、息子宗意と共に父子居住す。其後伐られし士の子供、父の仇を報ぜんと、日夜に心を摧き、漸く聞求め、主従三人出雲國直江に来り見れば、いとも小さき辻堂（今の下直江北脇氏の前にありしと也）の有りける也。其時怪しき道信者の破れたる衣を着し、休みおりければ、主従三人の者、立寄り候、「如何に御僧、ここにお尋ね申度き処あり、此処に宗左衛門宗意と申す浪人居る由、悉く御存知候や」、と問いければ、此の僧の申しけるは、「左様なる仁、父子忍居しけるが、今は鰐淵寺に至り、父子出家し、剃髪染衣の姿となられ候」と答う。主従三人顔見合わせ、「是非なし、是非なし」、とて、御出家候上は、力及ばず、我々は立帰り申すべしとて、編笠脱ぎ捨て、三人打連れ、帰りけると也。此の間宗左衛門父子、件の道信者を聞き尋ねられけれども、何処の僧とも知れず立消候と也、是偏に、此の堂に居わします、地蔵菩薩の化現し給うた也、とて、其の仏を門外に請し、一宇を建立す。則ち今の門前の地蔵菩薩是也。池田敏雄氏著「斐川の地名散歩」の永井の子安地蔵は実は我家の持仏であります。医療ままならぬ時代に、子供の風邪其他の病気に霊験あらたかなるとて、遠くは鳥取県、隠岐まで。御出張の由、聞き居ります。今は年中御在宅におわします。ご本尊は欅作目方は約五瓩位ですが、ご面相もすっかり擦り減り、あわれなる木塊の如くであります。我老妻は寒暑の候に、お衣を着替え、供花や、香を断やしません。昔は常念佛の僧が七日間の念仏を致し居りましたが、今は毎年八月七日に、年一回の法要を奉行致しております。』

これが、父が書き残した原稿である。内容については、朧気ではあるが、子供の頃から聞かされていたこととほぼ同じである。我が家には家系図及び過去帳、位牌などが現存しており、長い間県内中学校で教鞭をとっておられた梶谷光弘先生の調査によって、医家としての永井家の歴史が纏められ発表されている。これによると、医家初代は永井宗意（念譽浄泉宗意医士）一六四一（寛永十八）年五月二十二日没となっており、父の原稿にある永井宗左衛門の子宗意である。家系図にある永井宗左衛門元衡が宗意の父であり、但し書きのところに、故有云々と、父が見た古文書の内容の一部であろうか書かれており、一六一七（元和三）年頃也とある。宗左衛門が子の宗意とともに、元和三年頃安藝廣島から雲州直江にやってきたのである。後宗意は医学を修め医家初代として寛永十八年に亡くなっている。これは家系図や過去帳、位牌からも確認出来ている。これより十九代永井渕造（寶譽樹林渕造医士）一九〇七（明治四十）年九月三日没迄、十九代永井家は医家として存続し、その後、徳太郎、潤、和夫そして筆者と医師とは別の道を歩んでいる。

梶谷先生の調査によれば、筆者は医家初代宗意から続く二十三代目ということになるが、幼少期より父が、お前は永井家十七代目であると言っていたので、今も父の言う通りとしている。家系図では毛利時代や大江姓時代まで遡っており、家系図表書きにある「大江姓永井氏系図」通りとすれば、とんでもない歴史の永井家代々となる。

さて、以後永井地蔵菩薩は、江戸初期からずっと我が家の前に鎮座していたのであろうか。地蔵堂内部に三枚の棟札が地蔵菩薩の後ろ壁に貼り付けてある。一枚は、明治貳拾年五月廿四日　本願　永井渕造　奉再建地蔵堂一宇成就　願主　八頭組中　大工　江角捨十二枚目、昭和八年八月廿七日　本願　亡父徳太郎　永井潤　奉新築成就念佛堂一宇　願主　八頭組中諸家　大工江角治太郎　三枚目、昭和五十三年八月七日　奉修復成就地蔵堂並念仏堂　願主　永井和夫　八頭組中　大工　江角泰治　とある。これらから推測して医家十九代永井渕造時代に、地蔵菩薩が安置されている小祠地蔵堂が再建されたのである。また、地蔵堂の前の念仏堂は、渕造の子徳太郎と徳太郎の子潤（筆者の祖父）によって新たに建てられたことが分かる。

　実は我が家には「もとやしき」と呼ばれる地（畑となっていた）が、我が家から北西百メートル、JR直江駅の南東に存在していた。今は周辺一帯住宅街になっており、出雲村田製作所の進出に伴い大きく変貌している。

　「もとやしき」の地には圃場整備の際出てきた大きな礎石が幾つも野晒しで積んであった。「もとやしき」は元屋敷で我が家は昔ここに存在していたことを、祖母や父から聞いていた。則、何らかの理由で今の地蔵堂のある高台へ我が家は移転したのである。その理由は長年分からなかった。それは、父が家の大半を取り仕切り、筆者は殆ど関与しなかったことにある。前述したように四年前に父が亡くなり、様々な引継ぎ事項で、我が家の歴史について改めて対峙しなければならない状態となったからである。昨年母が享年九十一歳で亡くなり、一九二三（大正十二）年生まれの父と一九二五（大正十四）年生まれの母が、相次いで霊界へ旅立ったことは、このことに一層拍車をかけたのである。

　今から六十二年前、筆者が生まれた年に荘原・出西・伊波《いわ》野《の》・直江・久木・出東の六ヶ村が合併して、斐川村が誕生した。斐川村は後斐川町となり、平成の大合併により現在は出雲市となっている。旧伊波野村の歴史を書き記した『伊波野村誌』が合併と同時に刊行された。因みに永井家は伊波野村上直江八頭《やかしら》に位置する。實費頒布二百部限定版で、編集兼発行人である岡文四郎村長を初め関係者に限って配布されたのであろうか、現在の市立図書館でぼろぼろになったこの村誌が存在する以外、お目にかかったことはなかった。しかし、この村誌が父の書棚に奇跡的に残っていたのである。編集者は村長と岡義重氏であり、「山陰民俗学会」発足時のメンバーである岡義重氏が、村誌編集に深く関わっていることに新たな感動を覚えた次第である。

　実はこの村誌には永井家のことが医療の分野を中心として、かなり詳細に記載されていた。その中の災害の項に、我が家が今の地に移転したことが記載されていたのである。以下本文、『明治十九年戌九月二十四日（旧八月二十七日）斐伊川は平水より一丈二尺増水して、ここに再び出西剣先と神立代宮家の後とが切れ、全出雲郡は水びたしとなった。本村でも新川一ヶ所、斐伊川三ヶ所が切れ、浸水土地反別は全村の九分九厘の六百二十八町余、浸水しなかったのは、僅かに上直江村の山林及び新川南のみであった。（中略）万九千社も倒れ、上直江村永井家も大破して、現在の丘の上に移転した。』とある。

前述の明治貳拾年五月廿四日　本願　永井渕造の棟札、ここには奉再建地蔵堂一宇成就と書かれている。確かに永井家は流失して、翌年五月には地蔵堂が再建されたのである。流失後一年も立たずに、永井家は現在地に低丘陵を削って移転し、入口の坂に地蔵堂が再建されたのである。願主である八頭中《やかしら》が、こぞって医家である永井家移転に尽力したことは言うまでもないだろう。ＪR直江駅南の住宅街の一角、今も三十軒余りが八頭自治会としてほそぼそと残っている。それを眺めるように丘の上に永井家は存在している。

また永井家の敷地内には四十数基の墓が存在していた。子供の頃父が盆近くになると竹を切ってきて、筆者に墓の数だけ花立を作るように命じた。墓の数以上作ると死人が出ると脅かされ何度も数えたものである。来待石製石龕や花崗岩製の墓など四十数基存在していたが、筆者が廣島で学んでいた頃、昭和四十九年に父が寄せ墓にした。永井家の丘陵や周辺丘陵は、はかんざ（墓座）と呼ばれた墓地の集合域であり、八頭地区代々の墓が存在していたところである。

地蔵菩薩が安置されていた地蔵堂は渕造によって再建されたが、もともとは所謂「もとやしき」の地にあったのであろうか。それとも今の永井家の入口にあって、代々の墓を守っていたのであろうか。これは推論だが、一八八六（明治十九）年の水害で、上直江村の山林（丘陵地）と新川の一部は害を免れている。そしてここに永井家は移転したのだ。恐らく簡素な地蔵堂が現在地にあって、水害から逃れたのだろう。渕造は「もとやしき」から移転して、合わせて地蔵堂を再建したのであろう。地蔵堂が「もとやしき」にあって移転したものなら、奉移転（築）再建とするであろうから。

永井家十八代永井元厚（渕造の父）は十九歳で大分日田の咸宜園に学び、後長崎に渡り吉雄流蘭方医術を習得して帰っている。東洋医術と西洋医術に長けた永井家の名声は、遠方まで知れ渡っていたのであろう。これは現存する様々な調度品や文書等の調査によって判明している。また、「二〇一一（平成二十三）年度荒神谷博物館企画展、斐川・出雲の医者とその生涯～江戸期・明治期を中心に～」開催に当たって、梶谷光弘先生や出雲市教育委員会、島根県埋蔵文化財調査センター、島根県立美術館により、詳細な調査をしていただいたことからも判明している。

永井地蔵菩薩は、百日咳にお陰の有る地蔵であると、筆者は聞かされてきた。子供の頃遠方から地蔵菩薩を借りに来られる方々を見かけたものである。施療もままならない時代に、遠方から診察を受けに来られた方々が、百日咳に罹った幼子を連れて来れなかったことは、容易に推測できる。施薬と同時に永井地蔵を借りたのだろう。治ると涎掛けを新調して返したのであろうか。今の地蔵堂にも幾枚かの涎掛けが扉に掛けてあり、地蔵菩薩も涎掛けを付けている。

永井地蔵菩薩の法要は、毎年八月に七日間行われていた。今は一日のみとなったが、この法要迄には地蔵菩薩を返してもらわなければならない。どうもなかなか帰ってこず、催促したら別の家に又貸しされていたと、父から聞いている。筆者の子供の頃、夏休みには朝夕必ず近くの常念佛の僧侶が鐘を持ってきて、独特の調子で鐘を撞いて帰ったものだ。その音色は一度聴いたら忘れられない心に染み入る名調子である。一週間僧侶のお勤めが終わると、父がお菓子を用意していて、集まった子供達に配っていた。夏休みの一大行事の一つであった。今は八月七日に一日だけやはり常念佛から来ていただき、鐘を撞いていただいている。お菓子も用意しているが、八頭地区には今は小学生や中学生が、殆どいないと聞いている。

八頭地区はこの供養に毎年お布施を出している。今のところ、誰もこの事に異を挟む者はいない。この供養を八頭地区が行うものだとの認識がまだあるからである。筆者の目の黒い内は、何とかこの行事を続けて行く所存である。ただ、その後はどうなるか分からない。今回「永井地蔵菩薩の由来とその歴史的背景」と題して寄稿したのは、この永井地蔵菩薩の歴史的経緯が、八頭地区の方々から次第に忘れ去られてきているからである。それは全て、不肖当主である筆者の責任であると、常に自責の念に駆られている。この寄稿をきっかけとして、地域の方々、特に八頭地区の方々が「永井地蔵菩薩」に少しでも関心を寄せていただければと、切に願っている次第である。

永井家の正面入口

念仏堂及び地蔵堂

地蔵堂・念仏堂内部

永井地蔵菩薩

八月七日の法要

地蔵菩薩後ろの棟札

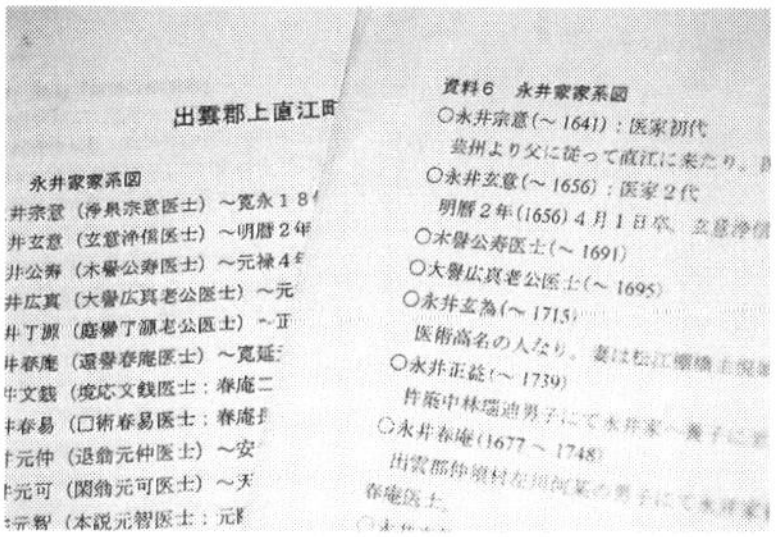

梶谷光弘先生調査書

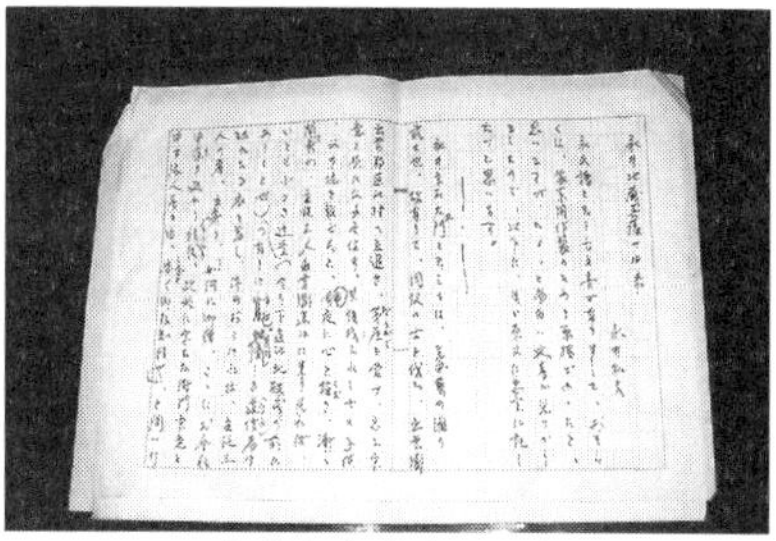

永井和夫（父）の原稿

昭和30年発行・伊波野村誌

大江姓永井氏系図

参考文献

・永井地蔵菩薩の由来
執筆年月日不明　　　　　　　　　　　　　　　永井和夫

・出雲郡上直江町の永井家の医業について
二〇一一（平成二十三）年企画展資料　　　　梶谷光弘

・伊波野村誌
一九五五（昭和三十）年四月十日発行
　　　　　　　　　　　　　編集兼発行人　岡文四郎

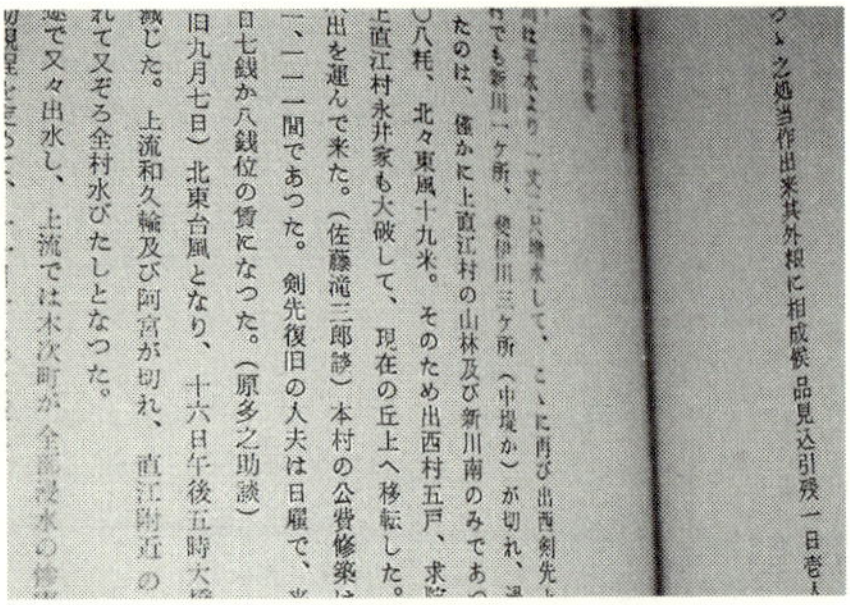
こゝに再び出西剣先
が切れ、
たのは、僅かに上直江村の山林及び新川南のみであ
〇八粍、北々東風十九米。そのため出西村五戸、求
上直江村永井家も大破して、現在の丘上へ移転した。
出を運んで来た。（佐藤滝三郎談）本村の公費修築は
一、一一一間であつた。剣先復旧の人夫は日雇で、
日七銭か八銭位の賃になつた。（原多之助談）
旧九月七日）北東台風となり、十六日午後五時大
減じた。上流和久輪及び阿宮が切れ、直江附近の
れて又ぞろ全村水びたしとなつた。
速で又々出水し、上流では木次町が全部浸水の

永井家移転の記載

おもっつあん ―現代社会に順応しながら伝統を守り伝える―

神門誠司

1　はじめに

おもっつあんは正確には高祖寺奥院御頭行事大餅さんといい、松江市秋鹿町に伝わる伝統行事であり、おもっつあんは愛称である。本稿では以下おもっつあんと記述する。これは一九六四（昭和三十九）年をもって一度廃絶したが、関係者の尽力により一九七八（昭和五十三）年に復活した。本稿では復活後のおもっつあんを中心に記述する。

2　おもっつあんの概要と起源

一月の下旬から二月の上旬にかけ、五穀豊穣、家内安全などを祈って行われる伝統行事である。秋鹿地区内の二か所（井神、本谷）で巨大な餅をつき葛で飾り、これを近くの高祖寺奥院大日堂に運び込み祈祷を行う。その後上半身裸になった男たちがこの餅を神輿のように担いで地区内を練り歩くという行事である。類似の行事は島根県東部には多々あり、おもっつあん、大餅さん、オトウ、オコナイなどと呼ばれている。密教寺院で正月もしくは二月は初めに行われる修正会の影響を受けているとされている。

その起源については、祈祷の際に読み上げられる御頭願文の末節に「弘仁八年以来毎年」との記述があり、これは西暦八一七年にあたる。ただし当時どのような行事が行われていたかは不明である。一七一五（正徳五）年に書き写された願文に大餅を奉納することが記述されていることから、このころには現在見られるおもっつあんに近い行事が行われていたのではないかと推察される。

また次のような俗説がある。

昔、やはり大餅行事のある星上寺（松江市八雲町）に大日如来様が出かけ、博打を打ったところ大負けした。その腹いせに本堂に吊るしてあった大餅を葛で絡んで寺の裏口から持ち帰った。それがおもっつあんの起源である。

確かに松江市八雲町にも類似の行事があるが、ここにもほぼ同等の伝承がある。

3　つかれる大餅について

直径約八十センチ、厚さ約十五センチ～十七センチで一俵の米を使う。古くは六枚あったが、復活後は井神地区、本谷地区双方から一枚ずつの二枚になった。平成十年からは伝統継承を目的として、地元の小学生も参加して一回り小さい大餅（直径約六十センチ）を「子どもおもっつあん」と名付けてつくようになり、合計三枚となった。これは毎年井神、本谷両地区が交互に当番をつとめる。

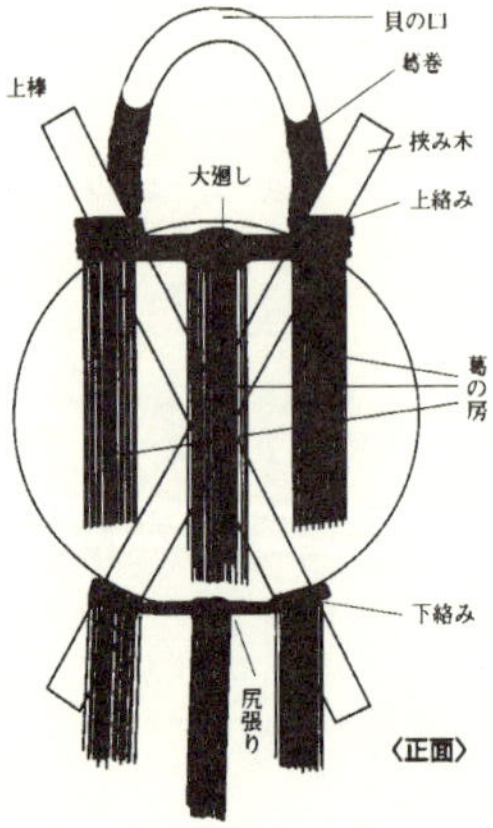

おもっつあん「秋鹿大日堂頭行事」復活二十五周年記念誌より

いずれの餅もほぼ同様の装飾がなされており、子細な部分について図の様に名前がつけられている。特に重要なのが貝の口であり、餅を大日堂に奉納するときにここをひっかけて吊るす。

4　大餅が運び込まれる高祖寺奥院大日堂について

金峯山大楽院高祖寺の奥の院であるが、芦尾山大楽院常楽寺という独立した寺格を持つ。本尊の大日如来は松江市芦尾海岸に現れたとの伝承がある。その創立年代は不明だが、戦国時代には尼子晴久や毛利元就が崇敬していたという。一八七三（明治六）年に一旦廃寺となるが、一八七九（明治一二）年に再興されている。厨子前面上方の長押には大餅をひっかける突起があり、裏手には大餅を運び出し専用の戸口がある。

5 おもっつあんの運営主体について

中断前は頭屋制があったが、復活した際に御頭行事保存会が結成され、これを中心に行事が行われるようになった。井神、本谷それぞれから五名ずつ、合計十名の理事が中心となって運営されている。会長、副会長もこの理事の互選である。その他、指導助言を行う顧問も若干名おかれている。会則も定められており、近代的な運営がされていると言える。

なお、中断前は頭屋の肉食禁止等、厳重な精進があったが、復活後もこれを引き継ぎ、保存会会員は作業にあたる際には肉食を避けている。このことを「二本足、四本足は食べない。」と称している。

6 餅つき

毎年一月の最終週の日曜日に井神、本谷それぞれの集会所で大餅つきが行われる。それぞれ微妙に仔細がことなるが、共通しているのが、

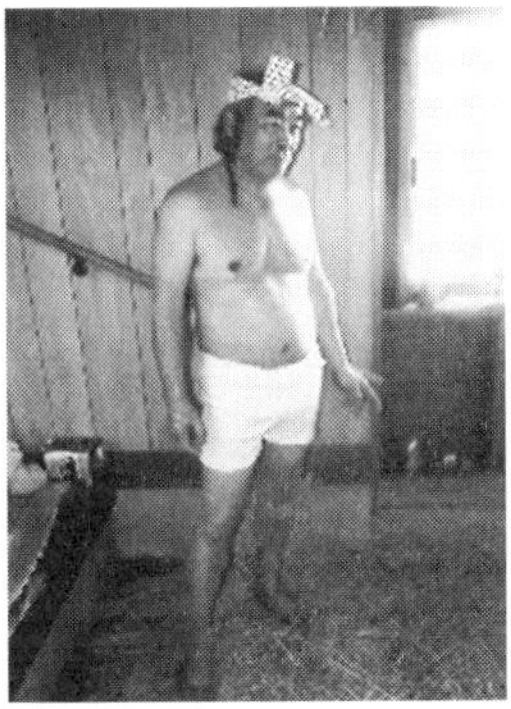

次の点である。

・参加するのは成人男子。ただし子どももおもっつあんでは小学生男女も加わる。

・あらかじめ餅の大きさに合わせて竹籠を組み、一俵の糯米（約六十キロ）を四回にわけてつき、籠の中に積み重ねていく

・臼の周囲に稲わらをしきつめる

・杵を使わず太い木の棒を用いる

・餅をつく際には上半身裸になり耳にジンバという海草をかけ、白い短パンをはく（ふんどしの名残か）臼に押し当てる側の膝に稲わらをまく。

・餅つきの場に海水を入れた竹筒をジンバとともに掛けておく。これには清めの意味がある。

・ウツギの木に白い和紙片を挟んだ牛王串《ごうぐし》とよばれるものを作り、これも大餅と共に仏前で祈祷され、切り分けた大餅といっしょに集落の各戸に配られる。

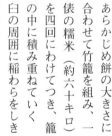

○餅つきの準備（井神、本谷とも同様の準備を行う）

前年の春に北山山地や中国山地を巡り、大餅の飾りに使う葛を探しておく。特に貝の口には樹齢七十年から百年の太いものを用いる。これをおもっつぁん直前の十二月から一月にかけ切り出して保管しておく。

付近の山から切り出した竹を割いて竹籠の材料を用意する。木の板につき上げる餅の大きさに合わせて釘を打ち付け、竹を巻き付けていく。このとき井神では表皮部分を内側に、本谷では表皮部分を外側にする。針金で補強後釘を抜き、専用の台に置く。この中に四回に分けてつき上げた餅を重ねて一枚の大餅とする。

井神、本谷の集会所にはおもっつあん専用の竈、蒸籠がありこれであらかじめ水に浸しておいた糯米を蒸す。

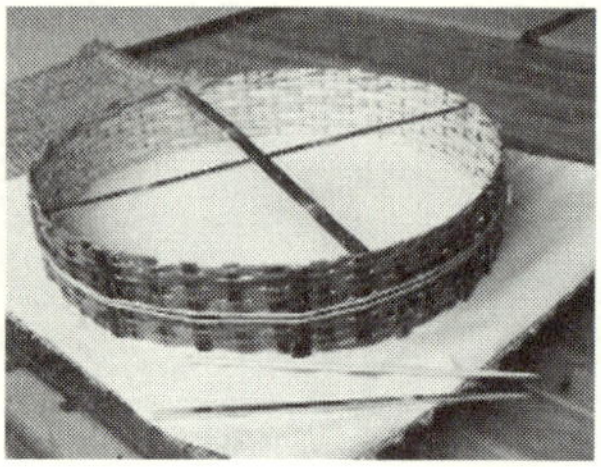

○井神地区の餅つき

井神集会所の土間で行う。周囲にウラジロを付けたしめ縄を張り巡らせる。臼にも同様のしめ縄を巻き付ける。土間には過去使用された貝の口が掛けられている。

地域防災用スピーカーを通して「餅作るよー」と宣言してしてから餅つきを開始する。（以前は数人が田に出て大声をはりあげていた）

四名一組になり、対角線上の二名が同時に棒を振り下ろしてついていく。その際「ター・ホイ」と掛け声をかける。臼の近くに水を入れた桶を置き、時々棒の先を浸す。また時にはつきかけの餅を空中に放り投げることもある。つき終わった餅は竹籠に入れ、素早く広げ、餅とり粉をふりかけ筵で蓋をする。これを四回行う。

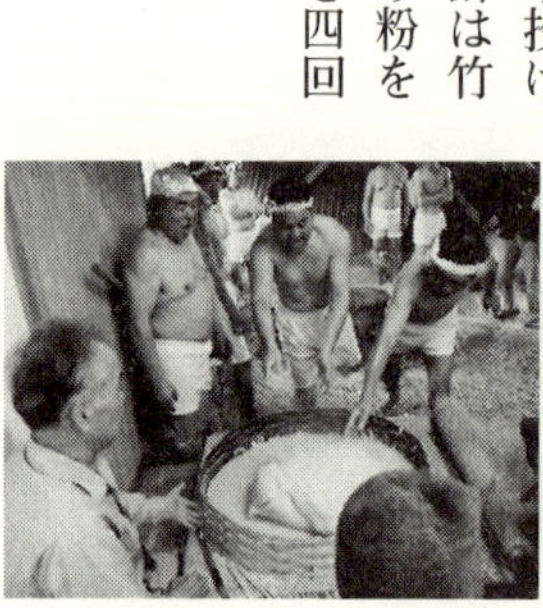

○本谷地区の餅つき

本谷の集会所の庭にブルーシートをひき、この上に稲わらを敷き詰め、四隅に青竹を立てる。これに紙垂のついたしめ縄を張り巡らせる。臼にも同様のしめ縄を巻き付ける。天候によってはテントを張ることもある。

餅のつき始めには全員で若松を歌う。この後も一連の行事の要所要所で若松を歌う。

六人一組になり、そのうち四名が餅つき役で、2名が水付け役（桶に入った水で手をぬらし餅つき棒に触れる）をする。前者は対角線上二人一組になり、

「トラ・コイ」と掛け声をかけながら交互に棒杵を振り下ろして餅をつく。

つき終わった餅は竹籠に入れ、素早く広げ、餅とり粉をふりかけ筵で蓋をする。これを四回行う。

井神、本谷どちらもつき終えた餅をむしろで覆い、次週の週末まで集会所で保管する。また竹籠から餅があふれ出たらその年は豊作だと言われ、その部分は若餅と呼ばれ見物人にふるまわれる。これを食べると一年間病気にならないという。

なお、糯米を蒸した後で貝の口になる葛の太い弦を蒸し、石臼（子どもおもっつあんはコンクリート土管を輪切りにしたもの）に巻き付けて曲げる。

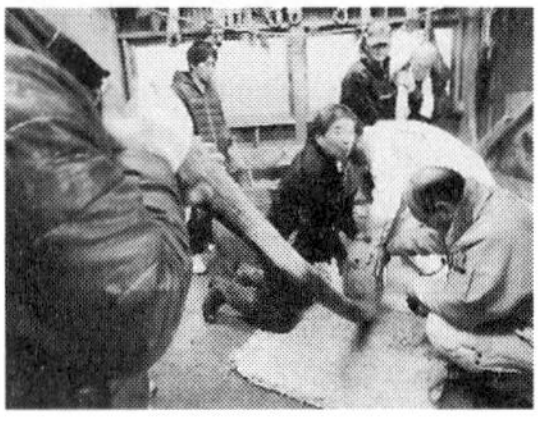

○**餅絡み**

毎年二月第一週の土曜日、朝から一日がかりで餅を飾り立てる。

まず餅の入った竹籠を壊して餅を取り出す。それと並行して葛の弦をたたいて柔らかくする。これを縄のように使い、大餅を添え木に固定する。一部の葛は手で裂いて細いひも状にし、これを細かな所の細工に用いる。またこれを用いて大餅を蜘蛛の巣の様に飾る。その形状は井神と本谷で少し異なる。

これに四本の樫の挟み木を添え、葛弦でしばる。

これらと平行して貝の口の加

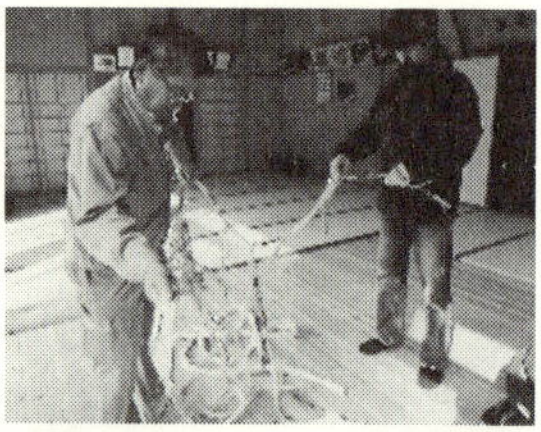

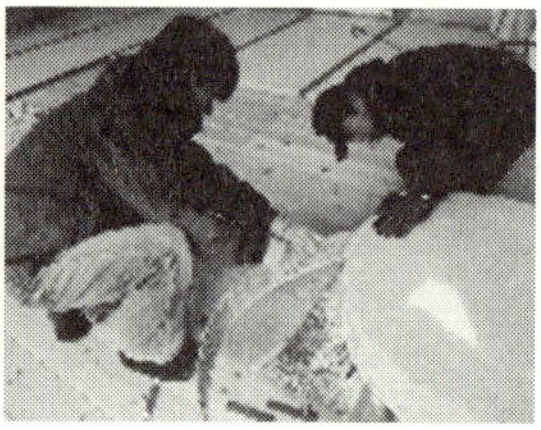

工や、餅とともに集落の各戸に配る牛王串《ごうぐし》作りを行う。

餅を縦に立てて貝の口を取り付ける。

葛の端を細かく裂いて房状にする。

作業を終えた餅はハナノキで飾り横に寝かせ、采と火のついたろうそくを立てる。

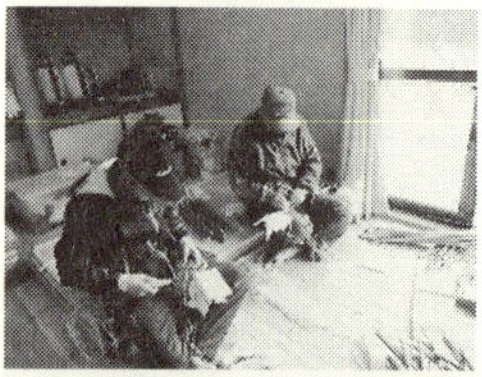

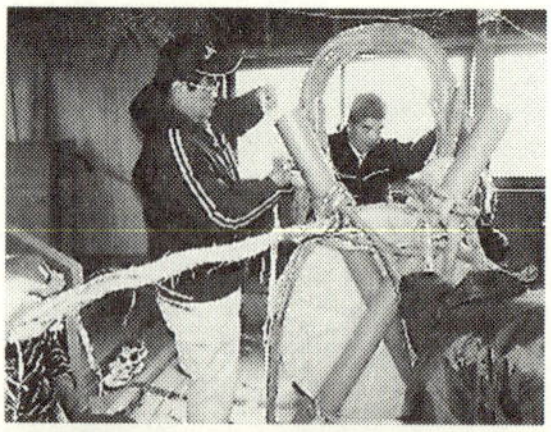

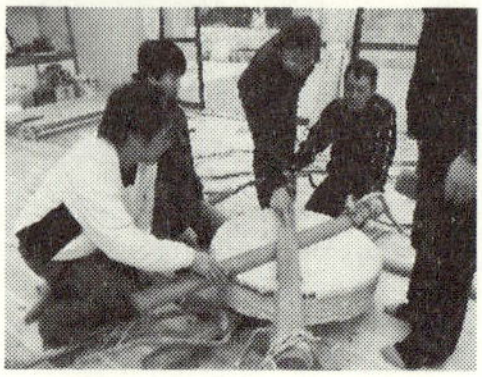

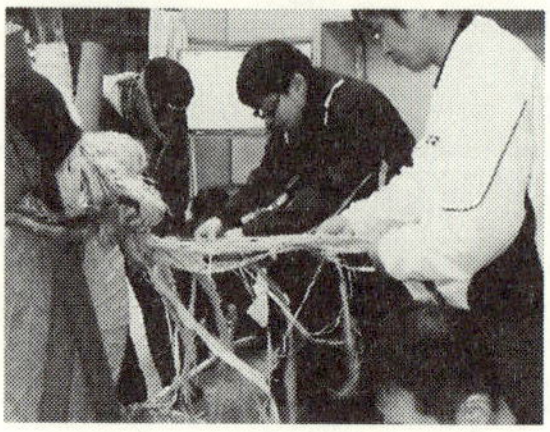

7 餅あげ

毎年二月第一週の土曜日夜に、各集会所から大日堂に大餅を運び込む。このとき大餅に乗せていた采やろうそくははずす。餅を担いで歩くとき、「エンヤー・サッコイ」と声をかける。参加者はすべて平服である。大日堂の中の厨子の前の長押の突起に貝の口をひっかけ葛弦でしっかりと固定する。向かって右側が井神、左側が本谷で、子どもおもっつあんは当番の側の端につるす。

また各地区から、餅の他に四角く固めた白米の飯（糯米七、うるち米三）を各地区一個ずつ持ち込む。これは仏前に備えず、大日堂の棚に置く。弁当を象徴していると思われる。

数名がこの夜大日堂で泊まり、餅の番をする。その際、おもっつあん起源の俗説に基づき、参籠者がゲームを行ったりする。

なお、餅の搬入と同時に大日堂の床下に大きな丸い握り飯を置く。これは大日如来のお使いの「やってさん」が食べると言われている。

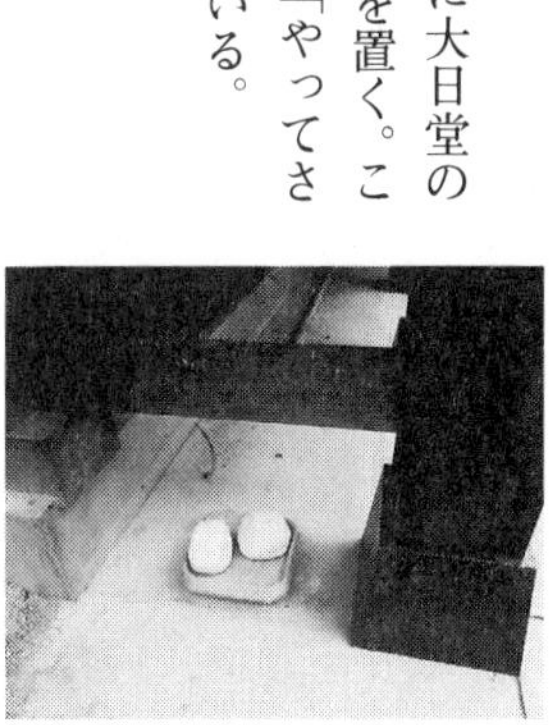

8 餅おろし

餅あげの翌日（毎年二月第一週日曜日）に大日堂で祈願をした後、上半身裸になった成人男子が大餅を担いで「エンヤー・サッコイ」と掛け声をかけながら地区内を練り歩く。子どももおもっつあんでは小学生男女も加わる。次のような特別な役がある。

・童子

地域の小学生から選ばれ、運ばれる餅を先導する。井神、本谷、子どもおもっつあんに各一名、合計三名いる。一生に一回しかできない。毎年違う家から選ばれる。赤、青、白の縞模様の上着や脚絆を身に着ける。

童子と采振り

・采振り

地域の長老格の男子から選ばれる。ただし子どもおもっつぁんでは地元小学校ＰＴＡ会長が務める。童子と共に大餅を先導する。白い上着を着用し、童子同様三名いる。

・奉行

地域の長老格の男子から選ばれる。参加者の長にあたる。裃と袴を着用し、腰には扇をさす。井神、本谷各一名、合計二名いる。

奉行

午後一時ごろ高祖寺の住職が厨子を開き、読経をし、五穀豊穣、天下泰平の願文が読み上げられる。仏前には牛王串がおかれ祈念される。願文の切れ目に臨席者がウツギでできたバチで一斉に前に置いた飯台をたたく。これは鳥追いと呼ばれている。邪気をはらうためとも、穀霊・稲魂に豊作を祈るためとも言われる。

その後住職は一戸あたり二本の牛王串を世話人に渡す。

○締直し

本番を控えて意気を上げる行事でのひとつである。床の畳をどけ、貝の口にかけられた葛弦を解き、大餅を降ろし（ただし子どもおもっつぁんは降ろさない）。縦に立て、「イーヤ・アイ」という掛け声とともに大きく揺すりながら両側から葛を引き合って締め直す。

○稽古荷い

締直しの後、大餅をかつぎ上げ、かけ声とともに激しく何度も往復する。これらが終わった後、始めは堂の縦方向、次いで横方向に動く。（突起にひっかけるだけで縛り付けない。）そしてあらためて一同礼拝をし、奉行を残して堂外に出る。

ここで大人は上半身裸になる。井神、本谷の大餅は大人のみが担ぎ、子どもおもっつぁんは大人（地元の秋鹿小学校の

締直し

稽古荷い

教員も加わる）と児童混合で担ぐ。

餅おろしは子どもおもっつぁん、子どもおもっつぁんの当番の地区、それ以外の地区、の順で行う。

奉行が扇を振って合図をすると童子を先頭に大声をあげながら担い手が大日堂内に駆け込み、勢いよく餅を床に投げ落とす。それを担ぐと大日堂裏側の専用口より大餅を担ぎ出し、「エンヤー・サッコイ」と掛け声をかけながら大日堂の周囲を一周し、井神、本谷それぞれの集落目指して駆け降りる。

その後大餅は集落内を巡る。数か所休憩所があり、最寄の家の住人が酒肴を出して担い手をもてなす。

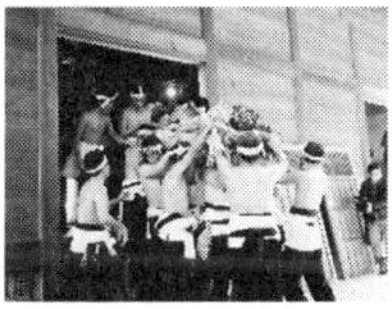

最終的にはそれぞれの地区の集会所に大餅を担ぎこむ。井神では土間で上下に、本谷では集会所前の庭で大餅を担いだまま、掛け声をかけながら前後に往復して大餅を降ろす。

井神

本谷

9 餅切り

集会所に運び込まれた大餅は大きな鎌や両手式餅切り包丁で切り分け、牛王串二本とともに各戸に配られる。（牛王串は一本は家に置き、一本は稲田に立てる）

餅切りをもって一連のおもっつぁ

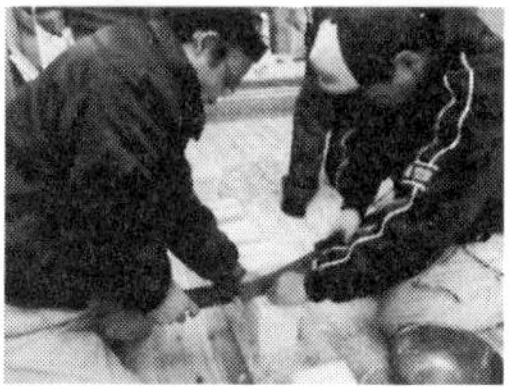

んの行事は終わる。各集会所では慰労の宴が催される。その際、本谷では料理とともに輪切りにした生の大根が提供される。子どもおもっつあんに参加した学童は公民館でお菓子や飲み物が振舞われて労われる。

10　終わりに

復活後のおもっつさんは保存会を立ち上げ、地域の集会所を拠点とし、土・日曜日に大きな行事を行う等、現代社会の情勢に柔軟に合わせて行われている。その中で守るべきものはしっかりと守っている。また子どもおもっつあん等伝統の継承にも心を配っている。

昨今、過疎化、少子化で数々の伝統行事が存続の危機にたっている。また町内会・自治会活動も敬遠され、地域のコミュニティーも見直しの必要に迫られている。そういった情勢の中、おもっつあんから学ぶべき点は多々あると言えよう。

参考文献

・吉岡瑩他『「秋鹿大日堂御頭行事」復活二十五年記念誌』平成十四年三月

・石村春荘他『松江の民俗芸能』昭和五十一年七月

・松江市史編纂委員会『松江市史別編２民俗』平成二十七年九月

土着信仰の対象となった六部
―島根県松江市古志原地区での実例―

神門誠司

1　初めに

六部とは六十六部廻国聖のことであり、元々は法華経を六十六部書き写し、全国の社寺に奉納して回った僧侶をさしていたが、後には遊行の僧侶や巡礼者もこう呼ばれるようになっていった。中世に起源を持ち、江戸時代には盛んに活動した。民衆に近い宗教者であり、六部殺しなどの説話も各地にある。また彼らを記念した六十六部廻国供養塔が各地にある。これらの中には土着信仰の対象となっている事例も見受けられる。本稿ではその一例として松江市古志原地区で事例を報告する。

2　信仰の対象となった六部について

古志原地区で信仰されているのは膳了という法名を持つ六部僧であり、甲斐の国山梨郡釜口村出身と伝えられている。これは現在の山梨市三富地区にあたる。生年月日等は不明だが、享保二（一七一七）年に古志原村（松江市古志原地区）で腹の病気になり、数日間苦しんだ末に死亡したと伝えられている。

その後、古志原村で疫病が流行ったおり、膳了に願をかけて祈ったところ、病が癒えたという。このことが噂となって広まり、近隣の住民の信仰を集めるようになり、石仏や六十六部廻国供養塔が作られ、自然発生的に講も形成された。

3　関連する石造物について

膳了に関する石造物は古志原地区内の二か所にある。

○鍛冶屋坂膳了地蔵及び六十六部廻国供養塔等

松江市古志原緑山苑麓の鍛冶屋坂にいくつかの石造物がある。写真の屋根の下にある二つが膳了を模した石仏である。膳了さん、膳了地蔵等と呼ばれている。

僧形で背中には笈を背負い、腰には鉦を、左手には槌を、右手には錫杖を、といった典型的な六部の姿をしている。

二体あるのは最初の一体（左端）の破損が進み、新たにもう一体作ったからである。左側の石仏の建立年月日は不明であるが、右側の石仏に次のような碑文が刻まれている。

甲州山梨郡釜口村膳了施主角浦文
享保二年酉九月十六日石工万次郎作

このことから一七一七年に作られたことが分かる。

足元が煤けているが、これは煙草の火で焙ったからとも伝えられている。この煤を持ち帰り、病人の患部に塗る人もいたという。また腹が痛いときには石仏の腹部を、足が痛いときには石仏の足をなでたりしていた。

さらに旅に出るものへの加護が篤いとされ戦前・戦中には出征の無事を祈ることもあった。

右端にあるのが六十六部廻国供養塔である。正面碑文は次のとおりである。

（梵字）天下泰平宝暦戊四年願主　田中喜久衛門
（梵字）奉納太乗妙典六十六部日本回国塔
（梵字）日月清明八月吉辰年法名普□印心

これから宝暦四（一七五四）年にこの石塔が建立されたことが分かる。また背面には「南無大師遍照金剛」の記述があり、大師信仰と習合していたことが伺われる。

周囲には狛犬など様々な石造物があるが来歴は不明である。

○観音堂前の六十六部廻国供養塔

前述の石造物群から数百メートル離れた国道四三二号線近くの観音堂にも六十六部廻国供養塔がある。碑文は次のとおりである。

（梵字）天下泰平安永三甲午
（梵字）奉納大乗妙典六十六部廻国
（梵字）日月清明四月吉祥日当邑性西

このことから安永三（一七七四）年に建立されたことが分かる。また古志原村由来記によると建立の経費が十四貫四百文かかったという記録がある。

これらの石造物はいずれも松江と松江開府前の城下町広瀬を結ぶ街道・広瀬往還に面している。

4　膳了講について

講は古志原地区の住人を中心に結成されていたが、膳了の法要で使われていた双盤に、弘化三（一八四六）年の年号と、願主として西津田村（現松江市西津田）の住人の名前が刻まれており、また、大正五（一九一六）年九月奉納垂れ幕と昭和八（一九三三）年九月奉納幕には乃木村（松江市乃木地区）の住人の名が多数列記されている。これらのことから地元古志原にとどまらず、広く近隣住民の信仰を集めていたことが伺われる。

そしてこの講を中心に一連の石造物の維持管理や献花等を行っていたが、当番などが決まっていたわけではなく、参加者の自発的な活動であったらしい。

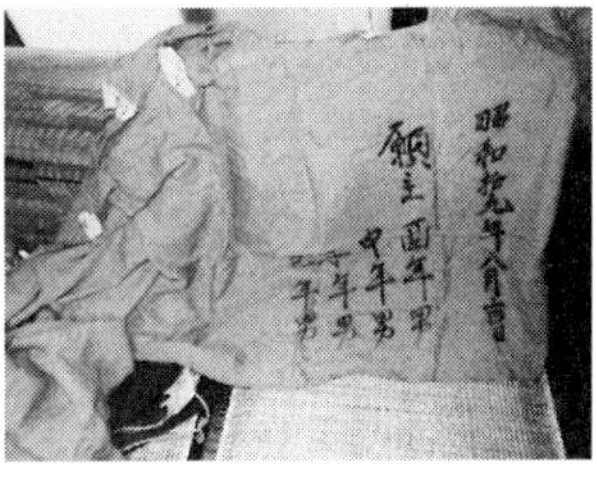

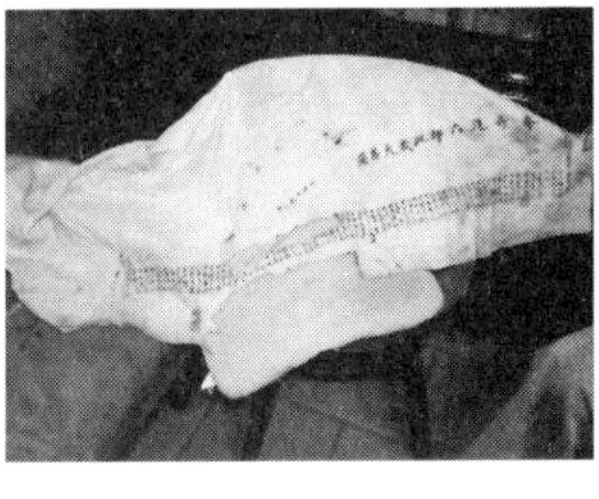

5　膳了に関する祭について

古くから鍛冶屋坂の膳了地蔵の前で、毎年九月十五、十六、十七日に祭を行っていた。僧侶を呼び、膳了地蔵の前で読経が行われた。この時には出店が出て盆踊りも行われていたという。これらの日が選ばれたのは九月十六日が膳了の命日だと伝えられているからである。また膳了を描いた木版刷りのお札を参拝者に配っていた。

この祭は戦後間もなく途絶えたが、平成に至るまで秋の彼岸に僧侶を招いて法要が行われていた。これも現在では途絶え、近年は秋の彼岸のころの有志による清掃活動という形になっている。

また前述の双盤や幕、お札の版木等が膳了講の世話役である松本満氏の家に遺されている。

6　山梨県の旧三富村との交流

膳了講の世話人のひとりであった門脇敦美氏（故人）が、膳了の出身地の釜口村が山梨県東山梨郡三富村にあたる（その後市町村合併で山梨市の一部となる）ことをつきとめ、調査を依頼した。それに答える形で平成六年に三富村から調査員が来た。しかし三富村には資料がなく、膳了の俗名が分からなければ調べようもないということだった。

三富村は金峰山、国師岳、大嶽那賀神社とという山岳信仰の対象があり、修行者が多く、また六部信仰を伺わせる板碑もあるとのことだった。

7　終わりに

廻国塔は全国に残されているが、それが二つあり、しかも石像まで作られ信仰の対象になっているのは異例なことである。それだけ膳了が篤い信仰を集めていたと言える。一種の流行り神だったとも言えよう。古志原地区は水の便が乏しく、江戸時代にはたいへん苦労しながら開拓が行われた。膳了信仰は人々の心の支えでもあったとも言えよう。

ただ、近年の地域社会情勢の変化により、その継承が課題になっているのも感じる。祭の廃絶はその象徴と言えよう。

なお、平成三十年に古志原公民館が中心になり、膳了を題材とした子ども向け紙芝居が作られ、小中学校等にも寄贈された。今後の活用が注目される。

参考文献
・門脇勇他『古志原のあゆみーわがとこ聞きある記』平成二十三年三月
・福田アジオ他『日本民俗大辞典下』吉川弘文館 -平成十二年四月
・古志原由来記（未刊行）
・三富村村誌編纂委員会『笛吹の里みとみ村誌だより』平成六年十月

下蚊屋の荒神神楽の古面

福代　宏

鳥取県日野郡江府町下蚊屋集落は、大山道のうちのひとつ横手道沿い、延助宿（岡山県川上村）から大山領御机村（江府町御机）に到る道中の伯耆・美作の国境にある山間の村である。江戸時代は小椋姓に象徴される木地師（塗師）の集落であったが、明治以降は農業を中心の生業としている。

　ここに伝承される県指定無形民俗文化財である「下蚊屋の荒神神楽」は、出雲神楽を源流としながらも美作地方の荒神神楽の流れをくむとされる（『鳥取県の地名』、『鳥取県文化財調査報告集　第8集』など）一方で、江戸時代の終わりから明治時代にかけて、古くから交流のあった備中の茅葺き職人が伝えたという（野津龍『鳥取県祭り歳時記』など）説がある。

　採り物を操る手首の柔らかい動きの芸態などに特徴があり、神役の頭に挿す耳（あるいは角）状の紙製の飾りなど、備中神楽と共通するものが見られる。氏神である山口神社境内に伝習施設があり、ここには、現在では使用されない神楽の面をはじめとする諸道具が保存されている。平成元年、江府町教育委員会による『江府町の文化財探訪』によると、

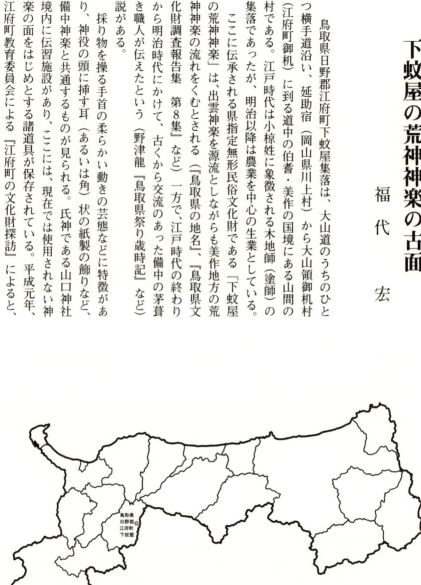

「下蚊屋の木地師・塗師により、各種神楽面等の用具を手作りにより取揃え…」とあるように、明治時代、石膏型に粘土を詰めて作った型に石州半紙を使って重ね張りし、乾燥後型からはずして彩色し、仕上げるような現在主流の和紙張りの軽い神楽面に改造される以前のものである。今回はこれらの古い面一八種二〇点を報告したいと思う。

なお未調査であるが、現在使用されない古い装束類（陣羽織、袖、袴の類）も伝わっている。それらは現在山陰地方に多く流通される金襴仕立てや、黒ビロードの地に金糸銀糸を使用し、龍や唐獅子の刺繍などを縫いつけた神楽衣装以前のものである。昭和前期には米子市の衣料店で製作していたという情報もあり、地方の神楽道具の調達方法がうかがえる資料である。

一　神楽面（神面）スサノオ

眉が太く、男性的で緊張感のある面。桐製か。
法量（縦・幅・厚）二三・三×一七・〇×一〇・五

二　神楽面（姫面）イナタヒメA

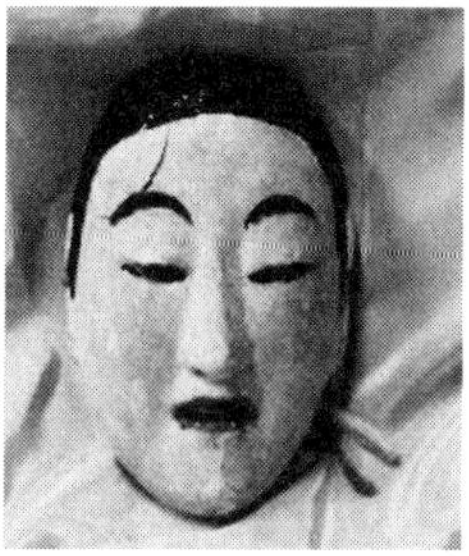

成人男性が着けると顔が少しはみ出るほどのやや小ぶりな面。朴製。
一九・八×一二・五×四・八

三　神楽面（姫面）イナタヒメB

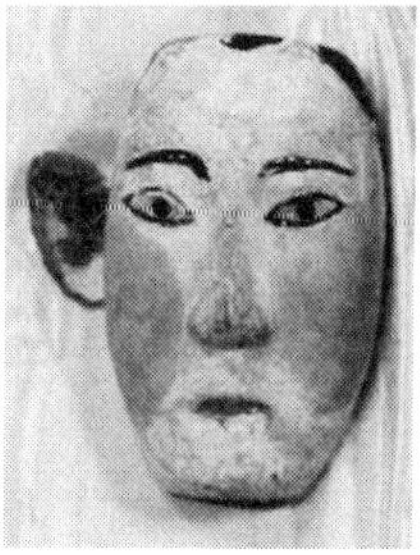

古いイナタヒメか。
一九・五×一二・〇×二・〇

四　神楽面（神面）サルタヒコ

鼻高面の猿田彦。下蚊屋の猿田彦は一体で舞う。

二二・五×一七・〇×一八・五

五　神楽面（神面）二柱A

経津主と武甕槌とは似通う面で、神能「国譲」に登場。「作州進」と墨書銘がある。

二一・五×一四・五×八・〇（両者とも）

六　神楽面（神面）二柱B

古い経津主（左）と武甕槌（右）。曽我兄弟などの演目にも使ったという。

二〇・八×一二・八×六・〇

二一・〇×一三・〇×七・五

七　神楽面（神面）恵比須

事代主の面。桐製。

二三・七×一五・〇×六・五

八　神楽面（神面）大黒A

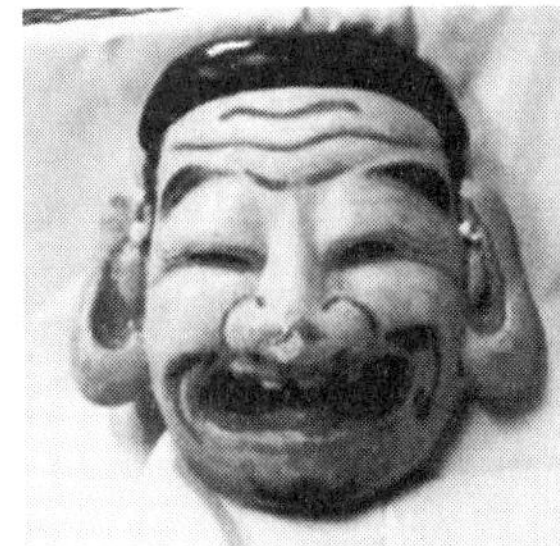

大国主の面。桐製。
二五・〇×二四・五×七・五

九　神楽面（神面）大黒B

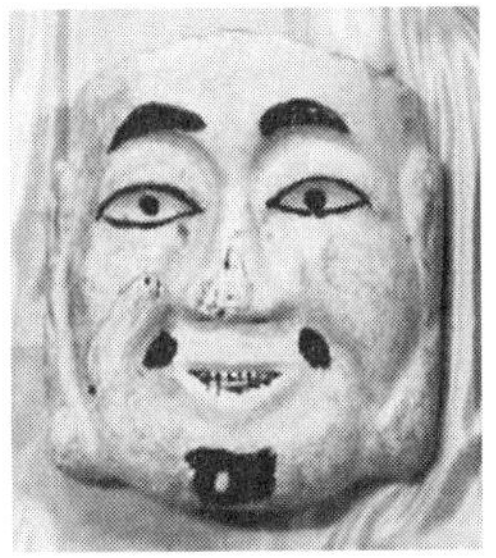

古い大国主か。桐製。
二〇・五×一七・〇×六・五

一〇　大蛇

面をかぶっても前が見えるように、衣装に寒冷紗が用いられている。朴製で重いため、片手で抑えていたという。
本体（角）一九・五（+一〇・〇）×三五・五（+一〇・五）×五〇・〇（+一五・五）

一一　大蛇の霊魂A

朴製。
二八・三×一八・五×一一・〇

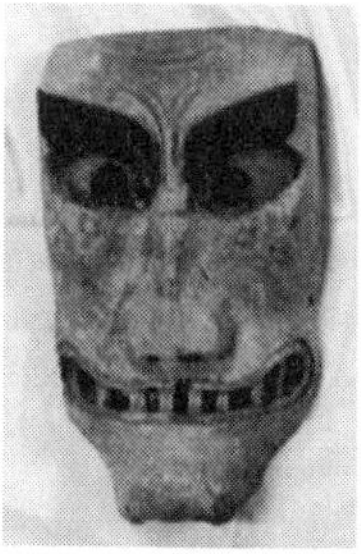

一二　大蛇の霊魂B

古い大蛇の霊魂。

二四・五×一四・五×五・五

一三　神楽面（神面）松尾明神

松尾明神か。

一六・八×一三・〇×四・三

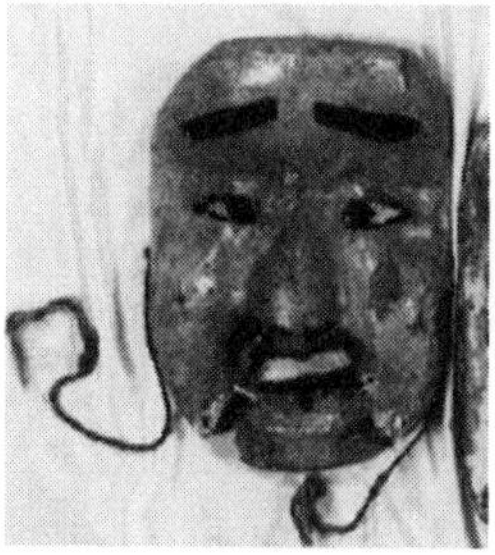

一四　神楽面（神面）木名玉明神

木名玉明神か。

二一・二×一五・〇×六・五

一五　伝来不詳

二一・〇×一五・〇×六・五

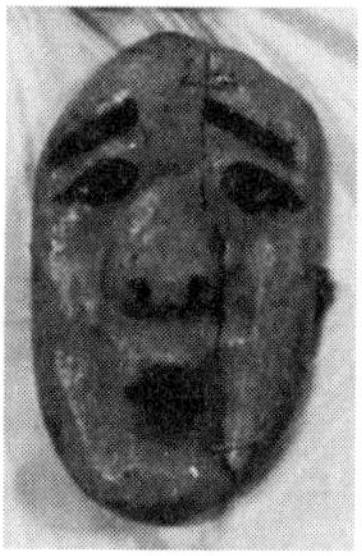

一六　伝来不詳

二〇・〇×一二・五×四・五

一七　伝来不詳

二三・〇×一四・五×五・五

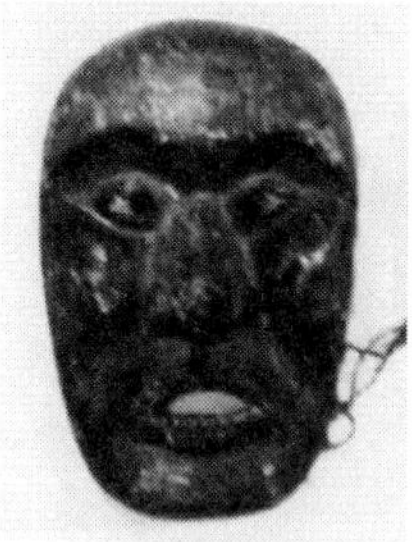

一八　伝来不詳

二五・〇×一七・〇×五・〇

民俗写真編

石塚尊俊

築地松と高畝（出雲市・昭和30年代）

築地松の土塁（出雲市稲岡町・昭和30年代）

蔵（能義郡・昭和30年代）

妻入りの町並み（出雲市平田町・昭和20年代？）

杉板葺き石置屋根の民家（隠岐の島町犬来・昭和30年代）

民家（能義郡・昭和30年代）

中門造りの民家（松江市八雲町熊野・昭和37年頃）

反り棟の民家（出雲市斐川町・昭和30年代）

出雲の泥天神（出雲市・上段右から明治25年，
明治７年，大正７年製のもの）

いろりとくど（安来市・昭和37年）

コイ部屋（松江市美保関町千酌・昭和30年代）

初誕生（出雲市・昭和40年代？）

恵比須棚の正月飾り（松江市美保関町福浦・昭和35年）

歳徳棚（松江市美保関町福浦・昭和35年）

力餅（大田市波根町・昭和35年）

くわぞめ（松江市島根町野波・昭和35年）

木祭り（出雲市塩津町・昭和35年）

正月飾り（松江市鹿島町御津・昭和35年）

若水（松江市美保関町福浦・昭和35年）

鳥追い（松江市美保関町福浦・昭和35年）

龍神祭（松江市美保関町笠浦・昭和35年）

お田植え神事（松江市美保関町千酌・昭和35年）

グロ（大田市五十猛町・昭和35年）

頭屋飾り（出雲市坂浦町・昭和35年）

正月の大寄り（頭渡し）（松江市美保関町雲津・昭和35年）

荒神面（仮屋行事）（大田市・昭和35年）

オコナイ（出雲市塩津町・昭和35年）

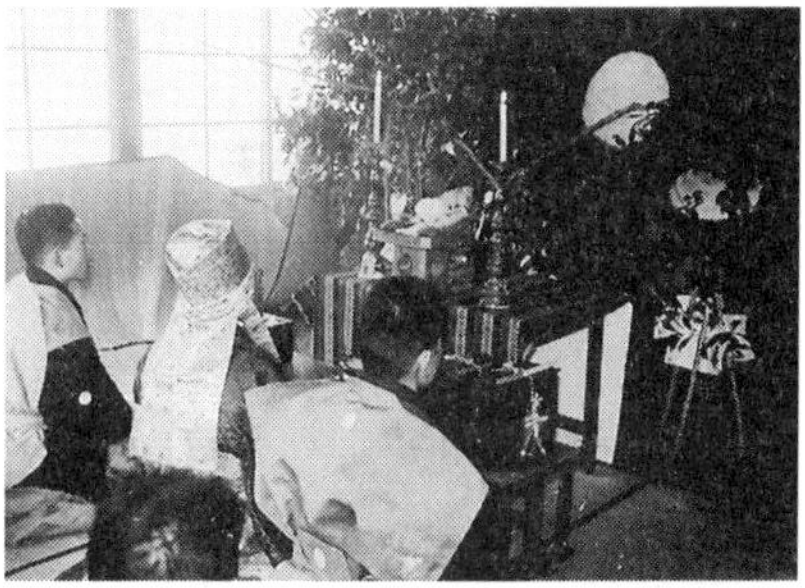

オコナイ（松江市美保関町雲津・昭和35年）

オトウ（同右）

オトウ（松江市鹿島町片句・昭和35年）

オトウ（同上）

歳徳神祭（頭屋の門口）（出雲市小伊津町・昭和35年）

歳徳神祭（同右）

歳徳神祭（出雲市小伊津町・昭和35年）

ガガマ（松江市島根町瀬崎・昭和35年）

歳徳神祭（神楽〈手草〉）（出雲市小伊津町・昭和35年）

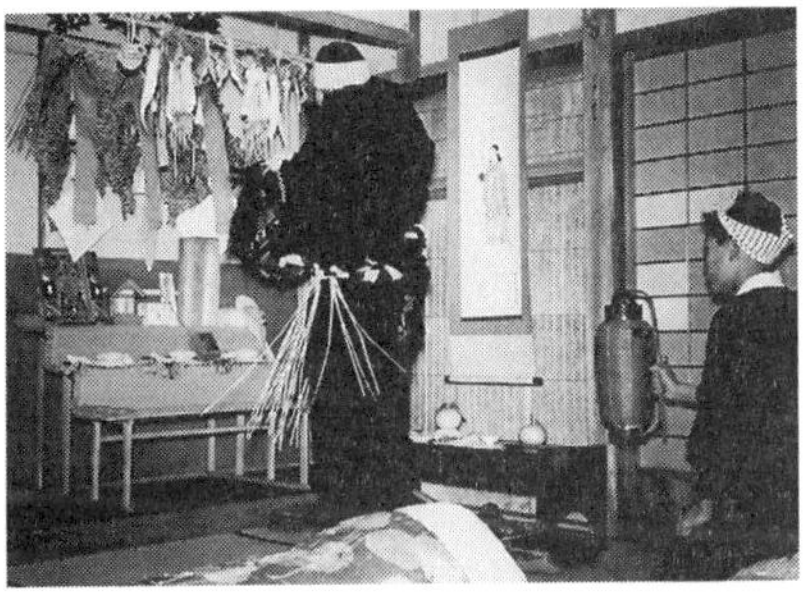
ガガマ（同上）

ガガマ（同左）

青柴垣神事（トーメー）（松江市美保関町美保関・昭和35年）

めしくらべ（出雲市塩津町・昭和35年）

青柴垣神事（當屋）（同上）

青柴垣神事（當屋・大忌人・供人）（同左）

七夕の桟敷（出雲市斐川町・昭和40年代？）

青柴垣神事（田楽）（松江市美保関町美保関・昭和35年）

シャーラ船送り（安来市西赤江町・昭和40年代？）

客神祭（松江市美保関町北浦・昭和30年代？）

亥の子（昭和40年代？）

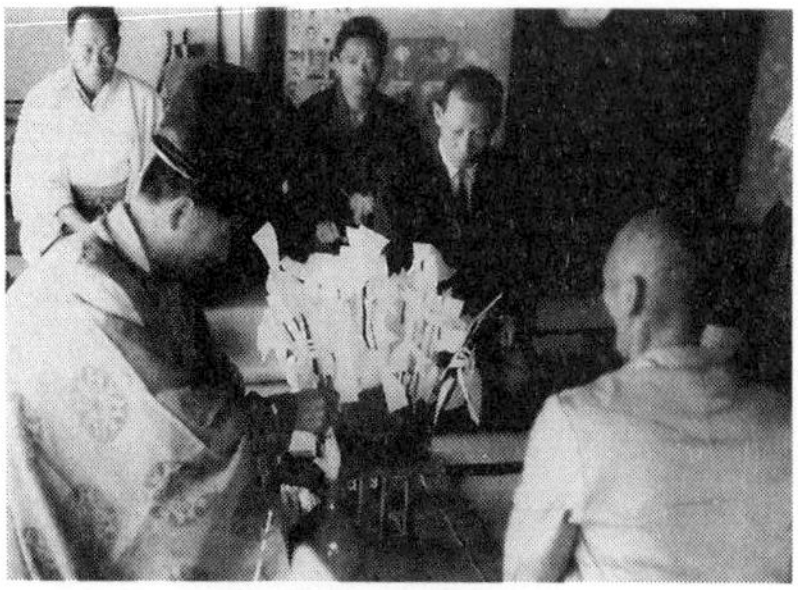

ヨメノエノ神事（酒作り）（同右）

ヨメノエノ神事（イカ釣り）（松江市島根町瀬崎・昭和40年代?）

にんじん畑の囲い（松江市八束町・昭和38年頃）

ヨメノエノ神事（籾すり）
（松江市島根町瀬崎・昭和40年代？）

かかし（出雲市斐川町・昭和29年）

牛耕（出雲市・昭和29年）

菅谷たたら（山内）（同右）

菅谷たたら（高殿）（雲南市吉田町・昭和41年）

鉄穴流し（奥出雲町大呂・昭和42年）

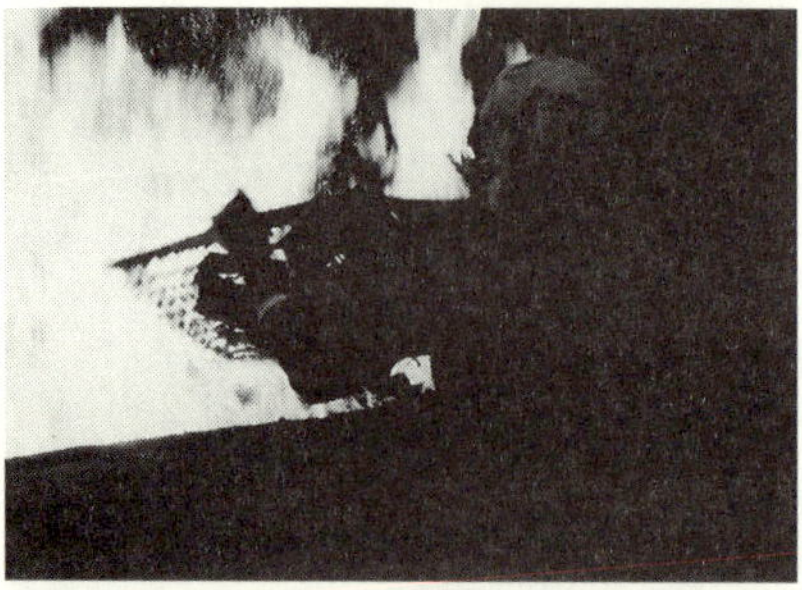

新菅谷たたら（炭入れ）（雲南市吉田町・昭和43年）

八雲たたら（出雲市知井宮町・昭和18年）

炭焼小屋（雲南市吉田町・昭和43年）

新菅谷たたら（炉の製作）（雲南市吉田町・昭和43年）

新菅谷たたら（鉧だし）（同上）

筒描藍染（浅尾紺屋）（出雲市大津町・昭和40年代？）

筒描藍染（福原紺屋）（松江市秋鹿町・昭和40年代？）

筒描藍染（浅尾紺屋）（出雲市大津町・昭和40年代？）

広瀬絣（安来市広瀬町・昭和30年代？）

トモド（オモキを彫る）（西ノ島町・昭和33年）

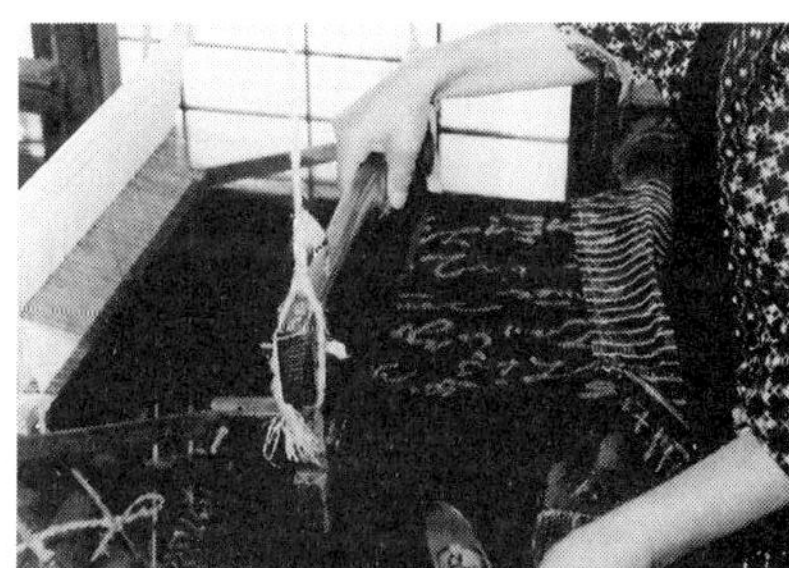

広瀬絣（安来市広瀬町・昭和30年代？）

ソリコ船（松江市八束町・昭和30年代？）

トモドでのカナギ漁（西ノ島町・昭和33年）

原田神楽（御門開き）（隠岐の島町原田・昭和50年代）

佐陀神能（翁）（松江市鹿島町・昭和35年）

原田神楽（鹿島）（隠岐の島町原田・昭和36年）

原田神楽（切部）（隠岐の島町原田・昭和50年代）

久見神楽（神酒供え）（隠岐の島町久見・昭和38年頃）

原田神楽（玉蓋）（隠岐の島町原田・昭和50年代）

久見神楽（注連行）（同上）

久見神楽（注連行）（同左）

島前神楽（御注連行事）（西ノ島町？・昭和36年頃）

久見神楽（三十番神巡り）（隠岐の島町久見・昭和38年頃）

黒沢囃子田（同右）

黒沢囃子田（浜田市三隅町・昭和40年頃）

黒沢囃子田（同上）

黒沢囃子田（同上）

虫送り踊り（邑南町矢上鹿子原・昭和40年代？）

黒沢囃子田（同上）

坂田友宏

湯梨浜町（旧泊村）小浜海岸付近の墓地
（かつての墓石・昭和60年前後）

米子市夜見の御祷祭り
（祷屋宅での神事・昭和55年前後）

米子市夜見の御祷祭り（祷屋宅での神事・昭和55年前後）

米子市夜見の御祷祭り
（祷屋宅での神事・昭和55年前後）

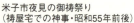

島根町大芦の土葬直後の埋め墓
(かつての狼脅し・昭和60年前後)

安来市伯太町安田関の申し上げ
(天台宗寺院の僧侶による荒神祭祀・
昭和55年前後)

南部町下阿賀の申し上げ
(頭屋宅での神事・昭和55年前後)

南部町下阿賀申し上げに持参する
米一升を入れる袋
(小包み・昭和55年前後)

※写真はいずれも昭和60年前後

大芦荒神祭（綱打ち）

大芦荒神祭（綱盗み）

大芦荒神祭（綱隠し）

大芦荒神祭（綱隠し）

大芦荒神祭（御神木）

大芦荒神祭（綱引き）

大芦荒神祭（御幣を切る）

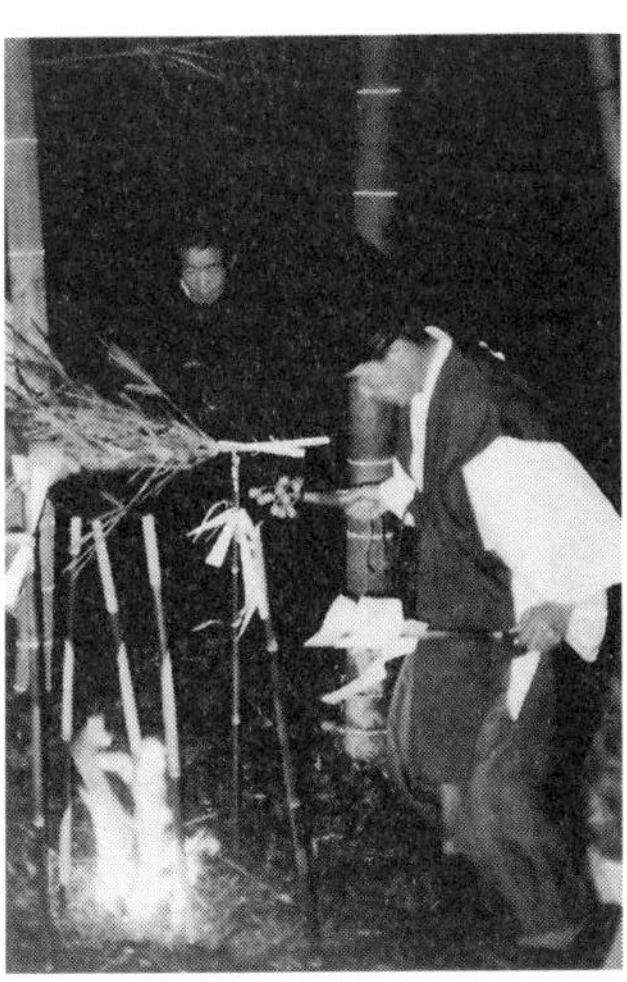

大芦荒神祭（反閇）

大芦荒神祭（祭典）

喜多村　理　子

大正十一年（一九二二）四月の嫁入り

（故野津治子氏提供）

島根県八束郡乃木村から簸川郡荘原村へ嫁ぐ前の記念撮影

嫁入り荷物の出発

野代神社下を通る嫁入り荷物の行列

田淵正一

粟畑

鳥取県八頭郡若桜町根安

二〇〇九（平成二十一）年八月三十日

焼畑

島根県美濃郡匹見町石谷
一九七〇（昭和四十五）年八月

カッコウ（虫除け）

ハタカリ（伐り開き）

火防を作る

ハタ焼き

ハタ焼き

三椏生産組合の人達

三椏の畑（後《ウシロ》ケ迫《サコ》）

神門誠司

ホーランエンヤ

松江市大橋川他

平成二十一（二〇〇九）年五月

ホーランエンヤ環御祭

ホーランエンヤ神輿船

ホーランエンヤ大井櫂伝馬船

ホーランエンヤ大海崎櫂伝馬船

ホーランエンヤ馬潟櫂伝馬船

ホーランエンヤ福富櫂伝馬船

ホーランエンヤ矢田櫂伝馬船

ホーランエー
益田市高津川河口
平成二十（二〇〇八）年八月

グロ

大田市五十猛町大浦

グロ全景

中央の柱

グロ内部

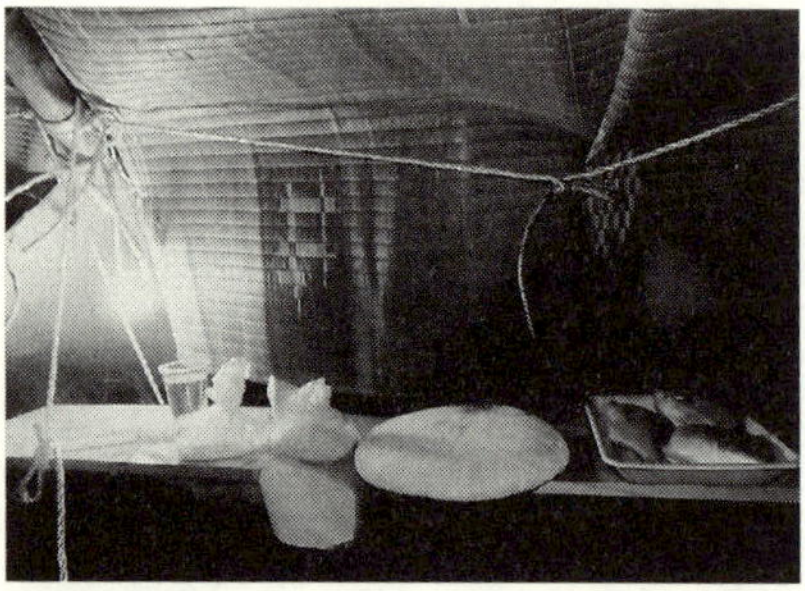

祭壇

魚瀬とんど
松江市秋鹿町魚瀬
平成十四（二〇〇二）年一月

大草おもっつぁん
松江市大庭町大草
平成二十七（二〇一五）年一月

八雲おもっつぁん
松江市八雲町
平成二十八（二〇一六）年一月

中野秋鹿

八子の申し上げ祭り
鳥取県南部町八金
平成二十八（二〇一六）年十二月十日

下蚊屋《さがりかや》荒神神楽

鳥取県江府町下蚊屋
大山寺三宝荒神社跡地での奉納
平成二十八（二〇一六）年十一月三日

猿田彦命舞

蛇亡魂

歴代代表の事蹟

浅沼政誌

初代　岡　義重代表委員

在任期間　一九五四年（昭和二十九）～一九七五年（昭和五十）

1. 略　歴

一八九六年（明治二十九）二月二十八日　島根県出雲市に生まれる
一九二四年（大正十三）　島根県教員養成所修了
一九四四年（昭和十九）　伊波野村国民学校教頭
一九四七年（昭和二十二）　飯石郡須佐中学校教諭
一九四九年（昭和二十四）　飯石郡須佐中学校退職
一九五〇年（昭和二十五）　国立国語研究所地方調査員（～一九六五年（昭和四十））
一九六三年（昭和三十八）　国立国語研究所地方研究員
一九七一年（昭和四十六）　島根新聞地域開発文化賞受賞
一九七五年（昭和五十）　逝去、勲五等瑞宝章受章

＊委員等

一九五四年（昭和二十九）　山陰民俗学会代表委員（～一九七五年（昭和五十））
一九六〇年（昭和三十五）　出雲市文化財審議会臨時委員
一九六二年（昭和三十七）　島根県文化財専門委員（～一九七五年（昭和五十））

2. 著書・論文等

（1）主要著書

「斐伊川」『斐川読本』上巻、簸川郡教育会、一九三三年（昭和八）
「出雲の童謡」『旅と伝説』七六、三元社、一九三四年（昭和九）
「子供の遊び」『山陰の民俗』第一集、島根新聞社、一九四八年（昭和二十三）
「五　昔以前・田と田の神」『山陰の民俗』第二集、島根新聞社、一九四九年（昭和二十四）
『出雲市誌』（共著）、出雲市役所、一九五一年（昭和二十六）
「簸川平野の築地松」『島根の建築』、日本建築学会、一九

五三年（昭和二十八）

『伊波野村誌』伊波野村廃村記念会、一九五五年（昭和三十）

「出雲地方の農業慣行・頭屋制と村落構造」『山陰農村の社会構造』、東京大学出版会、一九五九年（昭和三十四）

「出雲地方の染色について」『島根県文化財調査報告』第二集、島根県教育委員会、一九六六年（昭和四十一）

『斐川町誌調査報告』第一集（共著）、斐川町誌編纂委員会、一九六六年（昭和四十一）

『斐川町誌調査報告』第二集（共著）、斐川町誌編纂委員会、一九六六年（昭和四十一）

『斐川町誌調査報告』第三集（共著）、斐川町誌編纂委員会、一九六七年（昭和四十二）

『斐川町誌調査報告』第四集（共著）、斐川町誌編纂委員会、一九六八年（昭和四十三）

「藤はばき」『季刊文化財』第六号、島根県文化財愛護協会、一九六八年（昭和四十三）

「出雲平野の屋敷構えについて」『島根県文化財調査報告』第六集、島根県教育委員会、一九七〇年（昭和四十五）

『出雲隠岐の民具』（共著）、慶友社、一九七一年（昭和四十六）

「斐川町の文化遺産」『斐川町史』、斐川町教育委員会、一九七二年（昭和四十七）

（遺稿）『郷土斐川物語』、斐川町有線放送電話協会、一九七六年（昭和五十一）

（遺稿）『昭和二十七年春出雲地方方言の記録　斐川地方弐千語』、特定非営利活動法人出雲学研究所、二〇一三年（平成二十五）

(2) 編集

『出雲の民話』（共編）、未來社、一九五八年（昭和三十三）

(3) 主要論文

「簸川平野民家考」『島根評論』第七巻第一一号、島根評論社、一九三〇年（昭和五）

「出雲の当屋」『民間伝承』第一巻第九号、民間伝承の会、一九三六年（昭和十一）

「御忌祭外五項（共同課題報告）」『民間伝承』第二巻第一号・第二号、民間伝承の会、一九三六年（昭和十一）

「屋号」『民間伝承』第二巻第二号、民間伝承の会、一九三六年（昭和十一）

「アテヌキ・ミミ」『民間伝承』第二巻第三号、民間伝承の会、一九三六年（昭和十一）

「シンビリ」『民間伝承』第二巻第六号、民間伝承の会、一九三七年（昭和十二）

「千度参外三項」『民間伝承』第三巻第五号、民間伝承の

会、一九三八年（昭和十三）

「出入者外二項」『民間伝承』第三巻第八号、民間伝承の会、一九三八年（昭和十三）

「禁忌について」『民間伝承』第三巻第一〇号、民間伝承の会、一九三八年（昭和十三）

「出雲富村の頭屋」『島根評論』第一五巻第一〇号、島根評論社、一九三八年（昭和十三）

「地名二三」『島根民俗』第一巻第二号、島根民俗学会、一九三八年（昭和十三）

「新田氏と出雲富村」『島根評論』第一六巻第三号、島根評論社、一九三九年（昭和十四）

「出雲斐伊川下流の童謡」『島根民俗』第一巻第五号、島根民俗学会、一九三九年（昭和十四）

「シトナル・荒神の竜」『民間伝承』第五巻第五号、民間伝承の会、一九四〇年（昭和十五）

「頭屋に就いて」『島根評論』第一七巻第二号、島根評論社、一九四〇年（昭和十五）

「田植神事」『島根民俗』第二巻第四号、島根民俗学会、一九四〇年（昭和十五）

「児童の遊び」『民間伝承』第六巻第一〇号、民間伝承の会、一九四一年（昭和十六）

「埋葬地・樹木信仰」『民間伝承』第六巻第一二号、民間伝承の会、一九四一年（昭和十六）

「正月神飾」『民間伝承』第八巻第一〇号、民間伝承の会、一九四三年（昭和十八）

「盆祭」『民間伝承』第九巻第三号、民間伝承の会、一九四三年（昭和十八）

「八朔のハカリゾメ」『民間伝承』第九巻第五号、民間伝承の会、一九四三年（昭和十八）

「コメエナイコ」『民間伝承』第一〇巻第四号、民間伝承の会、一九四四年（昭和十九）

「俚諺と躾」『民間伝承』第一一巻第一号、民間伝承の会、一九四六年（昭和二十一）

「富神社の祭祀その他」『民間伝承』第一一巻第四号、民間伝承の会、一九四七年（昭和二十二）

「簸川平野のニホ」『民間伝承』第一一巻第五号、民間伝承の会、一九四七年（昭和二十二）

「ねこはげばあじ　その他」『島根民俗通信』第一号、島根民俗学会、一九四七年（昭和二十二）

「出雲の食言葉」『民間伝承』第一二巻第三号、民間伝承の会、一九四八年（昭和二十三）

「食う言葉」『島根民俗通信』第四号、島根民俗通信部、一九四八年（昭和二十三）

「思い出の遊び」『島根民俗通信』第八号、島根民俗通信部、一九四八年（昭和二十三）

「カドナ資料」『出雲民俗』第一号、出雲民俗の会、一九四

九年（昭和二十四）
「焼米その他」『出雲民俗』第二号、出雲民俗の会、一九四九年（昭和二十四）
「正月行事その他（須佐）」『出雲民俗』第四号、一九四九年（昭和二十四）
「キソが悪いこと―伊波野の葬制禁忌」『出雲民俗』第六号、出雲民俗の会、一九四九年（昭和二十四）
「兆占禁呪（西須佐）」『出雲民俗』第九号、出雲民俗の会、一九五〇年（昭和二十五）
「出雲の鴉など」『民間伝承』第一四巻第七号、民間伝承の会、一九五〇年（昭和二十五）
「出雲の井と田の神」『民間伝承』第一四巻第八号、民間伝承の会、一九五〇年（昭和二十五）
「熊子のからはたぎ」『出雲民俗』第一四号、出雲民俗の会、一九五二年（昭和二十七）
「雲陽誌所収の叢祠」『出雲民俗』第一五号、出雲民俗の会、一九五二年（昭和二十七）
「なばえ師（西須佐上宮原）」『出雲民俗』第一七号、出雲民俗の会、一九五二年（昭和二十七）
「出雲簸川郡諸方荒神聞書」『出雲民俗』第一八号、出雲民俗の会、一九五三年（昭和二十八）
「簸川飯石地方療法覚書」『出雲民俗』第二〇号、出雲民俗の会、一九五三年（昭和二十八）
「多賀神社と万九千社」『出雲民俗』第二一号、出雲民俗の会、一九五三年（昭和二十八）
「出雲のつけぎ製造の一例」『山陰民俗』第一号、山陰民俗学会、一九五四年（昭和二十九）
「出雲の頭屋」『山陰民俗』第二号、山陰民俗学会、一九五四年（昭和二十九）
「八束郡諸方荒神聞書」『山陰民俗』第四号、山陰民俗学会、一九五四年（昭和二十九）
「湯屋谷考」『山陰民俗』第六号、山陰民俗学会、一九五五年（昭和三十）
「氏子の四階級」『日本民俗学』第三巻第三号、日本民俗学会、一九五五年（昭和三十）
「出雲斐川村のトンド頭屋」『山陰民俗』第八号、山陰民俗学会、一九五五年（昭和三十）
「童言葉・言草・諺」『山陰民俗』第一〇号、山陰民俗学会、一九五六年（昭和三十一）
「童言葉・言草・諺（承前）」『山陰民俗』第一一号、山陰民俗学会、一九五六年（昭和三十一）
「出雲簸川郡平坦地の民俗」『山陰民俗』第一二号、山陰民俗学会、一九五六年（昭和三十一）
「童言葉・言草・諺（承前）」『山陰民俗』第一四号、山陰民俗学会、一九五七年（昭和三十二）
「隠岐民俗拾遺」『山陰民俗』第一五号、山陰民俗学会、一

九五七年（昭和三十二）

「続隠岐民俗拾遺」『山陰民俗』第一六号、山陰民俗学会、一九五八年（昭和三十三）

「島根県方言研究小史」『山陰民俗』第一七号、山陰民俗学会、一九五八年（昭和三十三）

「富村の昔の染色」『山陰民俗』第一八号、山陰民俗学会、一九五八年（昭和三十三）

「童言葉・言い草・諺」『伝承』第一号、山陰民俗学会、一九五九年（昭和三十四）

「童言葉・言い草・諺」『伝承』第二号、山陰民俗学会、一九五九年（昭和三十四）

「童言葉・言い草・諺」『伝承』第三号、山陰民俗学会、一九五九年（昭和三十四）

「童言葉・言い草・諺」『伝承』第四号、山陰民俗学会、一九六〇年（昭和三十五）

「きのまた考」『伝承』第五号、山陰民俗学会、一九六〇年（昭和三十五）

「木俣神」『日本民俗学会報』第一三号、日本民俗学会、一九六〇年（昭和三十五）

「鳥取民俗管見」『伝承』第六号、山陰民俗学会、一九六一年（昭和三十六）

「出雲国内の盆踊」『山陰民俗』第二一号、山陰民俗学会、一九六一年（昭和三十六）

「ことばの旅から」『伝承』第八号、山陰民俗学会、一九六二年（昭和三十七）

「須佐朝原聞書」『伝承』第九号、山陰民俗学会、一九六二年（昭和三十七）

「夜打畑・灘肥・茶碗継ぎ」『山陰民俗』第二二号、山陰民俗学会、一九六二年（昭和三十七）

「鹿島町上講武の藤布」『山陰民俗』第二三号、山陰民俗学会、一九六三年（昭和三十八）

「竜と巳」『伝承』第一三号、山陰民俗学会、一九六四年（昭和三十九）

「霜月雑記―よばり神さん」『伝承』第一四号、山陰民俗学会、一九六四年（昭和三十九）

「霜月雑記「山陰路の四季」」『山陰民俗』第二四号、山陰民俗学会、一九六五年（昭和四十）

「霜月雑記―紺屋のことども」、『伝承』第一五号、山陰民俗学会、一九六五年（昭和四十）

「霜月雑記―労働」『伝承』第一六号、山陰民俗学会、一九六五年（昭和四十）

「旧語私解（一）」『山陰史談』第二号、山陰歴史研究会、一九七〇年（昭和四十五）

「ころばた」『季刊文化財』第一六号、島根県文化財愛護協会、一九七一年（昭和四十六）

「旧語私解（二）」『山陰史談』第三号、山陰歴史研究会、

一九七一年（昭和四十六）
「出雲平野の築地松」『季刊文化財』第一七号、島根県文化財愛護協会、一九七二年（昭和四十七）
「旧語私解（三）」『山陰史談』第四号、山陰歴史研究会、一九七二年（昭和四十七）
「旧語私解（四）」『山陰史談』第五号、山陰歴史研究会、一九七二年（昭和四十七）
（遺稿）「簸川平野の食習歳時記」『山陰民俗』第二五号、山陰民俗学会、一九七五年（昭和五十）

（斐川町有線放送電話協会『郷土斐川物語』、一九七六年（昭和五十一）及び山陰民俗学会「故岡義重翁執筆目録」、一九七七年（昭和五十二）より抜粋して作成）

第二代　石塚尊俊代表理事

在任期間　一九七五年（昭和五十）～一九九九年（平成十一）

1．略歴

一九一八年（大正七）九月二十一日　島根県出雲市に生まれる
一九三一年（昭和六）　島根県立大社中学校（現島根県立大社高等学校）卒業
一九四〇年（昭和十五）　國學院大學神道部卒業
一九四〇年（昭和十五）　島根県立安来農業学校（現島根県立安来高等学校）教諭
一九四二年（昭和十七）　島根県立今市高等女学校（現島根県立出雲高等学校）教諭
一九四七年（昭和二十二）　島根県衛生課防疫指導員
一九五五年（昭和三十）　出雲市立第一中学校教諭
一九六二年（昭和三十七）　島根県教育委員会社会教育課文化財保護主事
一九七〇年（昭和四十五）　島根県教育委員会社会教育課主査（文化財担当）
一九七二年（昭和四十七）　島根県教育委員会文化課主査
一九七五年（昭和五十）　島根県教育委員会文化課定年退職
一九七六年（昭和五十一）　國學院大學博士課程単位修得（文学博士）
一九八三年（昭和五十八）　広島修道大学教授
一九九一年（平成三）　広島修道大学退官
二〇一四年（平成二十六）　逝去

＊委員等

一九五二年（昭和二十七）　島根県文化財専門委員（～一九六二年（昭和三十七））
一九七五年（昭和五十）　山陰民俗学会代表理事（～一九九八年（平成十））
一九八八年（昭和六十三）　島根県文化財保護審議会委員（～一九九六年（平成八））
その他　日本民俗学会評議員、国立民族学博物館国内資料調査委員など多数歴任

2．著書・論文等

(1) 主要著書

『日本の憑きもの』未來社、一九五九年（昭和三十四）

『講座日本風俗史』七巻（共著）、雄山閣、一九五九年（昭和三十四）

『西石見の民俗』（共著）和歌森太郎編、吉川弘文館、一九六二年（昭和三十七）

『出雲・隠岐』（共著）地方史研究編、平凡社、一九六三年（昭和三十八）

『島根県下三十地区の民俗』（共著）、島根県教育委員会、一九六三年（昭和三十八）

『日本の文化地理』一四（共著）、講談社、一九六九年（昭和四十四）

『出雲路旅情』（共著）朝日新聞社、一九七一年（昭和四十六）

『出雲隠岐の民具』（共編著）慶友社、一九七一年（昭和四十六）

『鑪と鍛冶』岩崎美術社、一九七二年（昭和四十七）

『出雲文化財散歩』（共著）学生社、一九七三年（昭和四十八）

『日本の民俗―島根』第一法規出版株式会社、一九七三年（昭和四十八）

『鉄』（共著）森浩一編、社会思想社、一九七四年（昭和四十九）

『民俗学への道』山陰民俗学会、一九七五年（昭和五十）

『日本の鉄』（共著）、毎日新聞社、一九七五年（昭和五十）

『芸能論纂』（共著）本田安次博士古希記念会編、錦正社、一九七六年（昭和五十一）

『日本民俗学講座』一（共著）、朝倉書店、一九七六年（昭和五十一）

『日本民俗学の視点』一（共著）、日本書籍株式会社、一九七六年（昭和五十一）

『出雲隠岐の伝説』第一法規出版、一九七七年（昭和五十二）

『講座日本の民俗』三（共著）、有精堂、一九七八年（昭和五十三）

『西日本諸神楽の研究』慶友社、一九七九年（昭和五十四）

※柳田國男賞受賞

『重要無形民俗文化財佐陀神能』佐陀神能保存会、一九七九年（昭和五十四）

『講座日本の民俗宗教』四（共著）、弘文堂、一九七九年（昭和五十四）

『講座日本の民俗宗教』七（共著）、弘文堂、一九七九年（昭和五十四）

『出雲槻之屋神楽』槻之屋神楽保存会、一九八〇年（昭和

五十五）
『神道史の研究』（共著）國學院大學神道史学会編、叢文社、一九八〇年（昭和五十五）
『八雲村の祭祀習俗』八雲村教育委員会、一九八一年（昭和五十六）
『修験道の美術・芸能・文学』Ⅱ（共著）五来重編、名著出版、一九八一年（昭和五十六）
『日本の聖域五　神々の国出雲』（共著）佼成出版社、一九八二年（昭和五十七）
『日本の祭り三　近畿・中国』（共著）世界文化社、一九八二年（昭和五十七）
『神道大系神社編三六　出雲石見隠岐国』神道大系編纂会、一九八三年（昭和五十八）
『日本の祭り七　中国四国編』（編著）講談社、一九八三年（昭和五十八）
『日本のシャマニズムとその周辺』（共著）加藤九祚編、日本放送出版協会、一九八四年（昭和五十九）
『修験道史料集』Ⅱ（共著）五来重編、名著出版、一九八四年（昭和五十九）
『日本の神々七　山陰』（共著）谷川健一編、白水社、一九八五年（昭和六十）
『古代出雲の研究―神と神を祀る者の消長』佼成出版社、一九八六年（昭和六十一）
『出雲信仰』（編著）雄山閣、一九八六年（昭和六十一）
『大梶七兵衛と高瀬川』出雲市教育委員会、一九八七年（昭和六十二）
『神々の聖地』（共著）佼成出版社、一九九〇年（平成二）
『出雲市大津町史』（編著）大津町史刊行会、一九九三年（平成五）
『女人司祭』慶友社、一九九四年（平成六）
『神去来』慶友社、一九九五年（平成七）
『鑪と刳舟』慶友社、一九九六年（平成八）
『山陰の祭祀伝承』（編著）山陰民俗学会、一九九七年（平成九）
『民俗学六十年』山陰中央新報社、一九九八年（平成十）
『中国地方における民俗の地域性』（共著）山陰民俗学会編、山陰民俗学会、一九九九年（平成十一）
『稲荷信仰事典』（共著）山折哲雄編、戎光祥出版、一九九九年（平成十一）
『出雲国神社史の研究』岩田書院、二〇〇〇年（平成十二）
『山陰民俗一口事典』今井書店、二〇〇〇年（平成十二）
『出雲神楽』出雲市教育委員会、二〇〇一年（平成十三）
『民俗の地域差に関する研究』岩田書院、二〇〇二年（平成十四）
『島根県の神楽』（共著）ＫＫ郷土出版社、二〇〇三年（平成十五）

『出雲平野とその周辺―成立・発展・変貌』ワン・ライン、二〇〇四年（平成十六）
『暮らしの歴史』ワン・ライン、二〇〇四年（平成十六）
『金屋子信仰の基礎的研究』（共著）岩田書院、二〇〇四年（平成十六）
『里神楽の成立に関する研究』岩田書院、二〇〇五年（平成十七）
『顧みる八十余年―民俗採訪につとめて』ワン・ライン、二〇〇六年（平成十八）

（2）監修・編集

『出雲市誌』（共編）出雲市役所、一九五一年（昭和二十六）
『出雲の民話』（共編）未來社、一九五八年（昭和三十三）
『日本の民話』（共編）未來社、一九八六年（昭和六十一）
『島根県の神楽』（監修）名古屋郷土出版社、二〇〇二年（平成十四）

（3）主要論文

「ホトホトの話」『上代文化』一七輯、國學院大學上代文化研究会、一九三九年（昭和十四）
「サへの神序説」『國學院雜誌』四六巻二号、國學院大學、一九四〇年（昭和十五）
「金屋子神の研究」『國學院雜誌』四七巻一〇号、國學院大學、一九四一年（昭和十六）
「鑪に於ける禁忌と呪術」『民間伝承』一一巻一〇・一一合併号、民間伝承の会、一九四七年（昭和二十二）
「民俗学における常民の規定」『出雲民俗』二号、出雲民俗の会、一九四九年（昭和二十四）
「狐憑研究覚書」『出雲民俗』八号、出雲民俗の会、一九四九年（昭和二十四）
「鍛冶神の信仰」『出雲民俗』一一号、出雲民俗の会、一九五〇年（昭和二十五）
「金屋子信仰の伝承者としての金屋の問題―その出拠と語義」『出雲民俗』一二号、出雲民俗の会、一九五〇年（昭和二十五）
「金屋子降臨譚」『民俗学研究』三輯、民俗学研究所、一九五二年（昭和二十七）
「地荒神の拡大―出雲簸川平野に於ける試み」『出雲民俗』一八号、出雲民俗の会、一九五三年（昭和二十八）
「お忌み諸社の成立」『出雲民俗』二一号、出雲民俗の会、一九五三年（昭和二十八）
「納戸神をめぐる問題」『日本民俗学』二巻二号、日本民俗学会、一九五四年（昭和二十九）
「山陰における民間伝承の地方的領域」『山陰民俗』一号、山陰民俗学会、一九五四年（昭和二十九）

「雲伯における両墓制とそれ以前」『日本民俗学』三巻一号、日本民俗学会、一九五五年（昭和三十）
「中山陰の屋敷神―特に祭祀団との関連において」『山陰民俗』五号、山陰民俗学会、一九五五年（昭和三十）
「憑物筋の膨張とそれ以前―大分県海辺地方憑物調査報告書」『日本民俗学』四巻一号、日本民俗学会、一九五六年（昭和三十一）
「歳神の滞留とその祭場の問題」『山陰民俗』一四号、山陰民俗学会、一九五七年（昭和三十二）
「いわゆる「お忌みさん」の成立―要旨」『山陰民俗』一四号、山陰民俗学会、一九五七年（昭和三十二）
「隠岐島の同族と同族神」『山陰民俗』一八号、山陰民俗学会、一九五八年（昭和三十三）
「中国地方の民俗」『國學院雑誌』五九巻一号、國學院大學、一九五八年（昭和三十三）
「島根半島における頭屋制序説」『山陰民俗』一九号、山陰民俗学会、一九五九年（昭和三十四）
「山陰海岸の刳舟の分布と祖型」『伝承』創刊号、山陰民俗学会、一九五九年（昭和三十四）
「海村の村連合―平田市佐香地区の場合」『伝承』五号、山陰民俗学会、一九六〇年（昭和三十五）
「隠岐島の通過儀礼」『女性と経験』三巻四号、女性民俗研究会、一九六〇年（昭和三十五）
「備中荒神神楽の研究」『國學院雑誌』六二巻一〇号、國學院大學、一九六一年（昭和三十六）
「民間伝承の地方差とその基盤―中国地方における特に信仰伝承の場合」『日本民俗学会報』一六号、日本民俗学会、一九六一年（昭和三十六）
「八岐の大蛇の譚と芸能と」『伝承』八号、山陰民俗学会、一九六二年（昭和三十七）
「出雲神楽の式三番」『まつり』三号、まつり同好会、一九六二年（昭和三十七）
「信仰伝承の解体をめぐる問題―桜井徳太郎氏の批判に答えて」『日本民俗学会報』二七号、日本民俗学会、一九六三年（昭和三十八）
「美保関町雲津の頭屋行事」『伝承』一〇号、山陰民俗学会、一九六三年（昭和三十八）
「出雲における熊野神の信仰」『國學院雑誌』六五巻一〇・一一合併号、國學院大學、一九六四年（昭和三十九）
「里神楽の成立」『伝承』一三号、山陰民俗学会、一九六四年（昭和三十九）
「荒神神楽について」『岡山民俗』創立一五周年記念号、岡山民俗学会、一九六五年（昭和四十）
「菅谷鑪村下聞書」『山陰民俗』二四号、山陰民俗学会、一九六五年（昭和四十）
「出雲神楽の成立をめぐって」『日本文学論究』二六冊、國

學院大學国語国文学会、一九六七年（昭和四十二）
「方一間くもの下の神楽」『季刊文化財』九号、島根県文化財愛護協会、一九六九年（昭和四十四）
「出雲国庁跡を推理する」『季刊文化財』一一号、島根県文化財愛護協会、一九七〇年（昭和四十五）
「出雲地方の稲荷神」『朱』一一号、稲荷大社、一九七一年（昭和四十六）
「神話劇風の神楽の成立―西日本における「岩戸」の場合について」『季刊文化財』二三号、島根県文化財愛護協会、一九七三年（昭和四十八）
「近世出雲における神職制度」『神道学』八〇号、神道学会、一九七四年（昭和四十九）
「伊弉諾流神道の神祇と祭祀」『まつり』二五、まつり同好会、一九七五年（昭和五十）
「山陰における民俗研究の歴史と課題」『山陰民俗』二五号、山陰民俗学会、一九七五年（昭和五十）
「白蓋考」『山陰民俗』二六号、山陰民俗学会、一九七六年（昭和五十一）
「ムコ神さんをたずねる」『山陰民俗』二七号、山陰民俗学会、一九七六年（昭和五十一）
「納戸神に始まって」『山陰民俗』二八号、山陰民俗学会、一九七七年（昭和五十二）
「出雲の客神と客神祭り」『山陰民俗』二九号、山陰民俗学会、一九七七年（昭和五十二）
「島々の神楽と神楽師―壱岐・対馬・五島・平戸・隠岐」『山陰民俗』三〇号、山陰民俗学会、一九七八年（昭和五十三）
「神楽の話」『心豊かにめぐみ永遠に』、出雲大社神道婦人会、一九七九年（昭和五十四）
「里神楽の伝承者について」『國學院雑誌』八一巻一一号、國學院大學、一九八〇年（昭和五十五）
「神棚・屋敷神・産土神」『山陰民俗』三五号、山陰民俗学会、一九八〇年（昭和五十五）
「出雲社・出雲神社をめぐる問題」『山陰史談』一七、山陰歴史研究会、一九八一年（昭和五十六）
「現代と民俗学」『山陰民俗』四〇号、山陰民俗学会、一九八三年（昭和五十八）
「出雲国風土記に見るプレ出雲の世界」『國學院雑誌』八四巻五号、國學院大學、一九八三年（昭和五十八）
「三月節句の研究に寄せて」『山陰民俗』四二号、山陰民俗学会、一九八四年（昭和五十九）
「出雲国造と出雲の大神たち」『歴史読本』七月号、新人物往来社、一九八五年（昭和六十）
「大土地神楽の特集に寄せて」『大社の史話』五八、大社史話会、一九八五年（昭和六十）
「いわゆる神送り神迎えの問題」『山陰民俗』四六号、山陰

民俗学会、一九八六年（昭和六十一）
「女人司祭―トカラからはじめて」『山陰民俗』四七号、山陰民俗学会、一九八六年（昭和六十一）
「民俗研究の姿勢はどう変わったか」『山陰民俗』四九号、山陰民俗学会、一九八七年（昭和六十二）
「島根半島漁村の荒神・地主神―平田市北浜地区の場合」『山陰民俗』五〇号、一九八八年（昭和六十三）
「常民論」『山陰民俗』五二号、山陰民俗学会、一九八九年（平成元）
「家と村」『山陰民俗』五七号、山陰民俗学会、一九九二年（平成四）
「出雲平野の農具と農法」『山陰民俗』五九号、山陰民俗学会、一九九三年（平成五）
「在来信仰の消長と宗旨」『山陰民俗研究』一、山陰民俗学会、一九九五年（平成七）
「由来八幡宮の頭屋祭」『島根県文化財調査報告』一三、島根県教育委員会、一九九六年（平成八）
「石見柿木村下須の萬歳楽」『山陰民俗研究』三、山陰民俗学会、一九九七年（平成九）
「古代出雲国の成立」『出雲古代史研究』七・八合併号、古代出雲研究会、一九九八年（平成十）
「切目の神楽考」『山陰民俗研究』五、山陰民俗学会、二〇〇〇年（平成十二）
「民俗研究の反省と願望」『山陰民俗研究』六、山陰民俗学会、二〇〇一年（平成十三）

（石塚尊俊「石塚尊俊執筆・講演録等目録」（私家版、二〇〇五年（平成十七）頃作成か）より抜粋して作成）

第三代　勝部正郊会長

在任期間　二〇〇〇年（平成十二）～二〇〇二年（平成十四）

1．略　歴

一九二四年（大正十三）五月二日　島根県雲南市に生まれる
一九四二年（昭和十七）　島根県立三刀屋中学校卒業
　島根県立青年学校教員養成所講習科修了
（昭和十七）　島根県公立学校教員
一九四四年（昭和十九）　西部第三部隊に入隊
一九四五年（昭和二十）　台湾軍予備士官学校に入校
一九五二年（昭和二十七）　島根県飯石郡波多神社禰宜（神社本庁）
一九五九年（昭和三十四）　慶應義塾大学文学部卒業
一九六五年（昭和四十）　島根県立高等学校教員
　飯南・平田・松江農林高等学校で教鞭を執る
一九六八年（昭和四十四）　島根県文化財保護功労者表彰
一九七一年（昭和四十六）　島根県飯石郡頓原町角井八幡宮宮司
　島根県飯石郡頓原町志津見明劔神社宮司
一九八一年（昭和五十六）　島根県飯石郡掛合町波多波多神社宮司
一九八五年（昭和六十）　島根県立高等学校教員退職
一九八六年（昭和六十一）　松江看護高等専修学校講師
　島根県神社庁講師
一九八九年（平成一）　島根県神社庁教化講師（～一九九五年（平成七））
一九九三年（平成五）　島根県くにびき学園高齢者大学講師
二〇〇八年（平成二十）　逝去

＊委員等
一九六五年（昭和四十）　赤来町史編集委員
一九六九年（昭和四十四）　島根県文化財保護審議会委員（～二〇〇〇年（平成十二））

一九七二年（昭和四十七）日本民具学会理事（～一九九九年（平成十一））
一九七七年（昭和五十二）中国四国民具学会会長（～一九九六年（平成八））
一九七九年（昭和五十四）大社町史編集委員
一九八〇年（昭和五十五）国立民族学博物館国内資料調査委員
一九八四年（昭和五十九）島根県民謡緊急調査委員
一九八六年（昭和六十一）特殊神事編集委員
一九八七年（昭和六十二）文化財「野城の民俗」主任調査委員
一九八八年（昭和六十三）志津見ダム民俗文化財調査委員
一九八九年（平成一）特殊神事刊行編集委員
一九九二年（平成四）平田市文化財保護審議委員
一九九二年（平成四）全国祭祀祭礼総合調査島根県主幹委員（神社本庁）
一九九三年（平成五）尾原ダム民俗文化財調査委員
一九九四年（平成六）美保関町民俗資料（民具）調査委員長
一九九四年（平成六）シルバー地域文化伝承事業委員
一九九五年（平成七）金屋子神学術調査研究事業委員
一九九五年（平成七）頓原町誌編集委員
一九九六年（平成八）隠岐郡布施村「布施の山祭り」調査委員
一九九六年（平成八）日本民俗学会年会実行委員長
一九九七年（平成九）島根県文化振興財団評議員
二〇〇〇年（平成十二）山陰民俗学会会長（～二〇〇二年（平成十四））

2. 著書・論文等

(1) 主要著書

『山間地帯農村指導者啓蒙民具資料館建設をめぐって』自費出版一九六五年（昭和四十）
『ふるさと再見』（共著）山陰中央新報社、一九七七年（昭和五十二）
「鳥取の農林業」『中国の生業一農林業』（共著）明玄書房、一九八〇年（昭和五十五）
『雹電・御船屋・漁師町』（共著）報光社、一九八一年（昭和五十六）
『山陰の民具』名著出版、一九九〇年（平成二）
『雪の民具』慶友社、一九九一年（昭和五十六）

『花と神の祭』慶友社、一九九八年（平成十）

『神の国の祭り暦』慶友社、二〇〇二年（平成十四）

『頓原町民俗資料館解説書　第一集　雪すき』頓原町教育委員会、一九八四年（昭和五十九）

「中国山地の雪すき考察」『中四国民具学会年報』第五輯中四国民具学会、一九八五年（昭和六十）

『頓原町民俗資料館解説書　第二集　雪輪』頓原町教育委員会、一九八六年（昭和六十一）

『頓原町民俗資料館解説書　第三集　雪具図録』頓原町教育委員会、一九八六年（昭和六十一）

「民俗調査　鷺浦の仕事着の聞き書き」『大社町史研究紀要』一、大社町、一九八六年（昭和六十一）

『頓原町民俗資料館解説書　第四集　冬ごもり』頓原町教育委員会、一九八七年（昭和六十二）

（2）編集　（委員の項に準ずる）

（3）主要論文

「由来八幡姫館神事」『伝承』山陰民俗学会、一九六五年（昭和四十）

「芸能の収録」『伝承』山陰民俗学会、一九六五年（昭和四十）

「民俗芸能調査」『伝承』山陰民俗学会、一九六五年（昭和四十）

「よめごさん　み」『伝承』山陰民俗学会、一九六五年（昭和四十）

「出雲山間地帯における民俗歌謡の考察」『研究紀要』第2号、島根県高等学校教育研究連合会、一九六六年（昭和四十一）

「出雲山間地帯における民俗歌謡の考察—大黒巡遊めぐり—」『研究紀要』第3号、島根県高等学校教育研究連合会、一九六七年（昭和四十二）

「中国地方に於ける大黒巡遊」『伝承文学研究』第十二号、伝承文化研究会、一九七一年（昭和四十六）

「中国山地の雪すきについて」『物質文化』二六、物質文化研究会、一九七六年（昭和五十一）

「島根県平田市小伊津の歳徳神祭（トンドさん）の伝承」『研修』第一二号、島根県立平田高等学校、一九七九年（昭和五十四）

「民具雑考」『中四国民具学会年報』第二輯、中四国民具学会、一九八一年（昭和五十六）

「中国山地の雪橇について」『山陰民俗』三九号、山陰民俗学会、一九八二年（昭和五十七）

「林業と狩猟」『日野川流域の民俗』米子工業高等専門学校日野川流域民俗総合調査団、一九九〇年（平成二）

「山小屋の生活習俗について」『山陰民俗』六〇号、山陰民

俗学会、一九九三年（平成五）
「神楽を考える」『しまねの古代文化』第一号、島根県古代文化センター、一九九三年（平成五）
「中国山地における雪輪」『常民文化叢書　民具論集』二、慶友社、一九七〇年（昭和四十五）
「カンジキの地域差」『山陰民俗研究』四、山陰民俗学会、一九九八年（平成十）

（勝部月子氏が作成された原稿をもとに編集）

第四代　白石昭臣会長

在任期間　二〇〇三年（平成十五）～二〇〇四年（平成十六）

1. 略歴

一九三五年（昭和十）八月二十日　島根県大田市に生まれる
一九五四年（昭和二十九）島根県立大田高等学校卒業
一九五九年（昭和三十四）國學院大學文学部卒業
一九六〇年（昭和三十五）島根県公立学校教員
以後、矢上・江津・大田・出雲高等学校等で教鞭を執る。
一九九三年（平成五）島根県立国際短期大学助教授
一九九五年（平成七）同　教授
二〇〇〇年（平成十二）定年退官
二〇〇四年（平成十六）逝去

＊委員等

一九九四年（平成六）島根県文化財保護審議会委員（～二〇〇四年（平成十六））
一九九三年（平成五）島根県古代文化センター客員研究員（～二〇〇四年（平成十六））
二〇〇三年（平成十五）山陰民俗学会会長（～二〇〇四年（平成十六））
その他、大田市文化財保護審議会委員、国立民族学博物館国内資料調査委員、日本民俗学会評議員などを歴任

2. 著書・論文等

(1) 主要著書

『菅谷鑪』（共著）島根県教育委員会、一九六八年（昭和四十三）
『出雲中海沿岸地区の民俗―中海沿岸地区民俗資料緊急調査報告』（共著）島根県教育委員会、一九七一年（昭和四十六）
『中国・四国の民間療法』（共著）明玄書房、一九七七年（昭和五十二）

『日本民俗学シリーズ三　日本人と祖霊信仰』雄山閣、一九七七年（昭和五十二）
『中国の祝事』（共著）明玄書房、一九七八年（昭和五十三）
『日本民俗学の課題』（共著）弘文堂、一九七八年（昭和五十三）
『中国の葬送・墓制』（共著）明玄書房、一九七九年（昭和五十四）
『大山・石鎚と西国修験道』（共著）宮家準編、名著出版、一九七九年（昭和五十四）
『講座　日本の民俗宗教第三巻　神観念と民俗』（共著）弘文堂、一九七九年（昭和五十四）
『島根県大百科事典』（共著）山陰中央新報社、一九八二年（昭和五十七）
『日本民俗研究大系第二巻　信仰伝承』（共著）國學院大學、一九八二年（昭和五十七）
『古典と民俗学叢書七　島根県物部神社の古伝祭』（共著）古典と民俗学の会編、おうふう、一九八三年（昭和五十八）
『日本民俗学概論』（共著）吉川弘文館、一九八三年（昭和五十八）
『日本の神々七　神社と聖地』（共著）谷川健一編、白水社、一九八五年（昭和六十）
『世界歴史大事典』（共著）教育出版センター、一九八五年（昭和六十）
『島根の地名考』自費出版、一九八七年（昭和六十二）
『江の川流域の民俗と伝承―鴨山にも触れて』ぎょうせい、一九八八年（昭和六十三）
『畑作の民俗』雄山閣出版、一九八八年（昭和六十三）※
高崎正秀博士記念賞受賞
『千代川流域の民俗』（共著）千代川流域民俗総合調査団、一九八八年（昭和六十三）
『天神川流域の民俗』（共著）天神川流域民俗総合調査団、一九八九年（平成元）
『野城の民俗』（共著）大田市教育委員会、一九八九年（平成元）
『日野川流域の民俗』（共著）日野川流域民俗総合調査団、一九九〇年（平成二）
『志津見の民俗』（共著）島根県教育委員会・建設省中国地方建設局、一九九〇年（平成二）
『全訳　古語辞典』（共著）旺文社、一九九〇年（平成二）
『祭礼行事・島根県』（編著）桜楓社、一九九一年（平成三）
『祭礼事典・島根県』（編著）倉林正次監修、桜楓社、一九九一年（平成三）
『萬葉集の民俗学』（共著）桜楓社、一九九三年（平成五）

『イネとムギの民俗』雄山閣、一九九四年（平成六）
『森の神の民俗誌』（共著）三一書房、一九九五年（平成七）
『尾原の民俗』（共著）島根県教育委員会、一九九六年（平成八）
『古典と民俗学叢書別集二　古典と民俗学論集―桜井満先生追悼』（共著）古典と民俗学の会編、おうふう、一九九七年（平成九）
『古代の日本と渡来の文化』（共著）上田正昭編、学生社、一九九七年（平成九）
『日本史広辞典』（共著）山川出版社、一九九七年（平成九）
『日本民俗宗教辞典』（共著）東京堂出版、一九九八年（平成十）
『金属と地名』（共著）三一書房、一九九八年（平成十）
『講座　日本の民俗学六　時間の民俗』（共著）雄山閣出版、一九九八年（平成十）
『農耕文化の民俗学的研究』岩田書院、一九九八年（平成十）
『中国地方における民俗の地域性』（共著）山陰民俗学会、一九九九年（平成十一）
『日本民俗大辞典』（共著）吉川弘文館、一九九九年（平成十一）
『島根の祭り・行事』（共著）島根県教育委員会、二〇〇〇年（平成十二）
『島根の冠婚葬祭』（共著）ワン・ライン、二〇〇〇年（平成十二）
『島根の地名辞典』ワン・ライン、二〇〇一年（平成十三）
『日本歴史大辞典』（共著）小学館、二〇〇一年（平成十三）
『抜月神楽』（共著）島根県古代文化センター、二〇〇二年（平成十四）

（2）編集

『日本民俗文化資料集成第一〇巻　金属の文化誌』谷川健一責任編集、三一書房、一九九一年（平成三）
『おいしい出雲そばの本　端麗にして美味パワフル伝統食』高瀬礼文監修、ワン・ライン、二〇〇〇年（平成十二）

（3）主要論文

「地名の一三二」『伝承』第一四号、山陰民俗学会、一九六四年（昭和三十九）
「地名の一三三（承前）」『伝承』第一五号、山陰民俗学会、一九六五年（昭和四十）
「石見の「人麿」の周辺」『石東史叢』第五号、石東地方史

研究会、一九六六年（昭和四十一）
「石見の人麿（続）」『石東史叢』第六号、石東地方史研究会、一九六七年（昭和四十二）
「石見の人麿歌について」『研究紀要』第三号、島根県高等学校教育研究連合会、一九六七年（昭和四十二）
「佐比売山考」『石東史叢』第九号、石東地方史研究会、一九七〇年（昭和四十五）
「衣片敷考」『研究紀要』一、島根県立江津工業高等学校、一九七一年（昭和四十六）
「江川沿岸の山中他界観念」『日本民俗学』七五号、日本民俗学会、一九七一年（昭和四十六）
「石見の人麿歌（その五）」『研究紀要』第八号、島根県高等学校教育研究連合会、一九七二年（昭和四十七）
「大元神信仰の原初形態」『日本民俗学』七九号、日本民俗学会、一九七二年（昭和四十七）
「島根の帰化人伝承」『石東史叢』第一一号、石東地方史研究会、一九七三年（昭和四十八）
「大田の民俗―例祭の幟について」『石東史叢』第一一号、石東地方史研究会、一九七三年（昭和四十八）
「佐比売山考（承前）」『石東史叢』第一二号、石東地方史研究会、一九七四年（昭和四十九）
「島根の伝説の研究」『研究紀要』第一〇号、島根県高等学校教育研究連合会、一九七四年（昭和四十九）
「島根の山中他界観」『日本民俗学』九二号、日本民俗学会、一九七四年（昭和四十九）
「石見における大元信仰」『山陰民俗』第二五号、山陰民俗学会、一九七五年（昭和五十）
「山の神信仰に関する資料」『山陰民俗』第二六号、山陰民俗学会、一九七六年（昭和五十一）
「中国地方の霊山信仰」『日本民俗学』一〇八号、日本民俗学会、一九七六年（昭和五十一）
「焼畑のむら―その信仰と祭祀構造」『山陰民俗』第二八号、山陰民俗学会、一九七七年（昭和五十二）
「両墓制の成立について―島根の事例から」『山陰民俗』第三一号、山陰民俗学会、一九七八年（昭和五十三）
「祖霊観について―山陰の事例から」『山陰民俗』第三三号、山陰民俗学会、一九七九年（昭和五十四）
「隠岐島の麦作儀礼」『史境』二号、歴史人類学会、一九八一年（昭和五十六）
「年忌習俗の成立について―隠岐美田の事例から」『山陰民俗』第三七号、山陰民俗学会、一九八一年（昭和五十六）
「「柿本人麿」の終焉歌をめぐって」『研究紀要』第一九号、島根県高等学校教育研究連合会、一九八三年（昭和五十八）
「三月節供の山登り」『山陰民俗』第四二号、山陰民俗学

会、一九八四年（昭和五十九）
「雲石の農耕儀礼にみる地域差」『山陰民俗』第四三号、山陰民俗学会、一九八四年（昭和五十九）
「西中国山地の麦作儀礼」『えとのす』二三号、新日本教育図書、一九八四年（昭和五十九）
「田の神と家の神―稲作と畑作の相違から」『山陰民俗』第四七号、山陰民俗学会、一九八六年（昭和六十一）
「年中行事における麦作儀礼―その正と負の関わり」『日本民俗学』一七〇号、日本民俗学会、一九八七年（昭和六十二）
「稲と麦―年中行事の調査から」『山陰民俗』第四八号、山陰民俗学会、一九八七年（昭和六十二）
「荒神信仰と祖霊信仰」『山陰民俗』第五〇号、山陰民俗学会、一九八八年（昭和六十三）
「芥川龍之介試論」『研究紀要』第二四号、島根県高等学校教育研究連合会、一九八八年（昭和六十三）
「私の民俗学」『山陰民俗』第五二号、山陰民俗学会、一九八九年（平成元）
「稲の伝来」『山陰民俗』第五三号、山陰民俗学会、一九九〇年（平成二）
「「稲の産屋」考」『山陰民俗』第五六号、山陰民俗学会、一九九一年（平成三）
「湖陵町の民俗より」『湖陵町誌研究』二、湖陵町教育委員会、一九九三年（平成五）
「湖陵町の民俗より」『湖陵町誌研究』三、湖陵町教育委員会、一九九四年（平成六）
「ムギの民俗―イネとの相克と理論」『日本民俗学』一九九号、日本民俗学会、一九九四年（平成六）
「農耕儀礼にみる民俗と論理―西中国山地の事例から」『地域研究調査報告書』第一集、島根県立国際短期大学、一九九四年（平成六）
「湖陵町の民俗より」『湖陵町誌研究』四、湖陵町教育委員会、一九九五年（平成七）
「民俗学からみた石見人と出雲人」『しまねの古代文化』第二号、島根県古代文化センター、一九九五年（平成七）
「芥川龍之介の民族的世界―柳田国男との接点」『島根県立国際短期大学紀要』第二号、島根県立国際短期大学、一九九五年（平成七）
「山と海の生業と儀礼―他界観にもふれながら」『地域研究調査報告書』第二集、島根県立国際短期大学、一九九五年（平成七）
「津和野本学の研究（一）―その成立と展開」『地域研究調査報告書』第三集、島根県立国際短期大学、一九九六年（平成八）
「イネとムギの民俗」『しまねの古代文化』第四号、島根県古代文化センター、一九九七年（平成九）

「稲籾から米・餅へ―稲魂信仰の系譜」『山陰民俗研究』第四号、山陰民俗学会、一九九八年（平成十）
「津和野本学の研究（二）」『地域研究調査報告書』第五集、島根県立国際短期大学、一九九八年（平成十）
「津和野本学の研究（三）―その周辺と背景」『地域研究調査報告書』第六集、島根県立国際短期大学、一九九九年（平成十一）
「農耕文化の基層を求めて―津和野本学の背景」『地域研究調査報告書』第七集、島根県立国際短期大学、二〇〇〇年（平成十二）
「生業から見る出雲的世界」『山陰民俗研究』第八号、山陰民俗学会、二〇〇三年（平成十五）
（島根県古代文化センター『古代文化研究』第一三号、二〇〇五年（平成十七）より転載）

編集後記

記念誌は、平成二十七年（二〇一五）に会員からの原稿募集を開始し、その後の計画では、平成三十年（二〇一八）七月刊行、八月の大会で会員に披露するもくろみであった。

しかしながら、原稿の投稿が芳しくなく、募集期間を延長することとなった。そのため、現在に至っての発刊となった。早くに投稿された方々には、発刊が遅くなったことをお詫び申し上げたい。また、全体の統一を図るため、原稿の一部を割愛したものもある。偏にご容赦賜るようお願いするしだいである。

昨今、多くの人文科学諸分野の学会は会員数が減少している。特に地方学会は著しく、活動を停止する学会が数多く出現している。山陰民俗学会も例外ではない。かつては行政の依頼による民俗調査やシンポジウムなどの実施、論集を刊行するなど、活発に活動を行ってきた。しかし、漸次会員数が減少し、調査研究などの諸活動はおろか、学会の維持に四苦八苦する厳しい状況にある。こうした中で、どうにか記念誌を発刊することができた。身近な現象から歴史を紐解いていく民俗学に関心を持つ人が、一人でも増えることを期待したい。

最後になったが、記念誌の発刊事業は、篤志家（故人、元会員）の方の寄附金を原資とした積立金によって成すことができた。ご霊前に刊行の報告と感謝の意を表して筆を置くこととする。

浅沼政誌

山陰民俗学会七十周年記念論集

山陰の暮らし・信仰・芸能

二〇一九年五月十八日　発行

編集・発行　山陰民俗学会

販売　ハーベスト出版
〒六九〇―〇一三三
島根県松江市東長江町九〇二―五九
ＴＥＬ　〇八五二―三六―九〇五九
ＦＡＸ　〇八五二―三六―五八八九

印刷・製本　株式会社谷口印刷

定価はカバーに表示してあります。
落丁本、乱丁本はお取替えいたします。

Printed in Japan
ISBN978-4-86456-295-9　C0039